考虑参与方行为的跨期定价研究

张玉林　曾贺奇　著

由国家自然科学基金项目（71671036、71171046）、江苏省高校哲学社会科学研究重大项目（2018SJZDA005）及东南大学中央高校基本科研业务专项资金项目资助

科学出版社
北京

内 容 简 介

本书分为四篇。第一篇为第 1 章，阐述本书的研究背景及意义，着重分析市场销售中参与双方的行为类型及内涵，并对与本书研究相关的文献进行系统的梳理。第二篇包括第 2 章 ~ 第 4 章，在考虑消费者行为但不考虑行为风险的情况下，分别讨论销售商具备及不具备快速反应能力、销售商公平关切以及供应商具有时尚设计能力等情形下的单产品跨期定价和供应链协调等问题。第三篇包括第 5 章 ~ 第 7 章，在考虑消费者行为但不考虑行为风险的情况下，研究替代品跨期定价和网络收益管理中的跨期定价。第四篇包括第 8 章 ~ 第 11 章，其中第 8 章 ~ 第 10 章在考虑消费者行为且同时考虑行为风险的情况下，分别讨论产品容量不变、容量可变以及有投机者参与等情形下的单产品跨期定价和风险分析，第 11 章对本书研究进行总结，并对未来研究进行展望。

本书可作为高等院校工商管理、管理科学、市场营销和电子商务等学科相关专业高年级本科生和研究生学习与研究的参考书，也可作为相关领域管理人员学习或培训的参考书。

图书在版编目（CIP）数据

考虑参与方行为的跨期定价研究 / 张玉林，曾贺奇著. —北京：科学出版社，2021.3

ISBN 978-7-03-066338-2

Ⅰ. ①考… Ⅱ. ①张… ②曾… Ⅲ. ①产品-定价-研究 Ⅳ. ①F714.1

中国版本图书馆 CIP 数据核字（2020）第 197142 号

责任编辑：陶 璇 / 责任校对：贾娜娜

责任印制：张 伟 / 封面设计：无极书装

科 学 出 版 社出版

北京东黄城根北街 16 号

邮政编码：100717

http://www.sciencep.com

北京虎彩文化传播有限公司印刷

科学出版社发行 各地新华书店经销

*

2021 年 3 月第 一 版 开本：720 × 1000 B5

2021 年 3 月第一次印刷 印张：15 3/4

字数：320 000

定价：150.00 元

（如有印装质量问题，我社负责调换）

作 者 简 介

张玉林，男，博士，教授，博士生导师，东南大学经济管理学院副院长，教育部高等学校电子商务类专业教学指导委员会委员,中国信息经济学会常务理事，中国管理科学与工程学会理事，中国运筹学会行为运筹与管理分会常务理事，主持国家自然科学基金项目、科技部软科学项目、江苏省教育厅高校哲学社会科学研究重大项目等科研项目十多项。研究领域包括服务运作与收益管理、信息系统与电子商务、平台运作与共享经济等。

曾贺奇，男，博士，黄淮学院经济与管理学院讲师，参与多项国家自然科学基金项目研究，主持河南省教育厅人文社会科学研究项目和黄淮学院人文社会科学研究项目各 1 项。研究方向为收益管理。

前　　言

起源于 20 世纪 70 年代的收益管理自提出以来，在航空、酒店、汽车租赁、旅游、零售、餐饮等许多行业的应用与实践中均取得了巨大成功。作为收益管理主要技术之一的跨期定价，被广泛应用于几乎各个领域，成为商家主要和常用的定价方式之一，也是商家提高收入、参与市场竞争不可或缺的重要手段。

跨期定价（intertemporal pricing）是指相同产品在不同的销售期内以不同价格销售的一种定价策略。由于该策略能很大程度地提高商家收益，自其提出以来便受到商家的青睐和相关领域学者的广泛关注。针对跨期定价的研究成果也不断增多，尤其随着各种消费者行为被引入跨期定价研究中，考虑消费者行为的跨期定价越来越成为学者研究的热点。但是，在已有关于跨期定价的研究成果中，基于消费者行为的替代品跨期定价、多资源产品跨期定价（即网络收益管理中的跨期定价）、考虑消费者行为风险的跨期定价成果均不多见，本书正是对这些问题进行系统研究，试图从这些方面对定价理论与方法进行丰富。

本书从对消费者类型划分和对市场中双方参与者的行为分析开始，系统地研究考虑消费者行为的单产品跨期定价、多产品跨期定价以及考虑策略行为风险的跨期定价。全书分为四篇，共 11 章。

第一篇为概论，即第 1 章绪论部分，主要阐述消费者的类型、行为特点以及本书所涉及的重要概念。

第二篇为不考虑行为风险的单产品跨期定价，包括第 2 章、第 3 章和第 4 章，基于策略型、短视型、炫耀型中的一种或几种行为，研究单产品的跨期定价。

第三篇为不考虑行为风险的多产品跨期定价，包括第 5 章、第 6 章和第 7 章，基于策略型和短视型行为，研究替代品跨期定价和网络收益管理中的多资源产品跨期定价。

第四篇为考虑行为风险的跨期定价，包括第 8 章 ~ 第 11 章，其中第 8 章 ~ 第 10 章基于策略型和短视型行为，分别研究容量不变和容量可变时的单产品跨期定价，并对行为风险进行分析，第 11 章对全书的研究结论、创新进行总结，对未来的研究进行展望。

本书的特点是系统性与应用性相结合，既系统地对单产品、替代品及多产品的跨期定价进行理论研究。

本书的编写及其相关工作的开展得到国家自然科学基金项目“考虑参与方信息不对称及参与方行为的平台定价研究”（项目编号：71671036）、“考虑顾客行为的跨期定价与容量控制策略及其在旅游业的应用研究”（项目编号：71171046）和江苏省高校哲学社会科学研究重大项目“新时代江苏电商平台发展研究”（项目编号:2018SJZDA005）以及东南大学中央高校基本科研业务专项资金项目等的支持。安徽工业大学的李贺讲师、广东金融学院的王宣涛讲师和黄琦炜、宋旼珊、朱悦、肖斌等同学参与了部分工作。本书的写作和出版工作得到了我国生产运作及收益管理领域的多名专家学者的大力支持与鼓励，得到了科学出版社的魏如萍和王晓丽等多位编辑老师的有力配合，在此对他们表示衷心的感谢。本书参阅并引用了相关领域一些最新研究成果和参考文献，在此一并向被参考的文献作者表示真诚的谢意。

考虑参与方行为的定价是研究的热点话题，不少具体问题的研究还需要考虑时代特征，深入研究。由于作者的水平所限，书中难免有不妥和不足之处，恳请指正！

作　者

2020 年 3 月

目　　录

第一篇　概　　论

第 1 章　绪论 …… 3
1.1　研究背景及意义 …… 3
1.2　研究综述 …… 6
1.3　研究评述 …… 26
1.4　相关概念及内涵 …… 27
1.5　本书主要内容 …… 29

第二篇　不考虑行为风险的单产品跨期定价

第 2 章　策略型与短视型两类消费者并存下的销售商跨期定价和订货决策 …… 35
2.1　问题描述与假设 …… 35
2.2　消费者行为分析 …… 36
2.3　销售商不具备快速反应能力 …… 37
2.4　销售商具备快速反应能力 …… 42
2.5　具备及不具备快速反应能力的销售商的最优决策比较 …… 46
2.6　算例分析 …… 48
2.7　本章小结 …… 55
第 3 章　考虑销售商公平诉求的供应链协调 …… 56
3.1　问题描述与假设 …… 56
3.2　公平关切销售商的效用分析 …… 57
3.3　销售商公平中性下的供应链协调 …… 57
3.4　销售商公平关切下的供应链协调 …… 61
3.5　算例分析 …… 67
3.6　本章小结 …… 69

第 4 章　供应商具有时尚设计能力的供应链协调 …… 71
4.1　问题描述与假设 …… 71
4.2　消费者行为分析 …… 72
4.3　供应链集中决策 …… 73
4.4　供应链分散决策 …… 75
4.5　算例分析 …… 78
4.6　本章小结 …… 80

第三篇　不考虑行为风险的多产品跨期定价

第 5 章　策略型与短视型消费者并存下的替代品跨期定价 …… 85
5.1　问题描述 …… 85
5.2　消费者购买分析 …… 86
5.3　销售商最优定价 …… 89
5.4　数值模拟 …… 93
5.5　本章小结 …… 95
第 6 章　考虑策略型消费者及模仿产品质量不确定的竞争商定价 …… 96
6.1　问题描述 …… 96
6.2　消费者购买行为分析 …… 98
6.3　销售商价格策略 …… 99
6.4　数值模拟 …… 107
6.5　本章小结 …… 108
第 7 章　考虑策略型消费者的多资源产品跨期定价 …… 109
7.1　问题描述与假设 …… 109
7.2　消费者购买分析 …… 111
7.3　销售商定价 …… 113
7.4　数值模拟 …… 121
7.5　本章小结 …… 124

第四篇　考虑行为风险的跨期定价

第 8 章　容量不变下的定价与风险分析 …… 129
8.1　问题描述与假设 …… 129
8.2　消费者行为的价格依赖 …… 133
8.3　策略购买下的销售收益 …… 138
8.4　策略购买下的收益风险 …… 140

8.5　销售定价策略……143
8.6　算例分析……145
8.7　本章小结……148
第9章　容量可变下的定价与风险分析……149
9.1　问题描述与假设……149
9.2　容量可变下的均衡价格……152
9.3　容量扩展下的有效供给……156
9.4　有效供给的消费者因素……159
9.5　容量扩展下的收益风险……161
9.6　易逝品定价公式……163
9.7　算例分析……164
9.8　本章小结……175
第10章　有投机者参与的定价与风险分析……177
10.1　问题描述与假设……177
10.2　投机者和消费者行为的价格依赖……181
10.3　投机和消费行为下的收益……186
10.4　投机和消费行为下的风险……189
10.5　定价策略与市场容量配给……191
10.6　算例分析……194
10.7　本章小结……197
第11章　总结与展望……199
11.1　研究结论……199
11.2　本书创新……202
11.3　研究展望……205

参考文献……208
附录A　第8章相关推导及证明……220
附录B　第9章相关推证及数值表……226

第一篇　概　　论

本篇共 1 章，即第 1 章，主要阐述本书的研究背景和研究意义，对与本书相关的研究成果进行梳理，并介绍研究涉及的主要概念及内涵。

第1章 绪　　论

1.1 研究背景及意义

本节将从收益管理应用与实践的巨大成功和传统跨期定价的部分成果急需拓展两个方面对本书的研究背景及研究意义进行阐述。

1.1.1 研究背景

1. 收益管理应用与实践的巨大成功

收益管理又称收入管理，不同学者给出过不同的定义，但本质上都认为收益管理是以需求预测为基础，以跨期定价和容量控制等为核心技术实现预期收益最大化的管理方法。收益管理的实践及应用起源于20世纪美国政府对其航空管制的放松，为提升航空业的效益和竞争力，1978年美国政府签署《航空放松管制法》后，民航业的竞争日益激烈。为避免恶性价格战，一些航空公司通过航空需求预测、机票定价和容量优化配置等措施改善收益。例如，1985年美国航空（American Airlines）为应对人民捷运航空公司的低价竞争，推出产出管理系统（yield management system），次年收益和利润分别陡增14.5%和47.8%，而后者却因低价竞争失败而破产（Cross，1997）。

随后，万豪国际（Marriott International）把民航业的这种“产出管理”的理念引入酒店客房管理，建立适应酒店的收益管理系统（revenue management system），至20世纪90年代中期，这种改进每年为万豪国际带来1.5亿～2.0亿美元额外收益。1992年，面临破产的（美国）国家汽车租赁公司应用收益管理技术，次年扭亏为盈，挽救了大量工人的就业岗位（Geraghty and Johnson，1997）。到20世纪末，国际各大航空公司、酒店和汽车租赁公司几乎都引入了收益管理系统。此后收益管理技术迅速扩展至包括民航、酒店、汽车租赁、餐饮旅游、医疗康复、体育赛事、娱乐演出、会议展览、交通运输、能源输送、广播传媒、网络服务、公寓出租、项目管理和电子商务等第三产业中的几乎所有行业组织或部门。欧美发达国家收益管理应用实践的成功，引领全球企业越来越多地将收益管理的相关方法与技术应用于各自的实践。

就我国而言，航空、酒店、旅游及零售等一些行业也开始或已经将收益管理中的需求预测、跨期定价、容量控制等主要技术应用于实践运营中，越来越多的行业正运用收益管理方法指导运营管理。

2. 传统跨期定价的部分成果急需拓展

收益管理应用与实践的巨大成功，使得针对收益管理的相关研究迅速成为热点。学者对收益管理中的预定、跨期定价和容量控制等技术进行了广泛而深入的研究，取得了较为丰硕的成果。在这些成果中，尤以对跨期定价的研究较多。所谓跨期定价，是指销售商在不同的销售期内以不同的价格销售相同产品的一种定价方式（Stokey，1979），如某手机刚投放市场时定价为 3499 元/部，半年后降为 2999 元/部。

但早期的跨期定价研究成果中，部分成果急需拓展，原因体现在以下方面。

（1）早期对跨期定价的研究中，大多假设市场中只存在单一的短视型消费者，而当前市场中的消费者是多种类型并存的。

早期针对收益管理的相关研究中，大多假设消费者是短视型的，没有其他类型消费者存在。但当前市场中除了短视型消费者外，还存在着策略型消费者和炫耀型消费者及其他类型的消费者，这些消费者的购买行为都直接影响着销售商决策。例如，Aviv 和 Pazgal（2008）在研究易逝品定价时发现，若销售商忽略策略型消费者的存在将导致 20%左右的收益损失；王宣涛等（2016）的研究表明炫耀型消费者的存在不仅影响产品价格，还影响销售商的订货量。

这些消费者的购买行为将如何影响销售商的定价及订货决策？例如，策略型消费者的购买行为是否会引起销售的期望收益风险；销售商将如何降低消费者策略购买行为所带来的风险；当市场中存在策略型消费者和投机商时，销售商如何定价；当销售商具有二次订货能力时，策略型消费者如何影响订货量；当市场上存在多种类型的消费者时，如何协调供应商和销售商所形成的供应链等问题，都有待于进行深入而广泛的研究。因此，随着市场中消费者类型由单一变为多样化，传统跨期定价的理论成果已经不能很好地指导当前销售实践，早期的跨期定价成果急需拓展。

除消费者外，销售商的行为也可能表现出多样性。在传统收益管理研究中，大多假设销售商只具有完全理性行为，只追求利润最大化，但在一些情况下并非如此。例如，在供应商和销售商组成的供应链中，销售商还往往具有公平关切行为，他们会在争取自身利润最大化的同时也追求自己的公平效用最大化，有时甚至会为了公平牺牲自己的一部分利润。他们确定产品价格与订货量时不再依据利润最大化准则，而是依据效用最大化准则。于是，在公平关切的行为下，销售商如何做出定价和订货决策以及公平关切行为如何影响销售商的决策等问题也都有待于拓展研究。

（2）早期跨期定价研究主要围绕单产品，针对多产品的成果不多。

早期对跨期定价的研究中，研究对象主要为单产品，针对多产品的研究较少，在多种类型消费者并存的情形下研究多产品跨期定价的成果更少，在网络收益管理中研究跨期定价的更为鲜见。多产品跨期定价虽是单产品跨期定价的推广，但在多产品销售情况下，消费者的两阶段购买决策较难分析，使多产品跨期定价问题的建模及求解要比单产品跨期定价问题复杂得多。因此，不能将单产品销售情形下的跨期定价研究结论简单地推广至多产品销售的情形。

在销售商提供多产品销售时，策略型或炫耀型消费者如何做出购买决策以及消费者的策略或炫耀行为如何影响销售商的定价或订货决策等问题，都急待进行深入细致的分析，都是传统跨期定价研究需要拓展的地方。

1.1.2 研究意义

由 1.1.1 节对研究背景的阐述可以看出，随着消费者购买习惯的变化，当前市场中的消费者行为呈现多样化，市场中除短视型消费者外，还存在着策略型、炫耀型等其他类型的消费者，这意味着早期跨期定价研究中的“市场中只存在着短视型消费者”假设与当前市场中的多种类型消费者并存的事实明显不符。此外，早期关于跨期定价的研究中大多假设销售商只追求利润最大化，也与当前市场中销售商可能同时具备公平关切行为不完全相符。销售商和消费者的行为变化都意味着早期跨期定价中的部分理论和成果已不能很好地指导当前的销售实践。因此，本书基于买卖双方的多种行为对跨期定价进行系统的研究，有以下重要的理论和实践意义。

1. 理论意义

在单产品跨期定价研究方面，虽然成果已有不少，但这些研究大多假设市场中仅存在着消费者短视行为，较少考虑消费者的策略行为或炫耀行为，此外，也极少有学者从风险的角度进行分析。本书则针对这些不足进行研究，为研究基于消费者策略行为的跨期定价提供了新的视角，并在一定程度上丰富和完善了单产品跨期定价理论。

在多产品跨期定价方面，已有研究成果较少，考虑消费者策略行为的成果更少。本书基于消费者策略行为，系统地研究替代品的跨期定价，完善了替代品跨期定价理论。另外，基于消费者策略行为研究网络收益管理中跨期定价的成果更为鲜见，本书尝试性地研究网络收益管理中的跨期定价问题，在一定程度上丰富了多产品的跨期定价理论。

另外，本书基于多种消费者行为，分别研究销售商公平关切的供应链协调和供应商具有时尚设计能力的供应链协调，这也在很大程度上丰富了供应链协调理论。

2. 实践意义

本书在研究产品的跨期定价及订货决策时，综合分析了不同类型消费者的购买行为特点，同时考虑了各种类型消费者的购买决策，因此可以帮助销售商将消费者行为所带来的不利影响降到最低，帮助企业在市场竞争中做出最优决策，促进消费者尽早购买，使销售商在与消费者的“销售-购买”博弈中占据主动地位。

此外，在对由供应商和销售商组成的供应链的协调问题进行研究时，本书也综合考虑了各种消费者的购买行为，这有利于最大化供应链节点企业及供应链的整体收益，有利于促进供应链协调以及供应链成员的利润公平分配。因此，本书的研究具有重要的实践意义。

综上可知，本书的研究一方面丰富了跨期定价理论，具有较强的理论研究意义；另一方面，对帮助企业做出最优决策、有效降低消费者行为所带来的不利影响以及促进供应链协调也有着重要的实践指导意义。

1.2 研 究 综 述

本节分别从参与方行为类型及内涵、单产品跨期定价、替代品跨期定价、网络收益管理中的多产品跨期定价、收益管理风险五方面对与本书研究相关的已有成果进行综述。这些成果是本书研究的重要基础。

1.2.1 参与方行为类型及内涵

买卖双方的行为都直接影响着消费者购买决策和销售商定价决策，为此本节对本书研究所涉及的消费者行为类型和销售商行为类型进行阐述。

1. 消费者行为类型

消费者行为也称为消费者购买行为，是指消费者为满足需要和欲望而寻找、选择、购买、使用、评价及处置产品、服务时介入的过程活动，包括消费者的主观心理活动和客观物质活动两个方面（田圣炳等，2011）。

影响消费者行为的个体与心理因素有需要与动机、知觉、学习与记忆、态度、个性、自我概念与生活方式。影响消费者行为的环境因素主要有文化、社会阶层、社会群体、家庭等。这些因素不仅影响消费者行为，甚至可能在某种程度上决定消费者的行为，并且它们对外部环境与营销刺激的影响起放大或抑制作用。

当前市场中消费者的行为主要包括策略行为、后悔行为、惰性行为、讨价还价行为等，销售商的行为包括公平关切行为等。本书将按照不同的标准，只对本书研究中所涉及的行为进行分类。

依据不同的标准，可对消费者行为进行如下分类。

（1）根据消费者购买时是否具有策略性，可将消费者行为分为策略行为和短视行为。

①策略行为是指消费者通过预期产品的未来价格，策略性地选择在正常销售期购买还是等至打折时再购买的一种消费行为。称具有策略行为的消费者为策略型消费者（Su，2010）。

策略型消费者对价格变化敏感性高，他们会通过多种渠道收集产品价格信息，并对未来价格信息进行预期。他们会对正常销售期内购买所得的消费剩余与未来打折销售期内购买所得消费剩余进行比较，决定立即购买产品还是等待至打折销售时再购买。策略型消费者通常都比较理性，所受教育水平也相对较高，随着社会经济的发展和高等教育的不断普及，这类消费者在市场上所占的比重会越来越大，销售商应该对这类消费者的行为给予充分重视。

②短视行为是指只要产品价格不高于消费者的心理预留价格即购买的一种消费行为。称具有短视行为的消费者为短视型消费者（Su，2010）。

短视型消费者对产品价格不太重视，在购买前不会去考察和比较产品不同时期的价格差异，为了购物的便利性，不愿意浪费太多的时间等待降价，在产品的销售期内，只要价格低于他们的保留价值就会购买。由于这类消费者的价格敏感性比较低，对其进行折价销售一般是不合适的，也不利于销售商收益最大化。对这类消费者提供优质的服务可能比提供折扣价格更有意义。

（2）根据消费者购买时是否具有炫耀性，可以将消费者行为分为炫耀行为和非炫耀行为。炫耀行为是通过炫耀性的消费行为或消费具有炫耀性的产品来向他人炫耀和展示自己的金钱财力与社会地位，获得或显示自己的荣耀、声望和名誉的一种消费行为。称具有炫耀行为的消费者为炫耀型消费者，称不具有炫耀行为

和无转移两种动态规划模型，导出清仓销售定价策略和最优解条件。Feng 和 Gallego（2000）把自己的模型拓展到需求率时变情形下，得到了最优策略满足的条件，并扩展至多级价格情形。Feng 和 Xiao（2000a）将 Feng 和 Gallego（1995）的模型扩展到多级价格单向变化情况，并给出最优策略。Feng 和 Xiao（2000b）还研究时间连续的多级离散跨期定价，用点过程密度控制理论得到最优控制时间序列，指出这种不断变化的价格策略有利于改善收益，任何不属于可行价格集的最大凹向包络价格都不会最优，即最优价格只能从可行价格集中取得（最大凹向包络理论）。Chatwin（2000）研究了与 Feng 和 Xiao（2000b）相同的问题，也得到了类似结论。

在销售商产品数量有限的情形下，Hu 等（2019）研究了允许消费者退货时的跨期定价问题。他们求出了销售商的最优跨期定价，并分析了消费者退货对销售商定价和收益的影响。他们发现当市场需求高、产品数量中等且消费者退货的可能性和速度都较高时，销售商定价之前一定要考虑消费者的退货可能，否则将带来重大损失。

在关于离散跨期定价的成果中，部分研究同时分析了供应链的协调问题。例如，对由一个供应商和一个销售商组成的两级供应链，谢林林（2008）研究了销售商跨期定价策略下的收益分享合同模型。他发现只要合同参数设置合理，通过分享合同，销售商和供应商所得收益都比单一价格下的要高。而黄河等（2007）则分别研究了回购契约、收益共享契约等多种契约下的供应链协调问题。他们认为当市场需求不确定时，只有收益共享契约能真正实现供应链协调。于晓慧（2009）也研究了多种契约下的供应链协调问题，给出了求解销售商最优跨期定价的算法。她发现在分散决策下仅采用批发价格不能将供应链的利润协调至最优。当产品为销售商的自有品牌时，杨熠荷（2017）基于参照价格效用对供应链的定价和协调问题进行了研究，建立了跨期定价模型，通过最优控制理论求出了供应链的最优定价策略。她的分析发现，当初始参照价格较低时，应采用价格渗透策略。

2. *考虑消费者炫耀行为的单产品跨期定价*

炫耀行为的概念自提出以来并没有迅速引起学者的研究兴趣，直到 20 世纪中叶，炫耀行为才逐渐引起学者的关注，相关研究才开始逐渐丰富起来。但总体来看，研究成果依然较少，且这些研究大多围绕炫耀行为的特点及成因，多为定性研究，定量研究不多见，考虑炫耀行为的跨期定价更为鲜见。

Rao 和 Schaefer（2013）在跨期定价研究中考虑了消费者的炫耀行为，他们认为，如果消费者较为看中地位影响，销售商在制定折扣价格时力度应该大一些。基于消费者炫耀行为，张顺亮（2013）分别比较了单一价格和跨期定价的优越性，他分别建立了单一价格下和跨期定价下的定价模型，他的数值分析表明跨期定价能给销售商带来更多的利润。

朱荣景（2019）将炫耀行为引入供应链定价决策研究中，分别给出了制造商和零售商的最优跨期价格。他认为当消费者具有炫耀行为时，制造商和零售商的第一阶段定价都应当较高，第二阶段定价都应当较低。

3. 考虑消费者策略行为的单产品跨期定价

虽然著名经济学家 Coase（1972）很早便注意到了消费者策略行为对商家定价的影响，并预言面对消费者的策略行为，即便是垄断销售商也只能以边际成本出售产品，而且不少学者也曾对该预言进行过验证或理论证明（Stokey，1981；Bulow，1982；Conlisk et al.，1984；Gul et al.，1986），但直到 2007 年以后，考虑消费者策略行为的跨期定价才成为学术界的研究热点。到目前为止，相关研究成果已较为丰富。下面从垄断和竞争两种环境对考虑消费者策略行为的单产品跨期定价成果进行综述。

1）垄断环境下考虑消费者策略行为的单产品跨期定价

按研究的侧重点不同，可将垄断环境下考虑消费者策略行为的单产品跨期定价已有研究分为基于预售的跨期定价、跨期定价设计、多种行为并存下的跨期定价、考虑参考效用或学习效用的跨期定价、削弱策略型消费者影响的销售策略、跨期定价与其他定价策略的适用性比较、供应链环境下的跨期定价等七个方面。下面分别对这七方面的成果进行综述。

（1）基于预售的跨期定价。预售是销售商经常采用的销售方式，合理利用预售策略可以帮助销售商有效降低风险，获取市场需求信息。一些学者基于策略购买行为研究了预售策略下的两期定价。

当消费者对产品估价不确定时，Xie 和 Shugan（2001）分别在产品数量有限和消费者风险规避的情况下研究了预售期和正常销售期的产品最优定价，他们认为当产品数量较多且成本较低时，预售期价格应高于正常期价格。

在允许消费者取消预订但会收取一定费用的情况下，王廷华（2013）研究了创新产品的预售问题。他发现取消费用越高，产品的预售价格越低。翟硕（2016）研究了产品可预售下的跨期定价，他假设销售过程中消费者对产品的估价可能递增也可能递减。其研究表明，当消费者估价递增时，产品的预售价格应低于正常价格，反之，预售价格应高于正常价格。

Prasad 等（2011）对产品跨期价格和预售数量进行了联合决策，其分析发现需求不确定可能导致供需不匹配，预售价格应低于正常价格，否则消费者很难接受预订。而 Li 和 Zhang（2013）则认为需求不确定反而有利于销售商预售策略的实施，可使销售商收取更高的预售价格，只有在预订数量比较低时销售商才会在正常销售期对产品降价销售。

（2）跨期定价设计。面对策略型消费者，学者在销售商应采用两期定价还是多期定价、跨期价格设计成递增还是递减、销售开始时同时宣布各期价格还是逐期给出价格等方面展开了深入研究。

①在销售商应采用两期定价还是多期定价的问题上，Elmaghraby 等（2008）认为，当销售商采用跨期降价策略且消费者有多单位产品需求时，若消费者能够对市场出清价格进行预估，则两期定价是最优的；若消费者不知道市场出清价格，则多期定价是最优的且降价不应超过三次。

②在跨期价格应设计成递增还是递减的问题上，Besbes 和 Lobel（2015）认为，多周期跨期定价情形下，在消费者估价和耐心程度均异质时，产品的价格路径应当是递减的，销售商应在销售中期对产品进行打折销售，销售末期折扣力度应该更大。申成霖和张新鑫（2016）的研究发现，销售商制造和再制造两种模式下的产品的跨期价格都应当是递减的。毛照昉和王方圆（2017）研究了消费者对产品估价折扣程度异质下的易逝品两期定价后也认为，跨期价格路径应当是递减的。

而 Su（2007）认为跨期价格可能递增，在研究易逝品定价时，他依据估价和耐心程度将消费者分为四类，发现跨期价格由消费者估价和耐心程度共同确定，高估价消费者耐心程度较低时，销售商应采用降价策略，高估价消费者耐心程度较高时，宜采用升价策略。阳文玲等（2017）在研究产品和服务系统定价策略时也认为跨期降价策略不一定优，当消费者对产品的估价折扣比较大且服务估价比例不大时，升价策略更好。

③在销售商应同时宣布各期价格还是逐期宣布价格的问题上，Aviv 和 Pazgal（2008）认为当市场需求不确定且消费者估价递减时，同时宣布两期价格要明显优于逐期给出每期价格。徐君燕（2009）研究了易逝品的跨期定价，她也认为同时宣布各期价格优于逐期给出价格，而且产品库存水平及消费者间的异质性越高，同时宣布各期价格的优越性就越明显。李娟和濮阳小娟（2017）研究网络销售商的跨期定价后发现，价格折扣给策略型消费者带来的满足感越强，销售商越倾向于同时宣布各期产品价格。此外，冯健等（2019）的研究发现当消费者有查看卖家的销量和观看客户评论的习惯时，同时宣布产品价格策略下的产品两期定价及销售商收益均高于逐期宣布价格策略。Aviv 等（2019）的研究结果表明，当销售商可以对不确定的市场需求进行学习时，策略型消费者所占比例越大，销售开始时即宣布两期价格的策略越优于逐期宣布价格策略。但是，该策略在削弱消费者的策略行为时，作用依然有限。

有学者持相反观点，如 Correa 等（2016）的结论表明，当消费者不知道产品初始库存水平时，逐期宣布价格要优于同时宣布各期价格。

也有学者认为两种定价策略都不是绝对占优的。Kabul 和 Parlaktürk（2019）

从供应链的视角研究了销售商应该采用同时宣布还是逐期宣布产品各期定价的问题。他认为集中决策时同时宣布两期定价对供应商和销售商都有利，但在分散决策时，无论供应商还是销售商都不应同时宣布产品的两期价格。

而有的学者则认为两种策略没有明显的优劣之分。例如，Dasu 和 Tong（2010）的研究发现，当消费者在销售开始前全部到达市场且对产品估价不变时，同时宣布和逐期宣布产品价格两种模式下销售商的收益相差不大。Yu 等（2017）的研究也表明，当对创新产品进行跨期定价时，在消费者的策略行为下上述两种定价模式几乎等价。

（3）多种行为并存下的跨期定价。由于人的行为习惯不同，市场中买卖双方的行为常常是多类型的。其中，消费者行为除短视行为和策略行为外，还包括炫耀行为、讨价还价行为等；销售商行为除完全理性外，还包括后悔行为等。不少成果除考虑消费者策略行为外，还考虑了消费者或销售商的其他行为，探讨多种行为并存下的跨期定价。这些成果中多数研究的是同时存在策略行为与短视行为的情形，少数研究了策略行为与其他行为并存时的情形。

①消费者策略行为和短视行为并存下的跨期定价。考虑消费者策略和短视行为并存的跨期定价成果中，多数文献研究的是策略型消费者和短视型消费者比例已知时的跨期定价。

在策略型消费者和短视型消费者比例已知时的跨期定价成果中，肖胜昔（2017）、张旭梅等（2016）以及杨慧等（2010）研究了产品初始数量有限的情形。肖胜昔（2017）考察了服装销售的跨期定价，认为服装的跨期价格与策略型消费者所占比例正相关。张旭梅等（2016）关于产品服务系统的跨期定价研究结果也显示，策略型消费者所占比例越大，跨期降价幅度越小。杨慧等（2010）的研究进一步发现，除产品折扣幅度外，销售商利润也随策略型消费者所占比例增大而减小。谭美容（2018）则研究的是航空机票的跨期定价，通过比较价格展示和跨期定价两种定价方式，发现当短视型消费者数量较少时宜采用价格展示策略，否则跨期定价策略更优。

申成霖和张新鑫（2011）、Kremer 等（2017）、陈紫薇等（2018）则研究了产品可无限供应的情形。申成霖和张新鑫（2011）借助动态博弈求出了易逝品的两期价格。Kremer 等（2017）找到了一个临界值，当策略型消费者所占比例大于这个临界值时产品的打折力度应当小一些，反之降价幅度应当大一些。陈紫薇等（2018）的研究则同时考虑了消费者的风险偏好、支付意愿等因素，她们认为销售商的最优价格应为降价策略，当消费者风险偏好程度较高时，销售商收益会随着策略型消费者的增多而减少。

黄松和杨超（2014）与张洪见（2014）对产品数量有限和无限两种情形下的跨期定价进行了研究。黄松和杨超（2014）发现，忽视消费者策略行为将导致产品价格偏低，而忽视消费者短视行为则导致产品价格偏高。张洪见（2014）研究的是时尚服装的跨期定价，他认为无论产品数量是否有限，消费者的策略性都降低了产品的跨期价格，策略型消费者占消费者比例越大，商家忽略其策略性造成的损失越大。

针对市场需求已知但策略型消费者所占比例未知时的情形，Mersereau 和 Zhang（2012）提出了一种求解最优跨期价格的鲁棒算法。其分析发现，当产品数量较少时，策略型消费者所占比例对产品的跨期定价影响不大。

②消费者策略行为与其他行为并存时的跨期定价。周振红（2013）在研究易逝品跨期定价时，除综合考虑消费者的策略行为和短视行为，还考虑了消费者的讨价还价行为，求出了不同库存水平下的跨期价格，他认为策略行为对跨期定价的影响要大于讨价还价行为。

Arifoglu 等（2014）研究了消费者策略行为和炫耀行为并存下的炫耀品跨期定价。他们的研究发现，产品的两期价格主要取决于高估价消费者所占比例及其消费敏感性，当高估价消费者所占比例较大且对消费比较敏感时，销售商应采用跨期降价策略。

Caldentey 等（2017）还考虑了销售商的行为，他们将销售商的后悔行为和消费者的策略行为同时考虑到跨期定价中。其分析发现，当需求严重不确定时，销售商的第一阶段价格应该定高价以剔除低端消费者，否则销售商第一阶段价格应该定低价以吸引所有消费者。

李贝贝（2019）则综合考虑了消费者的策略行为和风险偏好行为，研究风险偏好系数对销售商定价和收益的影响。她发现，当风险偏好系数越大时，产品的第一期价格就越低，销售商收益也就越低，销售商第一阶段定价应该低一些，以诱导消费者尽早购买。

（4）考虑参考效用或学习效用的跨期定价。消费者在购买产品前往往会参考产品的历史价格，并基于当前价格对未来价格形成预期，决定是否购买。因此，销售商在制定价格时应当考虑到消费者的这种参考效用。

Popescu 和 Wu（2007）分析了历史价格的参考效用对销售商跨期定价的影响，发现随着历史价格对消费者参考作用的增强，产品跨期价格收敛于某一固定价格。官振中和任建标（2014）认为，忽视策略购买行为和历史价格的参考效用将给销售商带来严重损失，他们还发现在消费者策略行为和历史价格参考作用的影响下，打折销售期所获利润可能高于正常销售期利润。季伟伟（2015）的研究表明策略型消费者对历史价格越依赖，销售商对产品的折扣力度越低。在市场需求不确定的情形下，Wu 等（2015）基于消费者策略行为及参考效用研究了销售商的多周期订货和定价联合决策，其分析发现在不确定需求时产品的跨期价格呈先减后增趋势。

张露（2019）研究的也是参考效应下的跨期定价，他的研究表明虽然消费者的策略性削弱了动态定价带给销售商的优势，但是销售商可以利用参考效应的积极影响来抑制消费者的策略等待购买。

除了上述参考效用，消费者或销售商的学习效用也会影响跨期定价。

一些文献研究了考虑销售商学习的跨期定价。当市场需求不确定时，Levina等（2009）考察了基于销售商需求学习的跨期定价，提出了求解跨期价格的聚合算法，他们发现所提算法具有一般性，不依赖于随机需求分布的具体形式，但其研究侧重于求解方法，没有考察销售商的需求学习对跨期定价的影响。李小翠和张玉林（2012）分别建立了基于销售商贝叶斯需求学习和不进行需求学习的利润最大化模型，比较两种模型下的销售商收益后发现，面对消费者策略行为，需求学习可以显著增加销售商收益。他们认为需求学习下的价格路径应是递减的。Gershkov等（2018）的研究也表明需求学习可以大幅度提高销售商收益，但他们认为产品价格路径应当是递增的，销售商应在第一阶段定低价以获取确切需求。与上述三篇文献研究销售商的需求学习不同，Moon 等（2018）研究了销售商对消费者的产品价格关注成本的学习，他们假设消费者对产品价格的持续关注需要一定成本。他们的分析发现若销售商不进行该学习，销售商应提前给出产品价格，若销售商进行学习，则应采用随机降价策略，以降低消费者的策略性。

一些文献研究了考虑消费者学习的跨期定价。当消费者对产品质量不确定时，Papanastasiou和Savva（2017）研究了消费者进行质量学习的跨期定价。其研究发现，若销售商同时宣布产品两期价格，产品价格应当是递增的；若逐期给出产品价格，则价格可能递增也可能递减。Ovchinnikov和Milner（2012）研究的是消费者对产品未来价格折扣力度进行学习时的跨期定价，他们认为在消费者学习效用的影响下，销售商应只对一小部分产品进行打折。当产品成本随时间变化时，Shum 等（2017）考察了消费者对产品成本的学习效用对跨期价格的影响，他们发现，导致成本降低的技术出现的可能性越大，产品折扣幅度越大。

还有一些文献研究了销售商和消费者共同学习下的跨期定价。在买卖双方均不知道产品确切质量（如新口味的葡萄酒）的情况下，Yu 和 Debo（2016）研究了消费者和销售商通过已有购买评论同时对产品质量学习时的跨期定价。他们发现已有购买评论对销售商是不利的，在买卖双方的学习作用下，产品第二阶段价格降低了。

（5）削弱策略型消费者影响的销售策略。已有研究大多表明消费者策略行为对销售商是不利的，不少学者结合跨期定价研究了可用于削弱消费者策略行为的销售策略。概括起来，这些策略主要包括差价补偿、容量分配、库存信息披露、服务担保等。下面分别对基于这些策略的跨期定价进行综述。

①基于差价补偿的跨期定价。差价补偿是指销售商不对未来价格承诺，若产

品降价，销售商将补偿消费者产品差价（Salop，1986）。

当市场需求随机且消费者对产品估价异质时，刘晓峰（2008）分别研究了跨期定价和价格补偿策略，他认为差价补偿策略下产品的跨期价格路径应当是递减的。Lai 等（2010）考察了差价补偿对消费者购买决策和销售商跨期定价的影响。他们发现差价补偿策略减弱了消费者的等待动力，还有可能提高产品的第二阶段定价。通过比较采用和不采用差价补偿策略下的销售商收益，彭志强等（2010）认为差价补偿策略在一定程度上消除了消费者的等待行为，增加了销售商收入；相对于不采用差价补偿策略，差价补偿策略提高了产品两阶段定价。计国君和杨光勇（2010）还分别在消费者估价事前异质和事后异质两种情况下研究了差价补偿策略对销售商的价值。他们发现无论事前异质还是事后异质，差价补偿策略都削弱了消费者的等待行为，差价补偿越大，跨期定价策略对销售商越有利。

②基于容量分配的跨期定价。一些学者从容量分配的角度对如何削弱消费者的策略行为进行了研究。

当消费者厌恶风险且估价异质时，Liu 和 van Ryzin（2008）基于跨期定价研究了销售商的容量分配问题。他们认为借助容量分配降低第二阶段产品的可得性可以促使消费者尽早购买，产品的两期价格均是消费者风险厌恶指数的增函数。刘晓峰和黄沛（2009）把消费者分成高估价和低估价两类，通过优化产品第二阶段的可得率促使高估价消费者尽早购买。他们认为高估价消费者所占比例越多，产品价格越高。

计国君和杨光勇（2011）研究了随机配给问题，他们分别在固定折扣和弹性折扣两种定价折扣模式下研究了销售商的随机配给。他们发现两种折扣模式下，随机配给的价值都与产品的折扣程度有关。在弹性折扣定价模式下，较大的价格折扣反而可以提高销售商利润。在航空背景下，彭庆和李豪（2011）研究了消费者策略行为下飞机中舱位的容量分配和跨期定价问题，给出了舱位容量控制的充要条件。他们认为需求量越高，航空公司越应该尽早打折销售，以促使乘客尽早购买。

③基于库存信息披露或服务担保的跨期定价。一些文献还考察了能否通过向消费者披露库存信息或者提供服务担保来减少消费者的策略购买行为。

在消费者陆续到达市场、销售商不提前宣布采用跨期降价销售的情况下，Mak（2008）研究了是否该向消费者披露产品最初库存量的问题。他认为当产品的数量低于某一临界值时，库存信息披露可以使策略型消费者尽早购买；若消费者有时间偏好且销售商利润不会因折现而产生损失，则无论库存信息是否披露，销售商都应该采取跨期降价策略。

Borgs 等（2014）研究了销售商服务担保策略下的跨期定价，他发现由于销售商采用了“只要提前付款一定会得到服务”这一担保策略，消费者的等待行为减弱了，销售商的价格变动次数也减少了。

（6）跨期定价与其他定价策略的适用性比较。一些文献对跨期定价、静态定价以及价格承诺的适用性进行了比较研究，即分析哪个价格策略更适合销售商。下面从市场需求是否确定的角度对这方面的研究成果进行总结。

①需求确定下的成果。对产品数量有限的情形，Gallego 等（2008）研究了销售剩余产品应该扔掉还是打折销售的问题，即销售商应采用静态定价还是跨期降价的问题。其分析发现，当且仅当市场需求确定且消费者均为策略型时，静态定价更适用于销售商，否则跨期降价对销售商更有利。当短视型和策略型消费者并存时，徐贤浩等（2011）对静态定价、限量跨期定价、不限量跨期定价进行了比较研究，发现当策略型消费者比例较大时应采用静态定价，否则应采用不限量跨期定价。徐贤浩等（2012）还将产品价格和订货量进行了联合决策，通过比较静态定价和跨期定价下的销售商收益发现，当消费者规避风险时，跨期定价对销售商更有利，产品折扣价格是风险规避程度及策略型消费者比例的增函数。张爱凤等（2019）在销售商采用双渠道销售模式的情形下，研究了销售商分别采用跨期定价、价格承诺和差价补偿三种价格策略下的产品最优定价。通过数值模拟，他们发现价格承诺策略略微占优。

对产品数量无限的情形，唐瑄和郑晓娜（2016）研究了策略型消费者估价随时间递减的销售商定价问题,分别求出了跨期定价和天天平价策略下的最优定价。他们发现当消费者的估价减少速度较小时，销售商适合采用跨期定价，否则应采用静态定价。其分析还表明，当销售商采用跨期定价时，产品两阶段价格差随估价折扣因子递增。许明辉和孙康泰（2019）除研究静态价格策略和跨期定价策略外，还研究了价格承诺策略。他们发现价格承诺策略比跨期定价策略和静态价格策略都要优，更能减弱消费者的等待购买行为。

刘晓峰和徐贤浩（2011）对产品数量有限和无限两种情形下的最优定价都进行了研究。他们认为产品数量较少时销售商应采用静态定价策略，初始数量较多时应采用跨期定价策略，特别地，当初始数量供应充足时应采取跨期降价策略，且第一阶段定价应为估价折扣因子的减函数。

②需求不确定下的成果。当市场需求不确定时，Cachon 和 Feldman（2015）的研究发现不管销售商是否可以补货，跨期降价都严格优于静态定价，并建议销售商应经常对产品进行打折销售。在销售商未知需求但可进行贝叶斯更新的情形下，Whang（2015）证明了最优跨期价格的存在性，并将跨期定价和静态定价进行了比较，认为销售开始时即宣布产品的两阶段价格要优于静态定价。Briceño-Arias 等（2017）假设市场中只存在高端和低端两类消费者，通过研究销售商的定价机制发现，跨期定价明显优于静态定价。

Hu 等（2016）同时研究了产品的定价和订货问题。在剩余的产品应打折处理还是全部丢弃的问题上，他们找到了一个临界值，当剩余产品的数量大于临界值时应打折处理（即采用跨期降价策略），否则应全部丢弃（即采用静态定价策略）。

李豪等（2019）在市场中仅有策略型消费者时，研究了供应商和消费者的不完全信息下的“定价-购买”博弈。他们认为当消费者的购买意愿适中时，跨期定价优于价格承诺，否则销售商应采用价格承诺策略。

（7）供应链环境下的跨期定价。也有学者研究了供应链环境下的跨期定价问题，陈雯（2012）在研究供应链的运作与协调时，研究了销售商的最优价格策略问题。她的研究发现，策略型消费者所占比例越小时，跨期定价策略越能帮助销售商盈利，且销售商应该为消费者提供尽可能多的产品。方钦榕（2014）在研究易逝品供应链定价和协调时，分析了供应商和销售商各自的跨期定价问题。他发现在分散决策下，随着消费者收集信息成本的增加，销售商的两阶段价格都降低了。

王大飞等（2017）研究了由供应商和服务商所组成的产品服务供应链的跨期定价和协调问题，分析了产品成本、服务价值占比等因素对系统利润的影响。他们发现，提高服务价值占比可以抑制消费者的等待购买行为，当占比较高时，跨期定价可以作为实现供应链协调的手段。对由供应商和零售商组成的销售供应链，Lin 等（2018）的研究侧重于考察消费者的策略购买行为对供应商和零售商收益和定价的影响。他们首先给出了供应商和零售商的最优两期定价，并通过分析发现，策略型消费者的存在对供应商和零售商反而都是有利的。

李宗活等（2019）将消费者的策略行为引入双渠道供应链中，构建了分散和集中决策下的双渠道跨期定价模型。他们发现，与分散决策相比，集中决策下的产品正常销售期定价更高。

2）竞争环境下考虑消费者策略行为的单产品跨期定价

一些文献对双渠道销售下供应商和销售商的竞争性跨期定价进行了研究。孔瑞晓（2011）借助供应商、销售商和策略型消费者三方之间的动态博弈过程求出了最优跨期价格，他认为策略型消费者所占比例越大，供应商和销售商定价越低，供应商收益也越低。田林和徐以汎（2015）考察了供应商在面临销售商销售竞争时，是否应在其跨期销售中引入零售渠道的问题。他们得出的结论是，当销售商的增值服务能力较弱时，供应商两阶段都应引入零售渠道。其分析还表明，供应商的价格路径同时取决于销售渠道结构和销售商的增值服务水平。

一些文献对销售商和投机商的竞争性定价进行了研究。Su（2010）考察了当市场上同时存在策略型消费者和投机商时，销售商和投机商的跨期定价。他认为虽然投机行为降低了销售商第二阶段的定价，但增加了销售商收益。基于策略型消费者行为风险，李贺和张玉林（2014）研究了市场中存在投机商竞争时的销售商跨期定价和容量配给问题，求出了产品的最优价格路径。他们还发现，除价格因素外，投机行为对销售商期望收益的影响还取决于产品市场销量。官振中和李伟（2015）侧重于考察策略型消费者所占比例和投机商对销售商跨期定价的影响。他们发现策略型消费者所占比例越大，销售商两期价格越大；当投机商数量增多时，销售商应降低其第一阶段价格，以吸引消费者尽早购买。

还有一些文献在研究竞争环境下的跨期定价时考虑了消费者的忠诚度。Sun等（2016）研究了同时考虑消费者策略性和忠诚度的竞争商跨期定价，其分析表明，消费者对产品的忠诚度越高，提供该产品的销售商收益及两期定价越高。在分析进入者和在位者的跨期定价博弈时，张新鑫等（2016）也考虑了消费者的忠诚度和策略性，他们认为在消费者忠诚和策略行为的共同作用下，竞争商的进入降低了产品跨期价格，但可能增加在位者收益。

此外，李豪等（2011）从供求关系的角度分别研究了供大于求和供小于求时的两竞争商跨期定价。他们发现当市场整体供大于求时，消费者越具有策略性，两销售商定价越低；当供小于求时，消费者策略行为反而可以增加销售商收益。陈晓红和谭运强（2015）研究了短视型消费者和策略型消费者并存时多个竞争商的跨期价格战。他们发现策略型消费者所占比例越大，各销售商的两期定价越高；首先降价的商家其价格折扣力度要比其他商家大。Cachon和Feldman（2017）研究了在消费者对产品估价不确定的情形下，采用预售策略的两个竞争销售商的跨期定价，他们发现，与垄断销售相比，竞争市场下的产品预售价格和正常价格都降低了。

1.2.3 替代品跨期定价

如果两种产品之间能够相互替代以满足消费者的某种需求，则称这两种产品互为替代品（Drezner et al.，1995）。替代品又可分为水平差异替代品和垂直差异替代品两类。水平差异替代品是指消费者对某些属性偏好不一致的替代品；垂直差异替代品是指消费者对它们的所有属性偏好均一致，但品质有差异，通常表示质量有差异的替代品（Chen M and Chen Z，2015）。例如，仅颜色不同的衬衫是水平差异替代品，宾馆的标准间和豪华间则是垂直差异替代品。

自Gallego和van Ryzin（1997）首次在收益管理背景下将跨期定价策略引入多产品定价以后，有关替代品跨期定价的研究成果日益丰富。这些研究大致可分为不考虑消费者行为的替代品跨期定价和考虑消费者行为的替代品跨期定价两类。下面从市场是垄断性的还是竞争性的以及替代品是水平差异的还是垂直差异的两种维度对已有成果进行综述。

察了需求随时间变化的替代品跨期定价，认为某一时刻的替代品价格即是当前需求结构下两销售商静态博弈下的最优价格。李金林等（2014）将消费者的忠诚度引入替代品竞争定价中，他们假设销售商均有自己的忠实客户，通过求解所建立的跨期定价博弈模型发现，销售商产品跨期价格与其忠诚客户数量以及竞争销售商的库存量均正相关。

另一些文献则以航空业为背景，研究了竞争航空公司间的平行航班跨期定价。罗利和彭际华（2007）借助随机控制理论研究了两平行航班只采用两级价格时的跨期定价，给出了最优价格应满足的条件，他们认为未售舱位越多，两竞争公司越应及早降价销售。朱志愚等（2016）研究了航班可采用三个价格等级时的跨期定价，他们发现采用三个价格等级时航空公司的收益要大于两个价格等级。李豪和熊中楷（2009）利用 H-J 方程建立了两竞争航空公司的跨期定价模型，他们发现航班跨期定价的空间越大，公司的收益越高。他们在另一篇文章（李豪等，2010）中也对竞争平行航班的跨期定价进行了研究，发现当需求较大时，航空公司不必考虑竞争公司如何定价，只需按垄断市场进行定价即可。除考察竞争平行航班的跨期定价外，李豪和彭庆（2016）还研究了舱位控制问题。他们将消费者分成价格敏感型和时间敏感型，建立了折扣票控制和普通票跨期定价综合模型。他们发现随着时间敏感型乘客所占比例增大，两竞争公司采用低价的时间增多，采用高价的时间减少。

4）竞争环境下垂直替代品跨期定价

竞争环境下垂直替代品的跨期定价研究较为鲜见。Dasci 和 Karakul（2009）研究了产品互为垂直替代品的两竞争销售商的两期定价模型。他们发现尽管使用跨期定价策略，但是由于竞争，每个销售商的利润还是减少了。Jing（2017）研究了行为基础定价策略（销售商对老客户和新客户收取不同价格）下提供垂直替代品销售的两竞争商跨期定价，求出了两产品的跨期价格。其分析发现当产品质量外生给定时，行为基础定价策略至少降低一个销售商的利润，但当质量内生决定时，行为基础定价策略对竞争双方均有利。Rhee 和 Thomadsen（2017）研究了与 Jing（2017）相同的问题，他们将两产品的成本差与质量差的比定义为质量调整成本，认为产品的跨期价格不仅与该成本有关，还取决于消费者对产品第二阶段的估价折扣程度，他们还发现当消费者对产品第二阶段的估价折扣程度较低时，行为基础定价策略对竞争中处于劣势的销售商更加有利。

2. 考虑消费者炫耀行为的替代品跨期定价

已有考虑消费者行为的替代品跨期定价研究中，主要考虑的是消费者的炫耀行为和策略行为，其中考虑消费者炫耀行为的相对较少。

满月明（2016）研究的是销售体验性替代品的两个竞争公司的跨期定价，借助微分博弈方法分析了消费者在虚荣效应和跟随效用共同作用下的最优决策，建立了双寡头跨期定价模型，并考察了虚荣效应和跟随效用对跨期价格的影响。

3. 考虑消费者策略行为的替代品跨期定价

李根道等（2010）和 Gonsch 等（2013）都曾指出，考虑消费者策略行为的研究中单产品跨期定价是热点，替代品跨期定价则是难点。在研究基于消费者策略行为的替代品跨期定价时，既要考虑消费者在产品之间的替代选择，又要考虑其在购买时间上的跨期选择。下面从垄断和竞争两个方面对相关成果进行综述。

1）垄断环境下考虑消费者策略行为的替代品跨期定价

Parlaktürk（2012）最早在垄断环境下研究了考虑消费者策略行为的替代品跨期定价，求出了两替代品的最优价格路径。他认为提供替代品销售可以有效应对消费者策略行为。毕功兵等（2013）的研究还认为，替代品之间的质量差越大，其第二阶段价格差越大，消费者策略行为会降低销售商跨期定价所带来的额外收益。

在短视型和策略型消费者并存的情形下，Zeng 和 Zhang（2014）研究了更新替代产品的跨期定价后发现，旧代产品的折扣价格与策略型消费者所占比例正相关。Liang 等（2014）除研究更新替代产品跨期定价外，还考察了第二阶段产品的销售选择问题。其研究认为消费者策略行为降低了旧代产品的第二阶段价格，当新代产品更新度较高时，第二阶段应同时销售两代产品。赵菊等（2017）研究了提供垂直替代品的销售商的产品推出策略问题，分别求出了同时推出、质量递减序贯推出以及质量递增序贯推出三种产品推出策略下的跨期定价，他们发现，无论采取哪种策略，当策略型消费者所占比例不断增加时，产品两阶段价格均呈递减趋势，两阶段价格差也不断缩小。

2）竞争环境下考虑消费者策略行为的替产品跨期定价

对市场中只存在策略型消费者的情形，Levin 等（2009）考察了两寡头垄断商的跨期定价竞争，研究了策略购买对销售商收益的影响。他们认为即使销售商采用最优跨期价格也不能挽回消费者策略购买所造成的全部损失。与 Levin 等（2009）相比，Liu 和 Zhang（2013）更侧重分析策略购买行为对两销售商收益影响的比较研究，他们发现虽然消费者策略行为使两销售商均蒙受损失，但提供低质量产品的销售商遭受的损失更大。

Du 等（2013）研究了提供高质量创新产品的销售商和提供低质量模仿产品的销售商之间的竞争性定价，其分析认为新产品的第一阶段定价不宜过高，第二阶段价格折扣幅度与市场需求和消费者策略程度均负相关。除研究新产品和模仿产品的定价决策外，Pun 等（2017）还考察了新产品的质量水平对销售商收益及定价的影响。其分析表明，新产品的质量越低，其两期价格及新产品销售商收益反而越高。

官振中等（2001）研究的也是高质量产品和低质量模仿产品的竞争性定价问题，但他们的研究更侧重价格策略的选择。他们分别研究了高质量产品销售商的跨期定价策略和价格承诺策略。他们通过研究发现，两种价格策略都不是绝对占优。

李豪等（2019）研究了与官振中等（2001）相似的问题，他们研究的是提供高质量产品的在位企业与提供低质量产品的后发企业的价格竞争，但他们的研究表明，在面对进入威胁时，价格承诺策略对在位企业更有利。

对于市场中短视型和策略型消费者并存的情形，李乐池（2015）研究了策略型消费者所占比例及替代品的差异程度对产品跨期定价的影响。他发现随着替代品差异性减小，高质量产品的两阶段价格递减，低质量产品两阶段价格递增；竞争双方的两阶段定价均是策略型消费者所占比例的增函数。

1.2.4 网络收益管理中的多产品跨期定价

需要说明的是，在已有对多产品跨期定价的研究成果中，大多假设多产品之间具有某种关系，如产品之间具有替代性等。否则，若多产品之间毫无关系，这些多产品的跨期定价可视为多种单产品的跨期定价，研究的意义不大。而具有替代性的多产品跨期定价研究成果已在 1.2.3 节进行过综述。关于不具有替代性的多产品跨期定价研究，大多以网络收益管理为背景，可归属于网络收益管理中的多产品跨期定价问题。

Talluri 和 van Ryzin（2004）以及我国学者李金林和徐丽萍（2007）都曾对网络收益管理进行过定义。网络收益管理是指多资源产品的收益管理，而多资源产品是指一种产品的形成需要占用多种资源，其中任何一种资源的缺乏都会限制产品的销售。

关于多资源产品的跨期定价极为少见。李金林和徐丽萍在 2007 年中国管理科学与工程研究进展的邀请报告中，对多资源产品的跨期定价进行了定义和成果总结，并对未来研究进行了展望，他们认为关于多资源产品的跨期定价亟待展开和深入。

1.2.5 收益管理风险

早期收益管理研究较少考虑收益风险。从长期收益角度考虑，管理者忽略收益风险有其合理之处，但从短期资金流安全和管理绩效考评看，管理者常常需要考虑收益风险问题。风险研究不能独立于收益研究之外存在，有什么样的收益改善方式，就有什么方式下的风险问题存在。从研究文献看，传统收益管理风险研究可分为考虑风险的定价和考虑风险的容量控制问题。

1. 定价调控下的风险

收益管理风险研究源于考虑风险的定价问题。Feng 和 Xiao（1999）最早将风险因素引入收益管理模型中，把价格变化引起的销量方差作为风险测度指标，用期望收益和带权重（风险厌恶程度）销量方差罚函数项构建目标函数，追求既定风险敏感度下的收益最大化，研究结果表明，风险敏感公司比风险中性公司会更早降价。

有些文献基于风险价值（value at risk，VaR）研究收益管理的风险问题。Lancaster（2003）从实践角度考察航空收益管理风险问题，通过分析历史收益数据波动性，强调边际利润低而风险高时考虑风险的重要性，建议将风险价值（也称在险值）测度法引入收益管理，并用夏普比率考评不同收益管理策略的绩效。Levin 等（2008）在研究风险敏感下的易逝品跨期定价时，将期望收益目标函数中引入风险惩罚项，以实现可接受最低收益发生概率在允许条件下的最优跨期定价。

有些文献主要基于均值-方差或均值-标准差分析研究收益管理的风险问题。Lim 和 Shanthikumar（2007）研究需求模型不定时的鲁棒跨期定价问题，通过随机微分对策中艾萨克斯方程求得最优定价策略，最优解的结构特性表明，在指数效用函数模型确定的情形下，鲁棒定价问题和单产品收益管理问题等价。Koenig 和 Meissner（2010）研究静态定价（各级价格提前确定，靠容量控制不同价格下的销量）和跨期定价机制选择对收益风险的影响，通过数值实验和两种定价机制下的期望收益、标准差和条件风险价值（conditional value at risk，CVaR）比较表明，在跨期定价成本高昂或无法操作时，静态定价是一个可取策略。

有些文献基于效用理论（即收益和风险目标效用化）研究考虑风险的收益管理。Feng 和 Xiao（2008）基于效用理论研究风险敏感性收益管理问题，将风险敏感度参数引入指数效用目标函数，考察风险敏感度和定价关系发现，风险敏感的销售商定价往往趋于保守。Li 和 Zhuang（2009）研究表明，对于基于一般可加效用函数（additive general utility function）和时间指数效用函数（atemporal exponential utility function）的单调跨期定价结构来说，最优定价随着风险敏感度的增加而降低。

2. 容量调控下的风险

在收益管理中，不仅可通过定价规避风险，也可通过容量配给实现风险控制。

有学者对容量控制下的收益管理风险问题进行了有益探索。

在基于均值-方差或标准差的容量控制下的收益管理风险研究方面，Mitra 和 Wang（2005）研究在网络交通和收益管理中，带宽分配和路由选择的风险问题，追求可接受风险下的期望收益最大。通过分析比较目标函数的均值-方差、均值-标准差和均值-风险价值构成形式，最终选择标准差作为风险测度指标，并在高斯需求分布下的收益-风险有效前沿展示了不同风险厌恶程度的影响。Huang 和 Chang（2011）用折扣边际座位收益取代边际座位收益规则，放宽最优动态规划模型条件，解决不同风险厌恶下的航班座位控制问题。Xiong 等（2011）研究风险厌恶下的多期超售模型，将风险中性下的经典结构分析（3 区域规则）拓展于风险厌恶下考察发现，风险中性仅仅是风险厌恶的特例，风险厌恶下的最优策略随决策者风险厌恶程度的不同而变化。

在基于效用理论的容量控制下的收益管理风险研究方面，Weatherford（2004）认为风险中性假设在许多情况下不太切合实际，期望边际座位收益（expected marginal seat revenue，EMSR）法则只能基于风险中性假设，应将期望边际座位效用（expected marginal seat utility，EMSU）概念引入收益管理，可基于效用理论解决风险偏好的收益管理问题。Barz 和 Waldmann（2007）从具有指数效用的风险厌恶决策者视角，分别考察静态和动态容量控制模型发现，风险厌恶策略接受低价格的时间更早。

1.3 研究评述

由 1.2 节的研究综述看，考虑参与者行为的跨期定价研究越来越受到学者的关注，也已取得了较为丰富的成果。这些成果无论研究角度还是建模思想都对收益管理和生产运作管理及其相关领域中的定价理论研究有着重要的推动作用，对企业实际生产运作及市场营销也有着很好的指导作用。但这些成果还需进一步拓展，跨期定价理论的相关研究仍亟待展开或深入。现将跨期定价研究中存在的不足进行简要归纳。

1. 对单产品跨期定价的研究的不足

（1）考虑消费者行为的跨期定价研究仍有待深入。虽然很多学者针对早期跨期定价研究中的消费者短视性假设缺陷，开始将消费者策略行为、炫耀行为及其他行为引入跨期定价研究中，也取得了很多成果，但考虑消费者行为的成果仍显不足，尤其是考虑多种消费者行为并存的研究仍需拓展、深入。

（2）缺乏消费者策略行为风险研究。从长期角度看，假定销售商忽略收益风险，追求收益最大化目标有其合理性。但如果短期公司运行出现资金问题，甚至倒闭，那么长期收益也无从谈起，因此许多商家往往兼顾短期收益风险进行决策。传统收益管理文献虽有少量研究收益风险问题，但这些研究都只考虑由市场需求不确定引发的风险，即市场需求风险，不涉及消费者购买行为因素，当然也就不存在行为风险研究。而现有成果也几乎都只考虑消费者行为下的收益最大化目标，没有考虑消费者策略购买给销售商带来的期望收益风险，即策略行为风险。考虑消费者策略行为风险的跨期定价研究急需展开。

2. 对替代品跨期定价的研究的不足

（1）考虑消费者行为的替代品跨期定价研究成果较少。在考虑消费者行为的替代品跨期定价研究中，替代品的存在以及销售的多期性导致消费者可选择的购买方案较多，增加了建立跨期定价模型的难度和复杂性。因此，在已有替代品跨期定价研究中，考虑消费者行为的成果不多，考虑多种行为并存的更少，这方面的研究成果急需丰富。

（2）产品初始数量有限情况下的替代品跨期定价研究有待丰富。考虑消费者行为的替代品跨期定价大多假设产品可无限供应，考虑产品初始数量有限的不多。而现实中产品数量往往是有限的。研究数量有限情况下的替代品跨期定价有着更强的现实意义，但针对该问题进行的研究甚少。

（3）网络收益管理中的多产品跨期定价研究成果严重不足。网络收益管理也就是多资源产品收益管理。由于多资源产品本身涉及多种资源，其所涉及的资源之间在一定程度上具有一定的互补性。因此，在研究多资源产品的跨期定价时，既要考虑资源的有限性，又要考虑产品的跨期替代性，当市场中存在着多种类型的消费者时，还要考虑消费者的不同购买行为。这给多资源产品的跨期定价带来极大的难度，可能也是针对这类问题的研究成果较少的主要原因。

1.4　相关概念及内涵

本节对本书中所涉及的重要概念进行介绍。

1. 易逝品

易逝品是指具有生产提前期长、销售期短、销售季节结束后未售出商品的残值极低甚至还需要处理成本、市场需求不确定性大等特征的一类产品的总称（Su，2007）。例如，电子产品、时装、新鲜水果等都属于易逝品。

随着科技的迅速发展，产品更新换代的速度越来越快，越来越多的产品可以归属到易逝品类。

2. 快速反应

快速反应作为一种商业策略在 1987 年由美国服饰制造商协会（American Apparel Manufacturers Association）提出。快速反应是一种响应状态，能够在合适的时间向客户提供合适数量、合适价格和高质量的产品，而且在这一过程中能充分利用各种资源并减少库存，重点在于增强了企业生产的灵活性，减少了传统模式下按预期消费者需求过度地储备存货的情况（杜洪礼和刘瑞生，2011）。

3. 时尚设计

时尚设计即对时尚产品的改进设计（Cachon and Swinney，2011）。它是针对时尚产业而言的，时尚产业是围绕一定审美价值，为满足人们的时尚消费，通过对各类传统产业进行资源整合、提升和组合后形成的。时尚产业的范围有狭义和广义之分。狭义的时尚产业仅指对人体进行装饰和美化的行业。广义的时尚产业不仅包括对人们生活和工作的小环境进行的装饰美化，还包括对人类生存和发展中的相关事务进行的装饰和美化。

4. 供应链协调

供应链协调是指基于供应链成员之间的信息流、物流、资金流，创建适当的协调机制，在各成员之间构建合作关系，以达到合理分配利润、共担风险、降低总成本，实现整体利润最大化的目的（庄品和王宁生，2004）。

5. 供应链契约

供应链契约是指通过提供合适的信息和激励措施，保证买卖双方协调，优化销售渠道绩效的有关条款（Pasternack，1985）。

供应链契约的概念自提出之后，学者围绕供应链的协调性进行了种种契约研究，主要的契约有以下几种。

（1）批发价契约。批发价契约指供应商以相同的批发价将产品销售给销售商，供应商获得确定性利润，市场需求不确定风险全部转嫁给销售商。

（2）回购契约。回购契约是指，销售期初销售商以批发价从供应商处订购产品，销售期末供应商以约定的回购价格把销售商未售出的产品购回。

（3）弹性数量契约。弹性数量契约规定在销售期到来之前，销售商向供应商提出一个产品订购数量，在销售商到来之后，销售商可以向供应商提出改变最初订货量的协议。

（4）数量折扣契约。数量折扣契约规定供应商依据销售商订购量大小给予不同的价格折扣。一般而言，订购量越大，价格越低。

（5）收益共享契约。收益共享契约规定销售期初销售商以批发价（一般低于供应商生产成本）从供应商处订购产品，销售期末时销售商将收入的一定比例返还给供应商。

6. 消费者策略行为风险

在需求不确定的易逝品销售市场中，销售商经常采取跨期定价策略以改善收益。但也正是销售商的跨期定价让消费者学会了策略性地选择购买时机，这种择机购买行为改变了原来的市场需求时序，改变了各类交易主体的收益或支付，扩大了销售商未来收益不确定性风险，李贺等（2012）将这种风险称为消费者策略行为风险。

消费者的这种策略行为风险将会进一步导致产品未来价格的不确定性，进而导致或增加销售商收益的不确定性。

1.5　本书主要内容

本书基于买卖双方的参与行为，对跨期定价理论进行较系统的研究。全书共分为四篇，第一篇为概论部分，介绍本书的研究背景、研究意义和内容等，即第 1 章。第二篇对不考虑行为风险的单产品跨期定价进行研究，包括第 2 章、第 3 章和第 4 章。第三篇对不考虑行为风险的多产品跨期定价进行研究，包括第 5 章、第 6 章、第 7 章。第四篇对考虑行为风险的跨期定价进行研究，并对全书进行总结，对未来研究进行展望，包括第 8 章 ~ 第 11 章，各章的主要内容如下。

第 1 章首先从收益管理应用与实践的巨大成功、传统跨期定价的部分成果急需拓展两个方面详尽介绍本书的研究背景，并分别从理论研究和实践应用两个方面阐述本书的研究意义。其次对参与方的行为类型及内涵进行了介绍，并从单产品跨期定价、替代品跨期定价、网络收益管理中的多产品跨期定价以及收益管理风险等方面对与本书研究相关的已有成果进行综述。

第 2 章首先在策略型与短视型消费者并存的假设下，建立销售商两阶段跨期定价模型，通过对两类消费者的消费行为进行分析，得到销售商的最优定价与订货量策略，分析两类消费者所占比例对销售商最优决策选择的影响。其次在销售商具备快速反应能力的条件下，研究销售商的最优定价与订货量策略，得出销售商可以实施快速反应的条件。最后将销售商具备与不具备快速反应能力下的最优决策进行比较，分析快速反应对销售商最优决策以及利润的影响。

第 3 章研究由一个供应商、一个销售商以及短视型消费者、策略型消费者所组成的易逝品供应链协调问题。首先在批发价契约下研究销售商的最优定价与订货量策略，接着在收益共享契约下分析销售商与供应商的最优决策，并与集中决策下销售商的最优决策进行比较,得到可以实现供应链协调的收益共享契约条款。其次研究考虑销售商公平关切时的供应链协调，研究批发价契约下公平关切销售商的最优定价与订货量策略，分析公平关切对销售商最优决策的影响。最后考虑采取收益共享契约来实现供应链的协调，分析销售商利润分享比例与公平关切程度之间的关系。

第 4 章基于消费者策略性与炫耀性消费行为，在供应商具备时尚设计的情况下，研究供应链的协调问题。首先在供应链集中决策的情况下，研究销售商面对炫耀型消费者时的最优定价与订货量决策，分析销售商实施时尚设计的条件。然后在分散决策下，分别对批发价契约和收益共享契约时供应链协调进行研究。

第 5 章在产品数量充足、市场中短视型和策略型消费者共存的情形下，研究提供两种替代品的垄断销售商的跨期定价。首先通过分析消费者的购买决策，建立销售商两期利润最大化模型，分析产品最优跨期价格。然后考察均衡价格的性质，分析策略型消费者所占比例对销售商利润及其跨期定价的影响。

第 6 章在产品数量充足、消费者均为策略型的情况下，研究提供新产品和提供模仿产品的销售商间的竞争性定价，其中模仿产品质量在销售开始前是不确定的。首先定义消费者和两销售商之间动态博弈的子博弈精炼纳什均衡，利用逆向归纳法对均衡价格进行求解。然后考察模仿产品质量的不同取值对均衡价格及销售商利润的影响。

第 7 章在两竞争销售商产品数量有限的情形下，基于消费者策略行为，研究网络收益管理中的多产品跨期定价，分析提供两种产品的销售商与提供其替代品的销售商之间的竞争定价。首先分析有不同产品需求的消费者的购买决策，通过建立两竞争商各自的两阶段收益最大化模型，对三种产品的最优跨期价格进行求解。其次考察产品初始数量的取值变化对销售商收益及跨期定价的影响。最后借助数值模拟分析均衡价格的性质，对所得结论进行验证。

第 8 章在容量（能力）供给不变的假设下，首先探讨消费者策略等待购买的行为依据，建立消费者与销售商博弈的行为价格关系模型，透过消费者行为的价格依赖表象，揭示策略购买行为下各交易主体为利益打破原收支规则的本质。其次研究消费者策略购买行为与销售商期望收益之间的关系，探讨通过定价影响消费者行为和销售收益的路径，同时分析策略行为下的销售收益影响。之后研究消费者策略购买与销售商收益风险之间的关系，探讨通过定价影响策略型消费者行为和风险的途径，揭示策略购买行为的风险影响。最后，结合策略等待需求与价格、收益和风险的关系特性，给出策略购买行为下的“满意”定价策略。

第9章在容量可变假设下，首先通过分析价格、容量和等待需求之间的相互关系，探讨扩容对消费者策略购买行为和销售商垄断定价能力的影响。其次基于销售商在与消费者的“定价-购买”博弈中的先动性优势，研究消费者策略购买行为下的有效供给及影响因素，探讨扩容过程中的收益变化路径。之后研究扩容过程中的风险变化规律，揭示消费者行为引发风险也会以容量变化的形式体现出来。最后在有效容量供给下，寻找易逝品定价曲线和易逝资产影子价格曲线，在可使用跨期定价的容量供给范围内，寻找随容量和消费者等待需求变化的定价、收益和风险曲面。

第10章研究策略型消费者和投机者共存的两级易逝品市场组合定价问题。首先通过市场价格合成和分解，揭示两级市场组合的价格作用机理及投机和策略购买之间的相互激励和制约作用。其次研究投机和策略购买行为下供应商收益的价格和销量效应，寻找利用投机者改善收益的基本条件。之后研究投机和策略购买下供应商收益风险的构成及特性，揭示分散风险的途径。最后，研究两级市场组合容量配给，通过容量控制权和定价权分离的产品设计，展示理论成果的实际应用性。

第11章总结全书研究，阐述本书的主要创新点并对未来的研究进行展望。

第 2 章　策略型与短视型两类消费者并存下的销售商跨期定价和订货决策

在产品的销售期内，市场需求往往是不确定的，销售商所销售产品的市场价值是易逝的，并且消费者的消费行为是不同的。本章及第 3 章和第 4 章，主要结合策略型、短视型和炫耀型等不同类型消费者，以及销售商是否具有二次订货能力、产品是否采取时尚设计，对报童模型下的销售商决策进行深入研究，探讨易逝品的跨期定价和订货等问题。

本章在策略型与短视型消费者并存下，研究具有及不具有二次订货能力的销售商的商品定价与订货决策，并分析两类消费者占比对最优决策及利润的影响。首先分析策略型消费者与短视型消费者在销售期的购买行为，研究不具有二次订货能力的销售商的定价与订货策略，接着分析具有二次订货能力的销售商的定价与订货，最后将具有及不具有二次订货能力的销售商的最优决策进行比较，探讨快速反应对销售商最优决策以及利润的影响。

2.1　问题描述与假设

1. 问题描述

本章主要研究垄断商的定价和订货问题。

垄断销售商销售单一商品，市场需求随机，策略型消费者与短视型消费者并存于市场。销售商采用跨期定价销售商品，产品销售过程分为两阶段，其中第一阶段商品定价为 p，第二阶段商品以价格 s 处理（$s<c$，c 为商品成本）。称第一

阶段为全价期，第二阶段为处理期，处理期的市场足够大，剩余商品均可以被处理。全价期内市场上只存在短视型与策略型两类消费者，短视型消费者占比为α，策略型消费者占比为$1-\alpha$。不考虑缺货惩罚。

具有快速反应能力的销售商有两种可能的订货方式：一种是只有一次销售开始前的订货；另一种是，除了在销售期开始前的订货机会外，产品销售开始或临近销售开始后，具有快速反应能力的销售商掌握了较完整的市场需求信息，还有一次补订货的机会。

2. 假设

假设 2.1　销售商快速反应假设。销售开始时，销售商可以获得完美的市场需求，如果库存不足，则销售商可以在销售期初以较短的生产提前期和较高的生产成本增加一次额外的补货。

2.2　消费者行为分析

1. 短视型消费者购买分析

短视型消费者只出现在销售的第一阶段。面对销售商所给的价格p，他们会估算购买产品所获得的消费剩余，当消费剩余非负，即$v-p\geqslant 0$时（其中v为消费者对产品的估价），就会购买，不会等到第二阶段购买，购买产品获得消费剩余$v-p$；否则就会离开市场，获得的净效用为0。

2. 策略型消费者购买分析

由于销售期库存有限，消费者等到第二阶段可能面临缺货，策略型消费者会估计在第二阶段获得商品的机会，如果没能以处理价买到商品，则策略型消费者获得的净效用为0。用ξ_{prob}表示策略型消费者能以处理价获得商品的预期概率，则等到第二阶段购买获得的期望消费剩余为$\xi_{\text{prob}}(v-s)$。当$v-p\geqslant\xi_{\text{prob}}(v-s)$时，策略型消费者会在第一阶段购买，否则等到第二阶段购买。

短视型消费者在第一阶段可以接受的价格相对较高，而策略型消费者在同期可以接受的价格相对较低。短视型消费者和策略型消费者购买行为决策树如图 2-1所示。

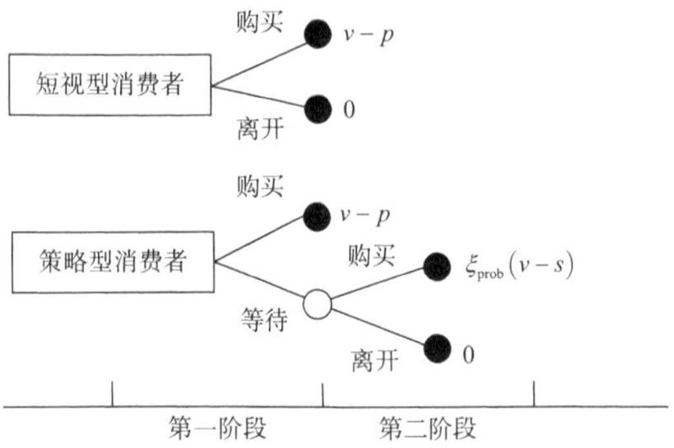

图 2-1　短视型消费者与策略型消费者购买行为决策树

2.3　销售商不具备快速反应能力

本节假设销售商不具备快速反应能力，在销售期开始前只有一次订货机会。由图 2-1 容易看出销售商第一阶段的定价有如下三种定价方式。

方式一：价格定为 $v-\xi_{\text{prob}}(v-s)$，此时策略型消费者与短视型消费者均在第一阶段购买。

方式二：价格定为 v，此时只有短视型消费者在第一阶段购买，而策略型消费者会选择等待。

方式三：将第一阶段的价格 p 定为 $v-\xi_{\text{prob}}(v-s)<p<v$，此时，短视型消费者仍在第一阶段购买，策略型消费者第一阶段不会购买。

由于销售商在方式三时不能获取短视型消费者的全部保留价值，销售商只会在前两者中选择一种对产品的第一阶段进行定价（以下分析中用下标 L 代表低价策略，用 H 代表高价策略）。

2.3.1　第一阶段两类消费者均购买

当销售商希望两类消费者都在第一阶段购买时，产品价格应为策略型消费者的心理预留价格。为获得策略型消费者的心理预留价格，采用理性预期均衡来描述销售商与策略型消费者之间的博弈。所谓理性预期均衡是指策略型消费者对在第二阶段获得产品的可能性有一个理性预期，同时销售商对策略型消费者在第一阶段的心理预留价格 r 也有一个理性预期，两种预期在均衡下与市场的实际情况是保持一致的。采用理性预期均衡来描述两者之间博弈行为的好处是：策略型消费者与销售商可以根据自己对对方的判断独立做出决策。

2.2 节的分析显示，当策略型消费者第二阶段以低价买到产品的可能性为 ξ_{prob}，则策略型消费者在第一阶段形成自己的心理预留价格 $r=v-\xi_{\text{prob}}(v-s)$。为促使策略型消费者在第一阶段购买,产品价格应为策略型消费者的心理预留价格。由于无法直接观测到 r，销售商有一个理性预期 $\hat{r}$，令 $p=\hat{r}$，销售商做出最优订货量的决策。由于 $p=\hat{r}<v$，两种消费者在第一阶段都会购买，此时销售商的期望利润为

$$\pi(Q)=pE\min(X,Q)-cQ+s\left[Q-E\min(X,Q)\right],\quad p=\hat{r} \tag{2-1}$$

式中，X 为市场需求；Q 为产品数量。式（2-1）右边第一项为销售商在第一阶段获得的期望利润；第二项为销售商的成本；第三项为销售商在第二阶段剩余产品打折所获得的期望利润，式（2-1）化简可得

$$\pi(Q)=(p-s)E\min(X,Q)-(c-s)Q,\quad p=\hat{r} \tag{2-2}$$

应用报童模型公式可得销售商最优订货量满足 $\bar{F}(Q_{\text{L}})=\dfrac{c-s}{p-s}$，其中 $p=\hat{r}$。

为实现理性预期均衡，策略型消费者与销售商的预期必须与实际情况保持一致。首先销售商关于策略型消费者心理预留价格的预期应与实际情况相符，即满足 $r=\hat{r}$；而策略型消费者通过等待获得产品的概率需要做具体的分析：当产品价格为策略型消费者的心理预留价格时，所有策略型消费者都会购买，如果一个策略型消费者选择等待，当且仅当 $(1-\alpha)X\leqslant Q-\alpha X$ 时，即 $X\leqslant Q$ 时他才可能获得产品。假设当第一阶段结束后产品还有剩余，等待的策略型消费者会优先获得产品。因为策略型消费者是同质的，所以等待的策略型消费者获得产品的概率为 $F(Q)$。可见策略型消费者等待获得产品的理性预期应满足 $\xi_{\text{prob}}=F(Q)$。

综合上述分析，可得引理 2.1。

引理 2.1 当策略型消费者预计等待获得产品的预期概率 ξ_{prob} 与销售商对策略型消费者心理预留价格的预期 $\hat{r}$ 满足以下四个条件时，销售商与策略型消费者之间存在理性预期均衡（Su and Zhang，2008）：① $r=v-(v-s)\xi_{\text{prob}}$；② $\bar{F}(Q)=\dfrac{c-s}{p-s}$，$p=\hat{r}$；③ $\xi_{\text{prob}}=F(Q)$；④ $\hat{r}=r$。

条件①给定未来以低价获得产品的预期 ξ_{prob}，策略型消费者在第一阶段形成了自己的心理预留价格 r；条件②给定对策略型消费者心理预留价格的预期 $\hat{r}$，销售商做出最优订货量决策；条件③满足策略型消费者等待获得产品的预期概率与实际情况相同；条件④满足销售商对策略型消费者心理预留价格预期与实际情况相同。

条件①到条件④联立可得 $p=v-(v-s)F(Q)$，$\bar{F}(Q)=\dfrac{c-s}{p-s}$。计算可得销售商的最优定价为 $p_{\mathrm{L}}^{*}=\sqrt{(c-s)(v-s)}+s$，最优订货量为 $\bar{F}\left(Q_{\mathrm{L}}^{*}\right)=\sqrt{\dfrac{c-s}{v-s}}$。

综合上述分析得到结论 2.1。

结论 2.1　当两类消费者在第一阶段都会购买时，销售商的最优定价与最优订货量分别为 $p_{\mathrm{L}}^{*}=\sqrt{(c-s)(v-s)}+s$，$Q_{\mathrm{L}}^{*}=\bar{F}^{-1}\sqrt{\dfrac{c-s}{v-s}}$。

结论 2.1 表明，$p_{\mathrm{L}}^{*}<v$，显然当销售商希望策略型消费者在第一阶段购买时，不得不降低产品的价格。

2.3.2　第一阶段仅短视型消费者购买

当销售商在第一阶段只希望短视型消费者购买时，最优产品价格为 $p_{\mathrm{H}}^{*}=v$，这样销售商可以占有短视型消费者的全部保留价值。由于 $p_{\mathrm{H}}^{*}>r=\sqrt{(c-s)(v-s)}+s$，策略型消费者在第一阶段不会购买。此时销售商的期望利润函数为

$$\begin{aligned}\pi(Q)&=(v-s)E\min(\alpha X,Q)-(c-s)Q\\&=\alpha(v-s)E\min\left(X,\frac{Q}{\alpha}\right)-\alpha(c-s)\frac{Q}{\alpha}\end{aligned}\qquad(2\text{-}3)$$

根据报童模型，可得销售商最优订货量满足 $\bar{F}\left(\dfrac{Q_{\mathrm{H}}^{*}}{\alpha}\right)=\dfrac{c-s}{v-s}$，由此可得结论 2.2。

结论 2.2　当销售商只希望短视型消费者在第一阶段购买时，最优产品定价为 $p_{\mathrm{H}}^{*}=v$，最优订货量为 $Q_{\mathrm{H}}^{*}=\alpha\bar{F}^{-1}\left(\dfrac{c-s}{v-s}\right)$。

结论 2.2 表明，随着 α 的增加，销售商最优订货量也在增加，并且当 $\alpha=1$ 时，销售商最优订货量为销售期全是短视型消费者的最优订货量。Q_{H}^{*} 代入式（2-3）可得

$$\pi\left(p_{\mathrm{H}}^{*},Q_{\mathrm{H}}^{*}\right)=(v-s)E\min\left(\alpha X,\alpha\bar{F}^{-1}\left(\frac{c-s}{v-s}\right)\right)-\alpha(c-s)\bar{F}^{-1}\left(\frac{c-s}{v-s}\right)\qquad(2\text{-}4)$$

显然 $\pi\left(p_{\mathrm{H}}^{*},Q_{\mathrm{H}}^{*}\right)=\alpha\pi$，记 π 为第一阶段全是短视型消费者的情况下销售商的最大期望收益。可见 $\pi\left(p_{\mathrm{H}}^{*},Q_{\mathrm{H}}^{*}\right)$ 关于 α 严格单调递增。由以上分析可得结论 2.3。

结论 2.3 存在一个转折点 $\alpha^* = \dfrac{\sqrt{c-s}\int_0^{F^{-1}\left(\sqrt{\frac{c-s}{v-s}}\right)} xf(x)\mathrm{d}x}{\sqrt{v-s}\int_0^{F^{-1}\left(\frac{c-s}{v-s}\right)} xf(x)\mathrm{d}x}$，当 $\alpha = \alpha^*$ 时，有 $\pi\left(p_{\mathrm{H}}^*, Q_{\mathrm{H}}^*\right) = \pi\left(p_{\mathrm{L}}^*, Q_{\mathrm{L}}^*\right)$。当 $\alpha \in \left[0, \alpha^*\right]$ 时，销售商的最优产品定价为 $p_{\mathrm{L}}^* = \sqrt{(c-s)(v-s)} + s$，最优订货量为 $Q_{\mathrm{L}}^* = \bar{F}^{-1}\left(\sqrt{\dfrac{c-s}{v-s}}\right)$，并有 $\pi\left(p_{\mathrm{H}}^*, Q_{\mathrm{H}}^*\right) < \pi\left(p_{\mathrm{L}}^*, Q_{\mathrm{L}}^*\right)$；当 $\alpha \in \left(\alpha^*, 1\right]$ 时，销售商的最优产品定价为 $p_{\mathrm{H}}^* = v$，最优订货量为 $Q_{\mathrm{H}}^* = \alpha \bar{F}^{-1}\left(\dfrac{c-s}{v-s}\right)$，并有 $\pi\left(p_{\mathrm{H}}^*, Q_{\mathrm{H}}^*\right) > \pi\left(p_{\mathrm{L}}^*, Q_{\mathrm{L}}^*\right)$。

证明： 由结论 2.1 可得，当销售商在第一阶段考虑卖给两类消费者时，最大期望利润为

$$\pi\left(p_{\mathrm{L}}^*, Q_{\mathrm{L}}^*\right) = \left(p_{\mathrm{L}}^* - s\right) E\min\left(X, Q_{\mathrm{L}}^*\right) - (c-s) Q_{\mathrm{L}}^* = \sqrt{(c-s)(v-s)} \int_0^{\bar{F}^{-1}\left(\sqrt{\frac{c-s}{v-s}}\right)} xf(x)\mathrm{d}x$$

由结论 2.2 可得，当销售商在第一阶段只考虑卖给短视型消费者时，其最大期望利润为

$$\pi\left(p_{\mathrm{H}}^*, Q_{\mathrm{H}}^*\right) = (v-s) E\min\left(\alpha X, Q_{\mathrm{H}}^*\right) - (c-s) Q_{\mathrm{H}}^* = (v-s) \int_0^{\bar{F}^{-1}\left(\frac{c-s}{v-s}\right)} \alpha xf(x)\mathrm{d}x$$

令 $\Delta\pi(\alpha) = \pi\left(p_{\mathrm{H}}^*, Q_{\mathrm{H}}^*\right) - \pi\left(p_{\mathrm{L}}^*, Q_{\mathrm{L}}^*\right)$，其中 $\alpha \in [0,1]$。当 $\alpha = 0$ 时，$\Delta\pi(0) < 0$。当 $\alpha = 1$ 时，$\Delta\pi(1) = (v-s) \int_0^{\bar{F}^{-1}\left(\frac{c-s}{v-s}\right)} xf(x)\mathrm{d}x - \sqrt{(c-s)(v-s)} \int_0^{\bar{F}^{-1}\left(\sqrt{\frac{c-s}{v-s}}\right)} xf(x)\mathrm{d}x$。由 $\bar{F}^{-1}(\cdot)$ 为减函数且 $\sqrt{\dfrac{c-s}{v-s}} > \dfrac{c-s}{v-s}$，可得 $\bar{F}^{-1}\left(\sqrt{\dfrac{c-s}{v-s}}\right) < \bar{F}^{-1}\left(\dfrac{c-s}{v-s}\right)$，再由 $v - s > \sqrt{(c-s)(v-s)}$，进而可知 $\Delta\pi(1) > 0$。对 $\Delta\pi(\alpha)$ 关于 α 求偏导可得 $\dfrac{\partial\left(\Delta\pi(\alpha)\right)}{\partial\alpha} = (v-s) \int_0^{\bar{F}^{-1}\left(\frac{c-s}{v-s}\right)} xf(x)\mathrm{d}x > 0$，因此 $\Delta\pi(\alpha)$ 随 α 严格递增。故存在唯一解 $\alpha^* = \dfrac{\sqrt{c-s}\int_0^{F^{-1}\left(\sqrt{\frac{c-s}{v-s}}\right)} xf(x)\mathrm{d}x}{\sqrt{v-s}\int_0^{F^{-1}\left(\frac{c-s}{v-s}\right)} xf(x)\mathrm{d}x}$，使得当 $\alpha = \alpha^*$ 时，有 $\Delta\pi\left(\alpha^*\right) = 0$，即 $\pi\left(p_{\mathrm{H}}^*, Q_{\mathrm{H}}^*\right) = \pi\left(p_{\mathrm{L}}^*, Q_{\mathrm{L}}^*\right)$。由于 $\Delta\pi(\alpha)$ 关于 α 严格单调递增，则当 $\alpha < \alpha^*$ 时，有 $\Delta\pi(\alpha) < 0$，即 $\pi\left(p_{\mathrm{H}}^*, Q_{\mathrm{H}}^*\right) < \pi\left(p_{\mathrm{L}}^*, Q_{\mathrm{L}}^*\right)$，此时销售商第一阶段采取低价策略最优。当 $\alpha > \alpha^*$ 时，有

$\Delta\pi(\alpha)>0$，即 $\pi\left(p_{\mathrm{H}}^{*},Q_{\mathrm{H}}^{*}\right)>\pi\left(p_{\mathrm{L}}^{*},Q_{\mathrm{L}}^{*}\right)$，此时销售商在第一阶段采取高价策略最优。证毕。

结论 2.3 表明，由于短视型消费者和策略型消费者不同的购买行为，销售商可以从单个短视型消费者身上获得较大的收益。因此在第一阶段短视型消费者数量众多时，即当 $\alpha>\alpha^{*}$ 时，销售商应该重点关注短视型消费者，产品需要定高价。尽管此时策略型消费者选择等待,但由于整体数量不会给销售商的利润带来损失，可以不考虑他们的购买行为。相反当第一阶段短视型消费者较少，即当 $\alpha<\alpha^{*}$ 时，尽管单个短视型消费者可以接受较高的价格，但由于策略型消费者数量较多，短视型消费者整体无法为销售商带来更大的利润。此时销售商需要考虑策略型消费者的购买行为，满足他们的购买要求，产品价格应降为策略型消费者的心理预留价格，促使他们在第一阶段购买。这样销售商可以占有市场上的所有消费者，避免在第一阶段结束时，由于剩余产品过多而不得不打折销售所造成的损失。

将两种定价下销售商的最优订货量进行比较，可得结论 2.4。

结论 2.4　存在 α_{Q}，当 $\alpha=\alpha_{\mathrm{Q}}$ 时，有 $Q_{\mathrm{H}}^{*}=Q_{\mathrm{L}}^{*}$；当 $\alpha>\alpha_{\mathrm{Q}}$ 时，有 $Q_{\mathrm{H}}^{*}>Q_{\mathrm{L}}^{*}$；当 $\alpha<\alpha_{\mathrm{Q}}$ 时，有 $Q_{\mathrm{H}}^{*}<Q_{\mathrm{L}}^{*}$。

证明：定义一个新函数 $\Delta Q(\alpha)=Q_{\mathrm{H}}^{*}-Q_{\mathrm{L}}^{*}=\alpha\bar{F}^{-1}\left(\frac{c-s}{v-s}\right)-\bar{F}^{-1}\left(\sqrt{\frac{c-s}{v-s}}\right)$。易知 $\Delta Q(0)=-\bar{F}^{-1}\left(\sqrt{\frac{c-s}{v-s}}\right)<0$，$\Delta Q(1)=\bar{F}^{-1}\left(\frac{c-s}{v-s}\right)-\bar{F}^{-1}\left(\sqrt{\frac{c-s}{v-s}}\right)>0$。由 $\Delta Q(\alpha)$ 对 α 求偏导可得 $\frac{\partial\left(\Delta Q(\alpha)\right)}{\partial\alpha}=\bar{F}^{-1}\left(\frac{c-s}{v-s}\right)>0$，进而可知 $\Delta Q(\alpha)$ 关于 α 严格单调递增，存在唯一 $\alpha_{\mathrm{Q}}=\frac{\bar{F}^{-1}\left(\sqrt{\frac{c-s}{v-s}}\right)}{\bar{F}^{-1}\left(\frac{c-s}{v-s}\right)}$，使得 $\Delta Q\left(\alpha_{\mathrm{Q}}\right)=0$，即 $Q_{\mathrm{H}}^{*}=Q_{\mathrm{L}}^{*}$。可见当 $\alpha>\alpha_{\mathrm{Q}}$ 时，有 $\Delta Q(\alpha)>0$，即 $Q_{\mathrm{H}}^{*}>Q_{\mathrm{L}}^{*}$；当 $\alpha<\alpha_{\mathrm{Q}}$ 时，有 $\Delta Q(\alpha)<0$，即 $Q_{\mathrm{H}}^{*}<Q_{\mathrm{L}}^{*}$。证毕。

结论 2.4 表明，当销售商在第一阶段只卖给短视型消费者产品时，最优订货量并不总是低于同时卖给两种类型的消费者。当短视型消费者较少，即当 $\alpha^{*}<\alpha<\alpha_{\mathrm{Q}}$ 时，在第一阶段只卖给短视型消费者的最优订货量要低于同时卖给两种类型消费者的订货量。随着 α 的增加，只卖给短视型消费者的最优订货量也在不断增加；当 $\alpha_{\mathrm{Q}}<\alpha<1$ 时，只卖给短视型消费者的最优订货量要高于同时卖给两种类型消费者的订货量。

2.4 销售商具备快速反应能力

需求的不确定容易导致供需的不匹配，当供大于求时，剩余产品将被打折处理，而当供小于求时，销售商将面临缺货的风险，两种情况均会导致销售商利益受损。快速反应有助于消除缺货的风险，缓解供需的不匹配，增加销售商的收益。本节将在 2.3 节研究的基础上，探讨快速反应下销售商的最优定价与订货量策略。

假设销售商具备快速反应能力，即除了销售开始前拥有一次订货机会外，销售开始后，随着需求信息更加精确，销售商在第一阶段初还有一次补货机会。若第一次订货量可以满足市场需求，销售商就会放弃第二次订货机会。销售商第一次订货的单位成本为 c，第二次订货的单位成本为 $c+c_{\mathrm{Q}}$，其中 c_{Q} 为快速反应增加的单位成本（包括快速制造及产品运输）。本节首先分析快速反应下销售商的最优决策，探讨销售商可以实施快速反应的条件，然后研究快速反应对销售商最优决策的影响，最后研究策略型与短视型两类消费者所占比例对销售商利润的影响（以下分析中用下标 QL 代表快速反应下的低价策略，用 QH 代表快速反应下的高价策略）。

2.4.1 第一阶段两类消费者均购买

当产品价格定为策略型消费者的心理预留价格时，所有消费者都会在第一阶段购买。当销售商的初次订货量满足需求（$Q \geqslant X$）时，不采取补货措施，若销售商初次订货不足（$Q < X$），则额外补充 $X-Q$ 的货以满足所有消费者的需求。销售商的期望利润函数为

$$\pi_{\mathrm{Q}}(p,Q)=(p-c)EX-c_{\mathrm{Q}}E(X-Q)^{+}-(c-s)E(Q-X)^{+} \tag{2-5}$$

式中，第一项为满足第一阶段所有消费者需求所获得的利润；第二项为快速反应所增加的成本；第三项为第二阶段产品打折所获得的利润。销售商在快速反应模型下的决策顺序如图 2-2 所示。

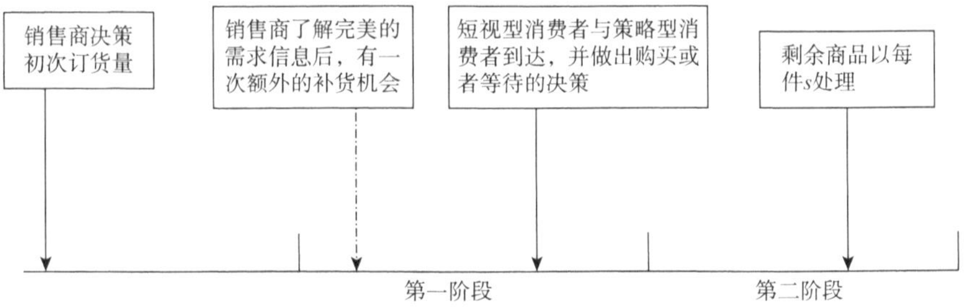

图 2-2　销售商在快速反应模型下的决策顺序

与 2.3.1 节分析类似，可以得到引理 2.2。

引理 2.2　在快速反应模型中，当策略型消费者对等待获得产品的预期概率 ξ_{prob} 与销售商对策略型消费者心理预留价格的预期 $\hat{r}$ 满足以下四个条件时，销售商与策略型消费者之间存在理性预期均衡：① $r = v-(v-s)\xi_{\text{prob}}$；② $Q=\arg\max_{\text{Q}}(Q,p)$，$p=\hat{r}$；③ $\xi_{\text{prob}}=F(Q)$；④ $\hat{r}=r$。

条件①给定未来以低价获得产品的预期概率 ξ_{prob}，策略型消费者形成了自己的心理预留价格 r；条件②给定对策略型消费者心理预留价格的预期 $\hat{r}$，销售商做出最优订货量决策。当产品的价格定为策略型消费者的心理预留价格时，所有消费者在第一阶段购买，此时销售商的利润为

$$\begin{aligned}\pi_{\text{Q}}(p,Q)&=(p-c)E(X)-c_{\text{Q}}E(X-Q)^{+}-(c-s)E(Q-X)^{+}\\&=(c-s+c_{\text{Q}})\min(X,Q)-(c-s)Q+(p-c-c_{\text{Q}})E(X)\end{aligned}\qquad(2\text{-}6)$$

在给定产品价格 $p=\hat{r}$ 的情况下，利用报童模型公式，计算可得销售商的最优订货量满足 $\bar{F}^{-1}(Q_{\text{Q}})=\dfrac{c-s}{c_{\text{Q}}+c-s}$；条件③表明，策略型消费者对第二阶段能够买到产品的概率预期应与第二阶段实际发生时的真实概率相同，只有当初次订货量 $Q>X$ 时，策略型消费者才可能在第二阶段获得产品；条件④满足销售商对策略型消费者心理预留价格的预期与实际情况相同。

依据引理 2.2 的理性预期均衡，有结论 2.5 成立。

结论 2.5　在快速反应机制下，当销售商希望短视型消费者与策略型消费者都在第一阶段购买时，商品的最优定价与最优订货量分别为 $p_{\text{QL}}^{*}=\dfrac{(c-s)(v-s)}{c_{\text{Q}}+c-s}+s$，$Q_{\text{QL}}^{*}=\bar{F}^{-1}\left(\dfrac{c-s}{c_{\text{Q}}+c-s}\right)$；且单位商品补货所增加的成本应满足 $c_{\text{Q}}<\sqrt{(c-s)(v-s)}-(c-s)$，否则快速反应将无法实现。

证明：将引理 2.2 中的条件①～条件④的式子联立可得 $\bar{F}(Q)=\dfrac{c-s}{c_{\text{Q}}+c-s}$、

$$\alpha_{\mathrm{Q}}^{*}=\frac{\left(c_{\mathrm{Q}}+c-s\right)\int_{0}^{\overline{F}^{-1}\left(\frac{c-s}{c_{\mathrm{Q}}+c-s}\right)}xf\left(x\right)\mathrm{d}x+\left(\frac{vc-vs+sc_{\mathrm{Q}}}{c_{\mathrm{Q}}+c-s}-c-c_{\mathrm{Q}}\right)E\left(X\right)}{\left(c_{\mathrm{Q}}+c-s\right)\int_{0}^{\overline{F}^{-1}\left(\frac{c-s}{c_{\mathrm{Q}}+c-s}\right)}xf\left(x\right)\mathrm{d}x+\left(v-c-c_{\mathrm{Q}}\right)E\left(X\right)}$$

使得当 $\alpha=\alpha_{\mathrm{Q}}^{*}$ 时，有 $\Delta\pi_{\mathrm{Q}}\left(\alpha_{\mathrm{Q}}^{*}\right)=0$ ，即 $\pi_{\mathrm{Q}}\left(p_{\mathrm{QL}}^{*},Q_{\mathrm{QL}}^{*}\right)=\pi_{\mathrm{Q}}\left(p_{\mathrm{QH}}^{*},Q_{\mathrm{QH}}^{*}\right)$；当 $\alpha<\alpha_{\mathrm{Q}}^{*}$ 时，有 $\Delta\pi_{\mathrm{Q}}\left(\alpha_{\mathrm{Q}}^{*}\right)<0$ ，即 $\pi_{\mathrm{Q}}\left(p_{\mathrm{QL}}^{*},Q_{\mathrm{QL}}^{*}\right)>\pi_{\mathrm{Q}}\left(p_{\mathrm{QH}}^{*},Q_{\mathrm{QH}}^{*}\right)$；当 $\alpha>\alpha_{\mathrm{Q}}^{*}$ 时，有 $\Delta\pi_{\mathrm{Q}}\left(\alpha_{\mathrm{Q}}^{*}\right)>0$ ，即 $\pi_{\mathrm{Q}}\left(p_{\mathrm{QL}}^{*},Q_{\mathrm{QL}}^{*}\right)<\pi_{\mathrm{Q}}\left(p_{\mathrm{QH}}^{*},Q_{\mathrm{QH}}^{*}\right)$。证毕。

结论 2.7 给出了短视型消费者与策略型消费者并存时，快速反应机制下销售商的最优定价与订货量策略。在快速反应机制下，当 $\alpha\geqslant\alpha_{\mathrm{Q}}^{*}$ 时，销售商在第一阶段只考虑卖给短视型消费者，产品需要定高价；当 $\alpha<\alpha_{\mathrm{Q}}^{*}$ 时，销售商在第一阶段考虑同时卖给短视型与策略型这两类消费者，产品需要定低价。

2.5　具备及不具备快速反应能力的销售商的最优决策比较

2.3 节和 2.4 节分别给出了销售商不具备和具备快速反应能力时，销售商的最优定价及订货量策略。本节将两种情况下的最优决策进行比较。通过比较实施快速反应和不实施快速反应两种策略下的销售商利润，可得结论 2.8。

结论 2.8　当销售商具备快速反应能力时，实施快速反应可以增加销售商的利润。

证明：在快速反应模型中，当销售商希望所有消费者都在第一阶段购买时，如果快速反应增加的成本为 $c_{\mathrm{Q}}=\sqrt{(c-s)(v-s)}-(c-s)$ ，可得销售商的最优利润为

$$\begin{aligned}\pi_{\mathrm{Q}}\left(p_{\mathrm{QL}}^{*},Q_{\mathrm{QL}}^{*}\right)&=\left(c_{\mathrm{Q}}+c-s\right)E\min\left(X,Q_{\mathrm{QL}}^{*}\right)-\left(c-s\right)Q_{\mathrm{QL}}^{*}+\left(p_{\mathrm{QL}}^{*}-c-c_{\mathrm{Q}}\right)E\left(X\right)\\&=\left(c_{\mathrm{Q}}+c-s\right)\int_{0}^{\overline{F}^{-1}\left(\frac{c-s}{c_{\mathrm{Q}}+c-s}\right)}xf\left(x\right)\mathrm{d}x+\left[\frac{(c-s)(v-s)}{c_{\mathrm{Q}}+c-s}+s-c-c_{\mathrm{Q}}\right]E\left(X\right)\\&=\sqrt{(c-s)(v-s)}\int_{0}^{\overline{F}^{-1}\left(\sqrt{\frac{c-s}{k+v-s}}\right)}xf\left(x\right)\mathrm{d}x\\&=\pi_{\mathrm{Q}}\left(p_{\mathrm{L}}^{*},Q_{\mathrm{L}}^{*}\right)\end{aligned}$$

由包络定理，对 $\pi_{\mathrm{Q}}\left(p_{\mathrm{QL}}^{*},Q_{\mathrm{QL}}^{*}\right)$ 关于 c_{Q} 求偏导可得

$$\frac{\partial\pi_{\mathrm{Q}}\left(p_{\mathrm{QL}}^{*},Q_{\mathrm{QL}}^{*}\right)}{\partial c_{\mathrm{Q}}}$$

$$=\frac{\partial\left\{\left(c_{\mathrm{Q}}+c-s\right)E\min\left(X,Q_{\mathrm{QL}}^{*}\right)-\left(c-s\right)Q_{\mathrm{QL}}^{*}+\left[\dfrac{\left(c-s\right)\left(v-s\right)}{c_{\mathrm{Q}}+c-s}+s-c_{\mathrm{Q}}-c\right]E\left(X\right)\right\}}{\partial c_{\mathrm{Q}}}$$

$$=E\min\left(X,Q_{\mathrm{QL}}^{*}\right)-\frac{E\left(X\right)\left(c-s\right)\left(v-s\right)}{\left(c_{\mathrm{Q}}+c-s\right)^{2}}-E\left(X\right)<0$$

可知 $\pi_{\mathrm{Q}}\left(p_{\mathrm{QL}}^{*},Q_{\mathrm{QL}}^{*}\right)$ 随 c_{Q} 递减，当 $c_{\mathrm{Q}}<\sqrt{\left(c-s\right)\left(k+v-s\right)}-\left(c-s\right)$ 时，有 $\pi_{\mathrm{Q}}\left(p_{\mathrm{QL}}^{*},Q_{\mathrm{QL}}^{*}\right)>\pi_{\mathrm{Q}}\left(p_{\mathrm{L}}^{*},Q_{\mathrm{L}}^{*}\right)$。同理在快速反应机制下，当销售商在第一阶段只考虑卖给短视型消费者时，若 $v>c+c_{\mathrm{Q}}$，有 $\pi_{\mathrm{Q}}\left(p_{\mathrm{QH}}^{*},Q_{\mathrm{QH}}^{*}\right)>\pi_{\mathrm{Q}}\left(p_{\mathrm{H}}^{*},Q_{\mathrm{H}}^{*}\right)$。证毕。

结论 2.8 表明，当销售商具备快速反应能力时，无论销售商采取哪种定价策略，快速反应均有助于销售商增加利润。下面我们来比较快速反应前后，销售商最优定价与订货量的变化，可得结论 2.9。

结论 2.9　当两类消费者都在第一阶段购买时，快速反应有助于销售商提高产品价格并降低订货量；当仅短视型消费者在第一阶段购买时，快速反应有助于销售商降低订货量。

证明：在快速反应模型中，当销售商希望所有消费者都在第一阶段购买时，由于 $c_{\mathrm{Q}}<\sqrt{\left(c-s\right)\left(v-s\right)}-\left(c-s\right)$，可得 $\dfrac{\left(c-s\right)\left(v-s\right)}{c_{\mathrm{Q}}+c-s}+s<\sqrt{\left(c-s\right)\left(v-s\right)}+s$，并且 $\bar{F}^{-1}(\cdot)$ 为单调递减函数，有 $\bar{F}^{-1}\left(\dfrac{c-s}{c_{\mathrm{Q}}+c-s}\right)<\bar{F}^{-1}\left(\sqrt{\dfrac{c-s}{v-s}}\right)$。因此可得 $p_{\mathrm{QL}}^{*}>p_{\mathrm{L}}^{*}$，$Q_{\mathrm{QL}}^{*}<Q_{\mathrm{L}}^{*}$。当销售商在第一阶段只考虑短视型消费者时，由于 $v\geqslant c+c_{\mathrm{Q}}$，类似地进行计算可得 $Q_{\mathrm{QH}}^{*}<Q_{\mathrm{H}}^{*}$。证毕。

结论 2.9 表明当销售商具备快速反应能力时，为避免过量订货导致剩余产品打折遭受损失，与销售商不具备快速反应能力相比，销售商会降低初次订货量，即 $Q_{\mathrm{QH}}^{*}<Q_{\mathrm{H}}^{*}$，$Q_{\mathrm{QL}}^{*}<Q_{\mathrm{L}}^{*}$。由于销售商降低了初始库存量，消费者等待缺货的可能性增加，策略型消费者因此提升了第一阶段的心理预留价格。如果希望策略型消费者在第一阶段购买，销售商可以提高产品价格。

2.6 算 例 分 析

本节结合算例，对策略型消费者和短视型消费者并存的情况下，2.3 节及 2.4 节的研究结论进行验证。令 $v=20$ ，$c=10$ ，$s=6$ ，市场需求服从正态分布 $N(100,400)$ 。

（1）考虑销售商不具备快速反应能力。由结论 2.1 和结论 2.2 可得，当销售商仅希望短视型消费者在第一阶段购买时，最优定价为 $p_{\mathrm{H}}^{*}=20$ ，最优订货量为 $Q_{\mathrm{H}}^{*}\approx111\alpha$ 。当销售商希望短视型消费者和策略型消费者均在第一阶段购买时，最优定价为 $p_{\mathrm{L}}^{*}\approx13.48$ ，最优订货量为 $Q_{\mathrm{L}}^{*}=98$ 。图 2-3 给出了两种定价决策下销售商的期望利润与短视型消费者所占比例 $\alpha\left(\alpha\in[0,1]\right)$ 之间的关系。

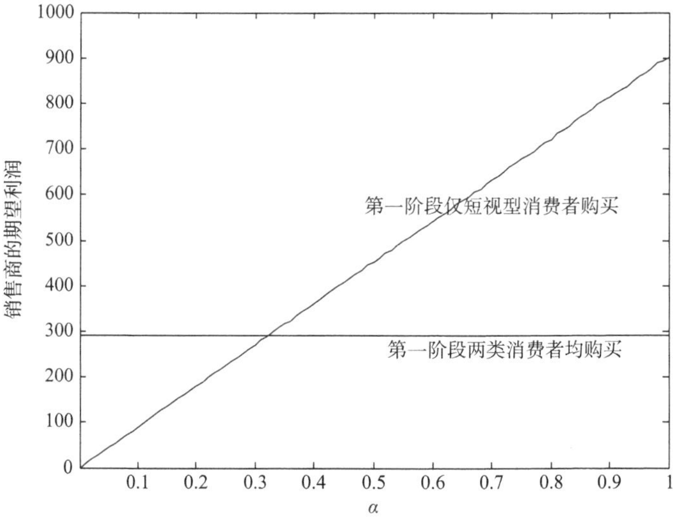

图 2-3　不具备快速反应能力销售商期望利润与 α 之间的关系

图 2-3 表明当 $\alpha>0.3207$ 时，销售商在第一阶段定高价占有短视型消费者的全部保留价值可以获得更大的利润，此时销售商的利润随着 α 的增大而增大；当 $\alpha\leqslant0.3207$ 时，销售商在第一阶段定低价可以获得更大的利润。因为这种情况下所有消费者在第一阶段都会购买，所以销售商的利润是恒定不变的。以上得到的结论与结论 2.3 相同。

两种定价决策下销售商的最优订货量与短视型消费者所占比例 $\alpha\left(\alpha\in[0,1]\right)$ 之间的关系如图 2-4 所示。

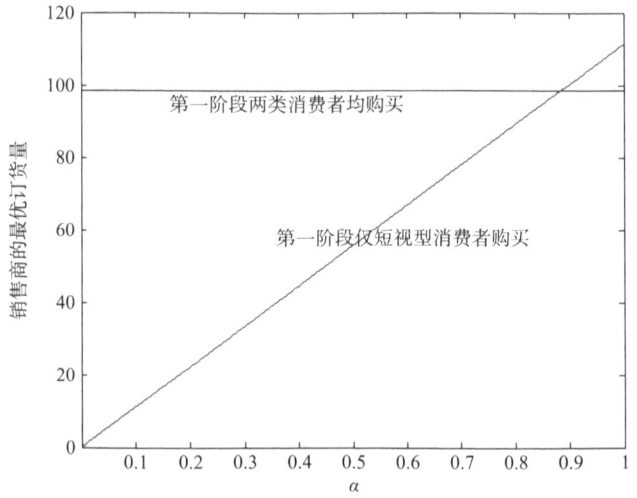

图 2-4 不具备快速反应能力销售商的最优订货量与 α 之间的关系

图 2-4 表明当 $\alpha\approx 0.8828$ 时，两种定价决策下销售商的最优订货量相等，而当 $0.3207\leqslant\alpha<0.8828$ 时，第一阶段不考虑策略型消费者的最优订货量小于考虑卖给两类消费者的最优订货量。而当 $\alpha>0.8828$ 时，第一阶段不考虑策略型消费者的最优订货量大于考虑卖给两类消费者的最优订货量。以上得到的结论与结论 2.4 相同。

（2）考虑销售商具备快速反应能力。令 $c_{\mathrm{Q}}=2$，由结论 2.5 和结论 2.6 可得，当销售商仅希望短视型消费者在第一阶段购买时，最优定价为 $p_{\mathrm{QH}}^{*}=20$，最优订货量为 $Q_{\mathrm{H}}^{*}=Q_{\mathrm{L}}^{*}$。当销售商希望短视型消费者和策略型消费者均在第一阶段购买时，最优定价为 $p_{\mathrm{QL}}^{*}\approx 15$，最优订货量为 $Q_{\mathrm{QL}}^{*}\approx 91$。图 2-5 给出了两种定价决策下销售商的期望利润与短视型消费者所占比例 α 之间的关系。

图 2-5 表明当 $Q_{\mathrm{H}}^{*}=Q_{\mathrm{L}}^{*}$ 时，销售商在第一阶段定高价占有短视型消费者的全部保留价值可以获得更大的利润，此时销售商的利润随着 α 的增大而增大。当 $\alpha\leqslant 0.5114$ 时，销售商在第一阶段定低价可以获得更大的利润。由于这种情况下所有消费者在第一阶段都会购买，销售商的利润是恒定不变的。以上得到的结论与结论 2.7 相同。

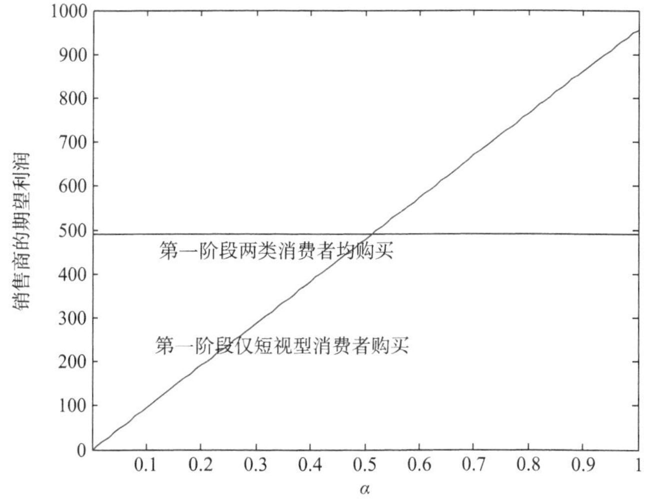

图 2-5　具备快速反应能力销售商期望利润与 α 之间的关系

两种定价决策下销售商的最优订货量与短视型消费者所占比例 α 之间的关系如图 2-6 所示。

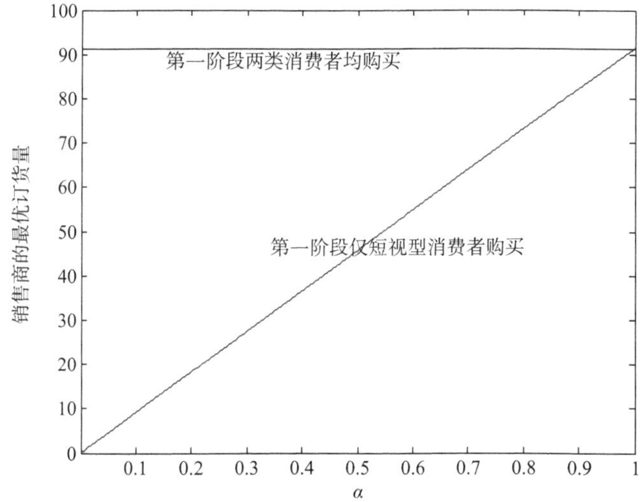

图 2-6　具备快速反应能力销售商的最优订货量与 α 之间的关系

图 2-6 表明，当销售商具备快速反应能力时，在第一阶段只考虑卖给短视型消费者时，最优订货量始终低于同时卖给两类消费者的订货量。而当 $\alpha=1$ 时，两种定价决策下销售商的最优订货量相等。

（3）对销售商是否具备快速反应能力下的最优决策进行比较。令 c_Q 分别为 1.5、2、2.5、3。图 2-7～图 2-10 分别为 c_Q 等于 1.5、2、2.5、3 时销售商最优订货量与短视型消费者所占比例 α 的关系（实线表示销售商不具备快速反应能力，虚线表示销售商具备快速反应能力）。

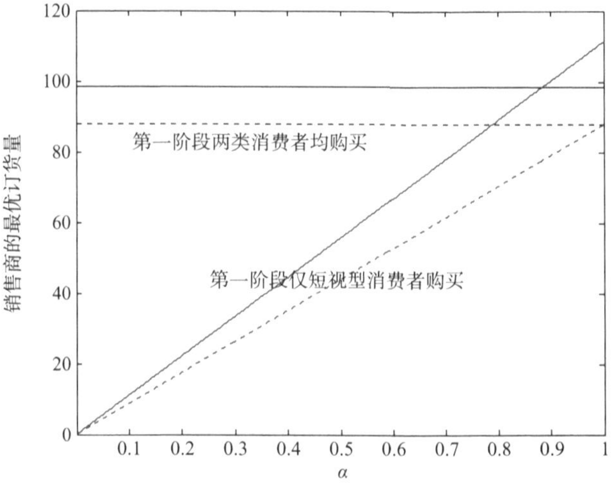

图 2-7　$c_Q=1.5$ 时两种定价决策下销售商的最优订货量

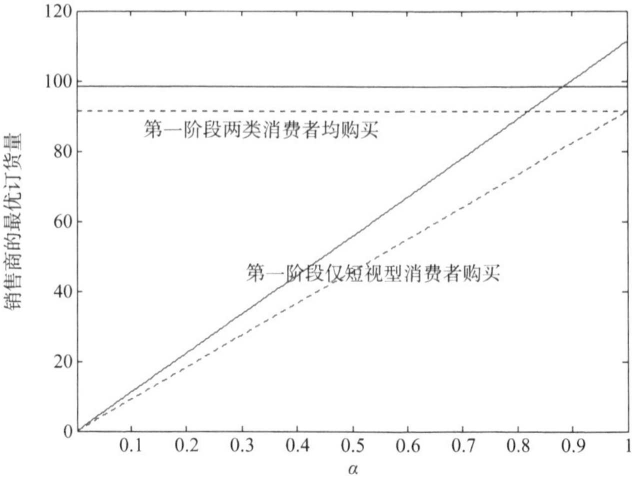

图 2-8　$c_Q=2$ 时两种定价决策下销售商的最优订货量

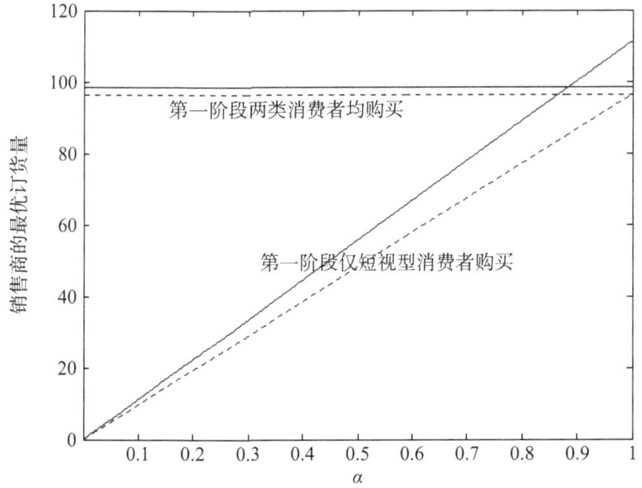

图 2-9　$c_Q = 2.5$ 时两种定价决策下销售商的最优订货量

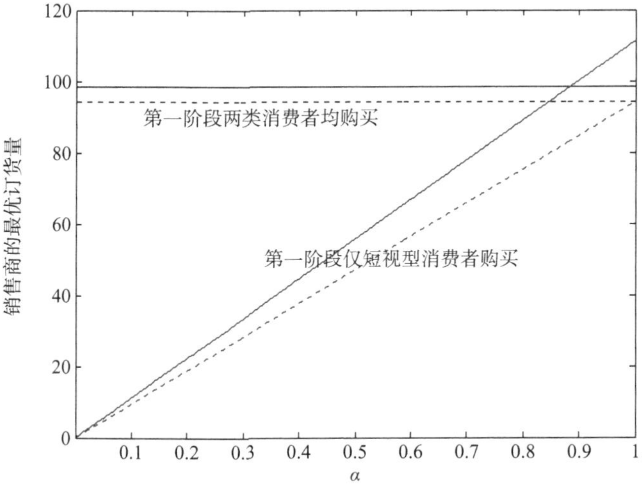

图 2-10　$c_Q = 3$ 时两种定价决策下销售商的最优订货量

由图 2-7～图 2-10 可以看出，当销售商具备快速反应能力时，两种定价决策下销售商的最优订货量均低于基本模型下销售商的最优订货量。显然快速反应有助于销售商降低订货量，这样有利于销售商减少库存成本，降低第一阶段结束后由于库存过多而不得不打折处理的可能性。以上得到的结论与结论 2.8 一致。

图 2-11～图 2-14 分别为 c_Q 等于 1.5、2、2.5、3 时，快速反应前后销售商的期望利润与短视型消费者所占比例 α 的关系（实线表示销售商不具备快速反应能

力，虚线表示销售商具备快速反应能力）。

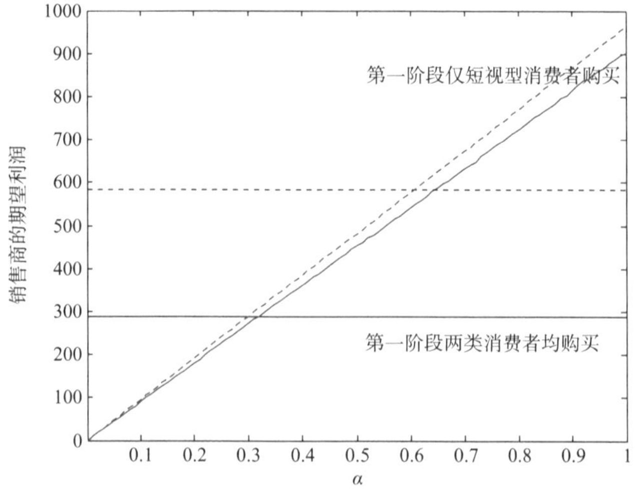

图 2-11　$c_Q = 1.5$ 时两种定价决策下销售商的期望利润

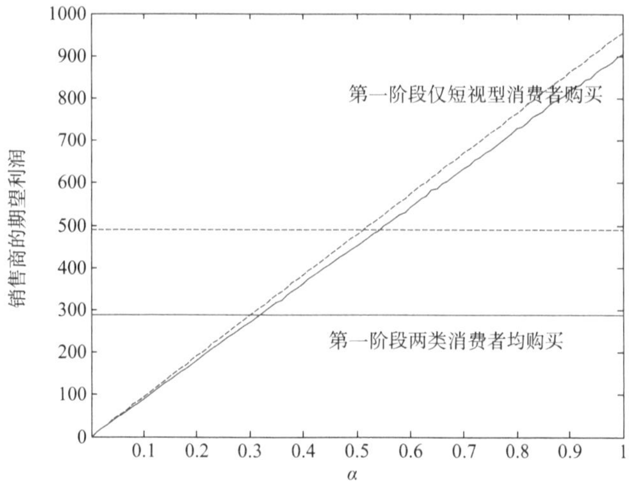

图 2-12　$c_Q = 2$ 时两种定价决策下销售商的期望利润

由图 2-11 ~ 图 2-14 可以看出，当销售商具备快速反应能力时，两种定价决策下销售商的期望利润均高于基本模型下销售商的期望最优利润，显然快速反应有助于销售商增加利润。这些与结论 2.7、结论 2.9 相同。

另外，还可以看出，当销售商在希望两类消费者都在第一阶段购买时，快速反应下销售商的利润增长幅度较大，并且随着快速反应所增加的成本单调递减，显然快速反应有助于缓解策略型消费者的等待行为，有助于促使策略型消费者放

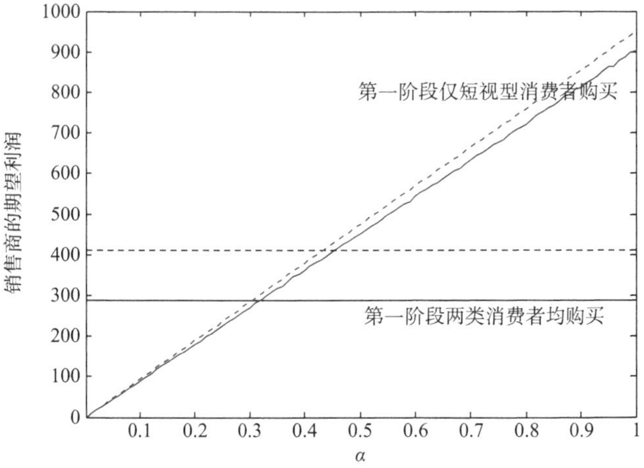

图 2-13　$c_Q = 2.5$ 时两种定价决策下销售商的期望利润

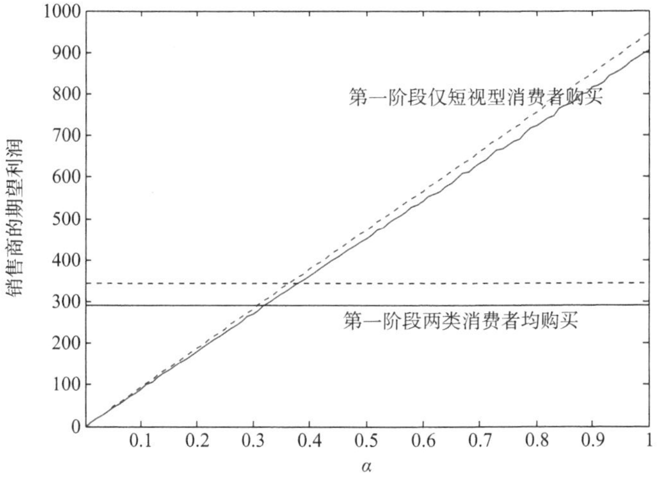

图 2-14　$c_Q = 3$ 时两种定价决策下销售商的期望利润

弃等待尽快购买，这样使销售商的利润增加，但是当快速反应所增加的成本较大时，利润增加的比例减少。此外，在快速反应机制下销售商的最优决策转折点大于基本模型下销售商的最优决策转折点，这说明当销售商具备快速反应能力时，大量的短视型消费者可以为销售商提供较大的利润。市场上策略型消费者占主导地位时，快速反应的绩效更优。

2.7　本章小结

本章在策略型消费者与短视型消费者并存的情况下，讨论了这两类消费者的消费行为，研究了销售商具备与不具备快速反应能力下的最优定价与订货量策略，分析了这两类消费者所占比例对销售商最优决策的影响，讨论了销售商可以实施快速反应的条件。研究得到如下主要结论。

（1）与短视型消费者相比，策略型消费者在第一阶段与销售商存在博弈行为，只能接受较低的价格，否则会等待购买，而短视型消费者在第一阶段可以接受较高的价格。因此当市场上短视型消费者数量众多时，产品第一阶段需要定高价，当市场上策略型消费者数量众多时，产品只需定低价。

（2）销售商不具备快速反应能力时，当销售商在第一阶段只考虑短视型消费者时，其最优订货量并不总是低于同时销售给两类消费者的最优订货量，只有当短视型消费者低于一定比例时，第一阶段只考虑短视型消费者的最优订货量才会低于同时销售给两类消费者的最优订货量，并且当短视型消费者高于一定比例时，第一阶段只考虑短视型消费者的最优订货量甚至会高于同时考虑两类消费者的订货量。

（3）与销售商不具备快速反应能力相比，当销售商具备快速反应能力时，第一阶段仅考虑短视型消费者的最优订货量总是低于同时考虑两类消费者的最优订货量，同时，当销售商希望两类消费者都在第一阶段购买时，产品的价格高于销售商不具备快速反应能力下产品的价格。此外，当销售商具备快速反应能力时，两种定价决策下销售商均会降低订货量，并且两种定价决策下销售商的利润均会增加，尤其当第一阶段考虑卖给所有消费者时，快速反应带来的绩效更大。

第3章　考虑销售商公平诉求的供应链协调

第 2 章在市场上只有垄断商的情形下，分别研究了短视型与策略型消费者并存下的定价与订货量决策，可归为经典报童模型的扩展。本章及第 4 章在一个供应商与一个销售商组成的 1-1 型供应链下，结合策略型、短视型及炫耀型等不同消费者类型，以及销售商是否具有公平诉求、供应商是否采取时尚设计，对供应链下的销售商决策进行研究，探讨易逝品供应链的协调。

本章在市场需求随机且市场中短视型和策略型消费者并存时，分别对销售商是否有公平关切要求的情形，研究 1-1 型易逝品供应链协调。

3.1　问题描述与假设

1. 问题描述

一个上游供应商和一个下游销售商组成 1-1 型易逝品供应链系统，市场需求随机，策略型消费者与短视型消费者并存于市场。商品销售分为两个阶段，第一阶段（全价期）商品定价为 p，第二阶段商品以常值 s（可理解为残值）处理，其中 $s<c$。全价期内市场上只存在短视型与策略型两类消费者，短视型消费者占比为 α，策略型消费者占比为 $1-\alpha$。不考虑缺货惩罚。

在销售商确定订货量前，销售商与供应商先签订契约，契约中包括产品批发价 ω 以及相应参数。契约签订后，销售商确定产品销售价格并向供应商订货，供应商根据订货量将产品运送到销售商处。为简便计算，不考虑产品的运输成本。

2. 假设

假设 3.1　公平关切假设。销售商在进行决策时，除了关注自身的利润，还关注自身收益的公平待遇，以效用最大化为决策目标。

3.2　公平关切销售商的效用分析

由于销售商关注公平，他会在争取自身利润最大化的同时使自己的公平效用最大化，有时甚至会为了公平牺牲自己的一部分利润。本书引入参考点依赖来描述销售商的效用函数，即销售商会以供应商的利润作为自己利润的参考点，当己方利润高于对方时，效用增加，反之效用降低。在公平关切行为倾向下，销售商确定产品价格与订货量不再依据利润最大化准则，而是依据效用最大化准则。为了计算简便，假设供应商是公平中性的，即销售商在决策时只关注自身利润，不关注和供应链其他成员之间的利益分配是否公平，此外，假设决策者面对同等利润和损失的敏感程度一样，即直线型。引入参数 λ 作为公平关切系数，得到销售商的公平关切效用函数：$u_{\mathrm{r}}=\pi_{\mathrm{r}}-\lambda\left(\pi_{\mathrm{m}}-\pi_{\mathrm{r}}\right)=(1+\lambda)\pi_{\mathrm{r}}-\lambda\pi_{\mathrm{m}}$。式中 π_{m} 为供应商的利润，π_{r} 为销售商的利润，销售商是公平关切的，所以 $\lambda>0$。当 $\pi_{\mathrm{r}}\geqslant\pi_{\mathrm{m}}$ 时，销售商的效用随着利润差异的增加而增加；而当 $\pi_{\mathrm{r}}<\pi_{\mathrm{m}}$ 时，销售商的效用随着利润差异的增加而减少。当 $\lambda=0$ 时，$u_{\mathrm{r}}=\pi_{\mathrm{r}}$，即销售商是公平中性的。为了便于分析，记 $U_{\mathrm{r}}=\dfrac{u_{\mathrm{r}}}{1+\lambda}$，$\hat{\lambda}=\dfrac{\lambda}{1+\lambda}$。$U_{\mathrm{r}}$ 是对 u_{r} 的一种仿射变换，只涉及量纲的变化，仍可作为销售商效用的度量。易知 $\hat{\lambda}$ 是关于 λ 的增函数且 $\hat{\lambda}\in[0,1)$，当 $\lambda=0$ 时，$\hat{\lambda}=0$，此时销售商为公平中性的；当 $\lambda\to+\infty$ 时，$\hat{\lambda}\to1$，即销售商对公平极度关注，愿意付出巨大的成本去维护公平（杜少甫等，2010）。

3.3　销售商公平中性下的供应链协调

本节在销售商公平中性的情况下探讨供应链的协调问题，分别在供应商与销售商之间采取批发价契约和收益共享契约，分析是否使分散式供应链期望收益达到集成式供应链期望收益的最优水平，并实现对供应链利润的合理分配。

3.3.1 批发价契约下的供应链协调

本节考虑在供应商与销售商之间采取批发价契约的情况。供应商将商品以批发价 ω 提供给销售商，销售商决定商品价格与订货量，将商品提供给消费者。第 2 章给出了供应链集中决策下，供应链期望利润最大化时销售商的最优决策转折点（结论 2.3），下面在分散情况下进行讨论。

情况 1：当 $\alpha\in\left[0,\alpha^*\right]$ 时，供应链期望利润最大化需要策略型消费者在第一阶段购买。此时在批发价契约下，销售商、供应商和供应链的期望利润函数分别为

$$\pi_{\mathrm{r}}=(p-s)E\min(X,Q)-(\omega-s)Q \tag{3-1}$$

$$\pi_{\mathrm{m}}=(\omega-c)Q \tag{3-2}$$

$$\pi_{\mathrm{s}}=\pi_{\mathrm{r}}+\pi_{\mathrm{m}}=(p-s)E\min(X,Q)-(c-s)Q \tag{3-3}$$

由引理 2.1 可得，当销售商希望策略型消费者在第一阶段购买时，销售商与策略型消费者之间存在理性预期均衡，可得销售商的最优订货量为 $Q_{\mathrm{L}}^{\circ}=\bar{F}^{-1}\left(\sqrt{\dfrac{\omega-s}{v-s}}\right)$，最优商品定价为 $p_{\mathrm{L}}^{\circ}=\sqrt{(\omega-s)(v-s)}+s$。与第 2 章集中决策下销售商的最优商品定价 p_{L}^* 和最优订货量 Q_{L}^*（结论 2.1）相比，若要使供应链协调，需要满足 $\omega=c$。这样供应商将无法获得利润，显然是不合理的。供应商从自身利益出发，会使商品批发价大于成本。

情况 2：当 $\alpha\in\left(\alpha^*,1\right]$ 时，供应链期望利润最大化只需要短视型消费者在第一阶段购买，销售商最优商品定价为 $p_{\mathrm{H}}^{\circ}=v$。此时销售商、供应商和供应链的期望利润函数分别为

$$\pi_{\mathrm{r}}=(v-s)E\min(\alpha X,Q)-(\omega-s)Q \tag{3-4}$$

$$\pi_{\mathrm{m}}=(\omega-c)Q \tag{3-5}$$

$$\pi_{\mathrm{s}}=\pi_{\mathrm{m}}+\pi_{\mathrm{r}}=(v-s)E\min(\alpha X,Q)-(c-s)Q \tag{3-6}$$

利用报童模型公式，由式（3-4）可得销售商最优订货量为 $Q_{\mathrm{H}}^{\circ}=\alpha\bar{F}^{-1}\left(\dfrac{\omega-s}{v-s}\right)$。与集中决策下销售商的最优订货量 Q_{H}^*（结论 2.2）相比，若要使供应链协调，需要满足 $\omega=c$。这显然也不合理。由此可得结论 3.1。

结论 3.1 批发价契约无法实现分散式供应链的协调。

从以上分析可以看出，当供应商向销售商提供批发价契约时，无论销售商采

取哪种定价措施，若要使分散式供应链协调，供应商需要将商品以成本价提供给销售商，这样供应商将无法获得任何利润。供应商为了维护自己的利益，会提高商品的批发价，这样分散式供应链就无法协调。因此，有必要采取一定的激励措施，使供应链利润在供应商与销售商之间进行合理分配，而不会使任何一方的利益受损。

3.3.2 收益共享契约下的供应链协调

供应商与销售商之间通过收益共享契约 (ω,ϕ) 进行收益分配，即供应商承诺提供给销售商较低的批发价格 ω，同时销售商承诺将销售收入的一定比例 $1-\phi$（包括第一阶段及第二阶段）返还给供应商，以弥补供应商由于降低批发价格所造成的损失。ϕ 为销售商每销售出一单位商品所获得的收益比例，包括第一阶段及第二阶段。由此可得出以下结论。

结论 3.2 当批发价满足 $\omega=\phi c$ 时，收益共享契约可以实现分散式供应链的协调。

证明： 情况 1 中，当 $\alpha=\left[0,\alpha^*\right]$ 时，供应链期望利润最大化希望策略型消费者在第一阶段购买，此时收益共享契约下销售商、供应商和供应链的期望利润函数分别为

$$\pi_{\mathrm{r}}(Q)=\phi(p-s)E\min(X,Q)-(\omega-\phi s)Q \tag{3-7}$$

$$\pi_{\mathrm{m}}(Q)=(1-\phi)pE\min(X,Q)+s(1-\phi)\left[Q-E\min(X,Q)\right]+wQ-cQ \tag{3-8}$$

$$\pi_{\mathrm{s}}(Q)=\pi_{\mathrm{r}}(Q)+\pi_{\mathrm{m}}(Q)=(p-s)E\min(X,Q)-(c-s)Q \tag{3-9}$$

由引理 2.1 和式（3-7）可得销售商的最优定价与订货量分别满足：

$$p=s+(v-s)\bar{F}(Q),\quad \bar{F}(Q)=\frac{\omega-\phi s}{\phi(p-s)} \tag{3-10}$$

将 $\omega=\phi c$ 代入式(3-10)，可得销售商的最优产品定价为 $p_{\mathrm{L}}^{\phi}=\sqrt{(c-s)(v-s)}+s$，最优订货量为 $\bar{F}\left(Q_{\mathrm{r}}^{\phi}\right)=\sqrt{\dfrac{c-s}{v-s}}$。与第 2 章供应链集中决策下的最优决策进行比较，由结论 2.1 可得 $p_{\mathrm{L}}^{\phi}=p_{\mathrm{L}}^*$，$Q_{\mathrm{r}}^{\phi}=Q_{\mathrm{L}}^*$。将 $\omega=\phi c$、p_{L}^{ϕ} 及 Q_{r}^{ϕ} 代入式（3-7）可得销售商的期望利润函数为

$$\begin{aligned}\pi_{\mathrm{r}}\left(Q_{\mathrm{r}}^{\phi},p_{\mathrm{L}}^{\phi}\right)&=\phi\left(p_{\mathrm{L}}^{\phi}-s\right)E\min\left(X,Q_{\mathrm{r}}^{\phi}\right)-(\omega-\phi s)Q_{\mathrm{r}}^{\phi}\\&=\phi\left(p_{\mathrm{L}}^{*}-s\right)E\min\left(X,Q_{\mathrm{L}}^{*}\right)-(\phi c-\phi s)Q_{\mathrm{L}}^{*}\\&=\phi\pi_{\mathrm{s}}\left(Q_{\mathrm{L}}^{*},p_{\mathrm{L}}^{*}\right)\end{aligned} \tag{3-11}$$

将 $\omega=\phi c$ 代入式（3-8）可得

$$\pi_{\mathrm{m}}(Q)=(1-\phi)\left(p_{\mathrm{L}}^{\phi}-s\right)E\min(X,Q)-(1-\phi)(c-s)Q$$

在商品价格确定的情况下，供应商的最优供货量为

$$\bar{F}\left(Q_{\mathrm{m}}^{\phi}\right)=\frac{(1-\phi)(c-s)}{(1-\phi)\left(p_{\mathrm{L}}^{\phi}\right)}=\sqrt{\frac{c-s}{v-s}}$$

利润函数为

$$\begin{aligned}\pi_{\mathrm{m}}\left(Q_{\mathrm{m}}^{\phi}\right)&=(1-\phi)\left(p_{\mathrm{L}}^{\phi}-s\right)E\min\left(X,Q_{\mathrm{m}}^{\phi}\right)-(1-\phi)(c-s)Q_{\mathrm{m}}^{\phi}\\&=(1-\phi)\left[\left(p_{\mathrm{L}}^{*}-s\right)E\min\left(X,Q_{\mathrm{L}}^{*}\right)-(c-s)Q_{\mathrm{L}}^{*}\right]\\&=(1-\phi)\pi_{\mathrm{s}}\left(Q_{\mathrm{L}}^{*},p_{\mathrm{L}}^{*}\right)\end{aligned}\tag{3-12}$$

可见在收益共享契约下，销售商分得的供应链利润的比例为ϕ，供应商分得的比例为$1-\phi$。

情况 2 中，当$\alpha\in\left(\alpha^{*},1\right]$时，供应链期望利润最大化只希望短视型消费者在第一阶段购买，最优商品定价为$p_{\mathrm{H}}^{\phi}=v$。收益共享契约下销售商、供应商和供应链的期望利润函数分别为

$$\pi_{\mathrm{r}}(Q)=\phi(v-s)E\min(\alpha X,Q)-(\omega-\phi s)Q\tag{3-13}$$

$$\pi_{\mathrm{m}}(Q)=(1-\phi)vE\min(\alpha X,Q)+s(1-\phi)\left[Q-E\min(\alpha X,Q)\right]+wQ-cQ\tag{3-14}$$

$$\pi_{\mathrm{s}}(Q)=\pi_{\mathrm{r}}(Q)+\pi_{\mathrm{m}}(Q)=(v-s)E\min(\alpha X,Q)-(c-s)Q\tag{3-15}$$

由式（3-13）可得销售商的最优订货量满足：

$$\bar{F}\left(\frac{Q_{\mathrm{r}}^{\phi}}{\alpha}\right)=\frac{\omega-\phi s}{\phi(v-s)}\tag{3-16}$$

当$\omega=\phi c$时，代入式（3-16）可得$\bar{F}\left(\frac{Q_{\mathrm{r}}^{\phi}}{\alpha}\right)=\frac{c-s}{v-s}$，与第 2 章供应链集中决策下的最优决策进行比较，由结论 2.2 可得$Q_{\mathrm{r}}^{\phi}=Q_{\mathrm{H}}^{*}$。将$\omega=\phi c$、$p_{\mathrm{H}}^{\phi}$及$Q_{\mathrm{r}}^{\phi}$代入式(3-13)可得销售商的期望利润函数为

$$\begin{aligned}\pi_{\mathrm{r}}\left(Q_{\mathrm{r}}^{\phi}\right)&=\phi\left[(v-s)E\min\left(\alpha X,Q_{\mathrm{r}}^{\phi}\right)-(c-s)Q_{\mathrm{r}}^{\phi}\right]\\&=\phi\left[(v-s)E\min\left(\alpha X,Q_{\mathrm{H}}^{*}\right)-(c-s)Q_{\mathrm{H}}^{*}\right]\\&=\phi\pi_{\mathrm{s}}\left(Q_{\mathrm{H}}^{*}\right)\end{aligned}\tag{3-17}$$

将$\omega=\phi c$代入式（3-14）得

$$\pi_{\mathrm{m}}(Q)=(1-\phi)\left[(v-s)E\min(\alpha X,Q)-(c-s)Q\right]$$

供应商的最优供货量为$\bar{F}\left(\frac{Q_{\mathrm{m}}^{\phi}}{\alpha}\right)=\frac{c-s}{v-s}$，可知$Q_{\mathrm{m}}^{\phi}=Q_{\mathrm{H}}^{*}$，并且供应商的期望利润函数为

$$\begin{aligned}\pi_{m}\left(Q_{s}^{\phi}\right)&=(1-\phi)\left[(v-s)E\min\left(\alpha X,Q_{s}^{\phi}\right)-(c-s)Q_{s}^{\phi}\right]\\&=(1-\phi)\left[(v-s)E\min\left(\alpha X,Q_{H}^{*}\right)-(c-s)Q_{H}^{*}\right]\\&=(1-\phi)\pi_{s}\left(Q_{H}^{*}\right)\end{aligned}\tag{3-18}$$

可见在该收益共享契约下，销售商分得的供应链利润的比例为 ϕ，供应商分得的供应链利润的比例为 $1-\phi$。证毕。

结论 3.2 表明，在收益共享契约下，销售商最优商品定价与供应链集中决策下的最优商品定价相同，并且销售商的最优订货量与供应商的最优供货量及集中决策下销售商的最优订货量保持一致，销售商分得供应链的利润比例为 ϕ，供应商分得供应链的利润比例为 $1-\phi$，实现了供应链的利润在供应商与销售商之间的任意分配。销售商在第一阶段考虑与不考虑策略型消费者的两种情况下，收益共享契约均可以使分散型供应链的期望收益达到集中决策下供应链期望收益的最高水平，并且使供应链利润在供应商与销售商之间得到任意分配，实现了供应链的协调。供应商与销售商所分得的收益比例取决于各自的谈判能力。如果销售商的谈判地位增强，所分得的收益比例会变大。如果销售商的谈判地位变弱，所分得的收益比例会变小。

3.4 销售商公平关切下的供应链协调

3.3 节在策略型与短视型消费者并存的情况下研究 1-1 型供应链协调时，没有考虑销售商的公平关切要求，本节在 3.3 节的基础上增加考虑销售商的公平关切诉求。首先在批发价契约下研究公平关切销售商的最优定价与订货量策略，并与公平中性销售商的最优决策进行比较，接着在收益共享契约下研究供应链的协调问题，并讨论销售商的公平关切程度和利润分享比例对供应商利润、销售商效用及供应链效用的影响。

3.4.1 批发价契约下的供应链协调

当供应商与销售商之间采取批发价契约时，销售商向供应商支付单位产品批发价 ω。下面分两种情况来讨论销售商的最优决策。

情况 1：当 $\alpha\in\left[0,\alpha^{*}\right]$时，供应链系统期望利润最大化需要策略型消费者在第

一阶段购买，此时销售商和供应商的期望利润分别为

$$\pi_{\mathrm{r}}(p,Q)=(p-s)E\min(X,Q)-(\omega-s)Q \tag{3-19}$$

$$\pi_{\mathrm{m}}(Q)=(\omega-c)Q \tag{3-20}$$

由式（3-19）、式（3-20）可得公平关切销售商的效用函数为

$$U_{\mathrm{r}}=(p-s)E\min(X,Q)-\left[\omega-s+\hat{\lambda}(\omega-c)\right]Q \tag{3-21}$$

由于希望策略型消费者在第一阶段购买，则销售商与策略型消费者之间存在理性预期均衡。由引理 2.1 可得销售商的最优定价与订货量满足：

$$p=v-(v-s)F(Q)，\ \bar{F}(Q)=\frac{\omega-s+\hat{\lambda}(\omega-c)}{p-s}$$

联立可得公平关切销售商的最优定价和订货量分别为

$$p_{\mathrm{L}}^{\omega}=\sqrt{(v-s)\left[\omega-s+\hat{\lambda}(\omega-c)\right]}+s，\ \bar{F}\left(Q_{\mathrm{L}}^{\omega}\right)=\sqrt{\frac{\omega-s+\hat{\lambda}(\omega-c)}{v-s}} \tag{3-22}$$

与销售商公平中性情况下的最优决策进行比较，可得结论 3.3。

结论 3.3　当 $\alpha\in\left[0,\alpha^{*}\right]$ 时，公平关切销售商的最优定价高于公平中性销售商的最优定价，最优订货量小于公平中性销售商的最优订货量。另外，销售商的公平关切程度越高，其产品最优定价也越高，但最优订货量越低。

证明： 由前面的分析可知，销售商公平中性时，产品最优定价为 $p_{\mathrm{L}}^{\circ}=\sqrt{(v-s)(\omega-s)}+s$，最优订货量满足 $\bar{F}\left(Q_{\mathrm{L}}^{\circ}\right)=\sqrt{\frac{\omega-s}{v-s}}$。由于 $\sqrt{(v-s)\left[\omega-s+\hat{\lambda}(\omega-c)\right]}+s\geqslant\sqrt{(v-s)(\omega-s)}+s$，即 $p_{\mathrm{L}}^{\omega}\geqslant p_{\mathrm{L}}^{\circ}$，显然与公平中性销售商相比，当考虑策略型消费者时，公平关切销售商的最优定价相对较高，并且产品价格关于公平关切系数 $\hat{\lambda}$ 单调递增，即销售商公平关切程度越严重，产品定价越高。另外 $\sqrt{\frac{\omega-s+\hat{\lambda}(\omega-c)}{v-s}}\geqslant\sqrt{\frac{\omega-s}{v-s}}$，并且 $\bar{F}(X)$ 严格单调递减，可得 $Q_{\mathrm{L}}^{\omega}<Q_{\mathrm{L}}^{\circ}$，即公平关切销售商的最优订货量相对较低，并且最优订货量关于 $\hat{\lambda}$ 单调递减，即销售商公平关切程度越高，最优订货量越低。证毕。

结论 3.3 表明当销售商考虑策略型消费者时，第一阶段产品原本需要定低价，但由于销售商担心自己的利润下降导致效用降低，会适度提高产品价格，并进一步压低产品订货量，这样有助于提高自己的效用。

情况 2：当 $\alpha\in\left(\alpha^{*},1\right]$ 时，供应链系统期望利润最大化只希望短视型消费者在第一阶段购买，最优产品定价为 $p_{\mathrm{H}}^{\omega}=v$。此时销售商、供应商的期望利润分别为

$$\pi_{\mathrm{r}}(Q)=(v-s)E\min(\alpha X,Q)-(\omega-s)Q \tag{3-23}$$

$$\pi_{\mathrm{m}}(Q)=(\omega-c)Q \tag{3-24}$$

由式（3-23）、式（3-24）可得公平关切销售商的效用函数为

$$U_{\mathrm{r}}=\alpha(v-s)E\min\left(X,\frac{Q}{\alpha}\right)-\alpha\left[\omega-s+\hat{\lambda}(\omega-c)\right]\frac{Q}{\alpha} \tag{3-25}$$

由报童模型公式可得销售商的最优订货量满足：

$$\bar{F}\left(\frac{Q_{\mathrm{H}}^{\omega}}{\alpha}\right)=\frac{\omega-s+\hat{\lambda}(\omega-c)}{v-s} \tag{3-26}$$

由此可得结论 3.4。

结论 3.4　当$\alpha\in\left(\alpha^{*},1\right]$时，公平关切销售商的最优订货量低于公平中性销售商的最优订货量，并且销售商的公平关切程度越高，最优订货量越低。

证明：由 3.2 节可知，公平中性销售商的最优订货量满足$\bar{F}\left(Q_{\mathrm{H}}^{\circ}\right)=\frac{\omega-s}{v-s}$，显然$\frac{\omega-s+\hat{\lambda}(\omega-c)}{v-s}\geqslant\frac{\omega-s}{v-s}$。由于$\bar{F}(X)$严格单调递减，可得$Q_{\mathrm{H}}^{\omega}<Q_{\mathrm{H}}^{\circ}$，即公平关切销售商的最优订货量低于公平中性销售商的最优订货量，并且最优订货量关于$\hat{\lambda}$单调递减。证毕。

结论 3.4 表明，在第一阶段不考虑策略型消费者的情况下，由于公平关切销售商担心自己的效用降低，会压低自己的订货量，减少供应商的利润，并且销售商公平关切程度越高，最优订货量越低。由结论 3.3 与结论 3.4 可得结论 3.5。

结论 3.5　当销售商存在公平关切行为时，两种定价下批发价契约均不能实现供应链的协调。

证明：若要促成供应链协调，必须满足$Q^{\omega}=Q^{*}$。

情况 1：当$\alpha\in\left[0,\alpha^{*}\right]$时，$\sqrt{\frac{\omega-s+\hat{\lambda}(\omega-c)}{v-s}}=\sqrt{\frac{c-s}{v-s}}$，求解可得$\omega=c$。

情况 2：当$\alpha\in\left(\alpha^{*},1\right]$时，有$\frac{\omega-s+\hat{\lambda}(\omega-c)}{v-s}=\frac{\omega-s}{v-s}$，求解可得$\omega=c$。即若要满足供应链协调，供应商需要将产品以边际成本价提供给销售商，这样供应商将得不到任何利润，显然是不合理的，故协调无法实现。证毕。

结论 3.5 表明批发价契约无法实现供应链的协调，因为供应商不可能将产品以批发价提供给销售商。所以要实现供应链的最优收益，必须设置具有激励的契约机制，使供应商与销售商可以合理地分配供应链的利润，而不至于使一方的利益受损。本章考虑在供应商与销售商之间设立收益共享契约来实现供应链的协调，收益共享契约是通过供应商提供给销售商一个较低的批发价格，并获得销售商的一部分销售收益，从而改进供应链运作绩效的一种协调方式。

3.4.2 收益共享契约下的供应链协调

考虑供应商与销售商之间通过收益共享契约(ω,ϕ)进行协调，即供应商承诺提供给销售商以较低的批发价格ω，同时销售商承诺将销售收入的一定比例$1-\phi$（包括第一阶段及第二阶段）返还给供应商，以弥补供应商由于降低批发价格而造成的利润损失。

情况 1：当$\alpha\in\left[0,\alpha^{*}\right]$时，供应链系统期望利润最大化希望策略型消费者在第一阶段购买，则收益共享契约下销售商和供应商以及整个供应链的期望利润函数分别为

$$\pi_{\mathrm{r}}(p,Q)=\phi(p-s)E\min(X,Q)-(\omega-\phi s)Q \tag{3-27}$$

$$\pi_{\mathrm{m}}(p,Q)=(1-\phi)(p-s)E\min(X,Q)+\left[(1-\phi)s+\omega-c\right]Q \tag{3-28}$$

$$\pi_{\mathrm{s}}(p,Q)=(p-s)E\min(X,Q)-(c-s)Q \tag{3-29}$$

由式（3-27）、式（3-28）可得公平关切销售商的期望效用函数为

$$U_{\mathrm{r}}=\left[\phi-\hat{\lambda}(1-\phi)\right](p-s)E\min(X,Q)-Q\left\{\omega-\phi s+\hat{\lambda}\left[(1-\phi)s+\omega-c\right]\right\} \tag{3-30}$$

由于供应商不关注公平，则供应商效用即其利润，从而供应链效用等于销售商效用与供应商期望利润之和。供应链的效用函数为

$$U=\left[\phi+(1-\phi)(1-\hat{\lambda})\right](p-s)E\min(X,Q)-Q\left\{\hat{\lambda}\omega+\left[\hat{\lambda}(1-\phi)s+(1-\hat{\lambda})c\right]\right\} \tag{3-31}$$

公平关切销售商依据其效用最大化进行决策，所以当策略型消费者在第一阶段购买时，销售商与策略型消费者之间存在着理性预期均衡。由引理 2.1 与式（3-31）可得销售商的最优定价与订货量满足：

$$\bar{F}(Q)=\frac{\omega-\phi s+\hat{\lambda}\left[(1-\phi)s+\omega-c\right]}{(p-s)\left[\phi-\hat{\lambda}(1-\phi)\right]},\quad v-p=(v-s)F(Q) \tag{3-32}$$

由此可得如下结论。

结论 3.6　当第一阶段考虑策略型消费者且销售商存在公平关切行为倾向时，收益共享契约可以实现供应链的协调，ω满足$\omega=\phi c$。

证明：当$\omega=\phi c$时，代入式（3-32）可得$\dfrac{\omega-\phi s+\hat{\lambda}\left[(1-\phi)s+\omega-c\right]}{(p-s)\left[\phi-\hat{\lambda}(1-\phi)\right]}=\dfrac{c-s}{p-s}$，产品价格$p$还需要满足$v-p=(v-s)F(Q)$，联立求解可得$p_{\mathrm{L}}^{\mathrm{r}}=s+\sqrt{(v-s)(c-s)}$，$\bar{F}\left(Q_{\mathrm{L}}^{\mathrm{r}}\right)=\sqrt{\dfrac{c-s}{v-s}}$。$p_{\mathrm{L}}^{\mathrm{r}}$和$Q_{\mathrm{L}}^{\mathrm{r}}$分别为销售商的最优定价与最优订货量。在产品批发价与价格确定的情况下，由式（3-28）可得供应商期望利润最大化的供货量为

$\bar{F}\left(Q^{\mathrm{m}}\right)=\dfrac{c-\phi c-(1-\phi)s}{(1-\phi)\left(p_{\mathrm{L}}^{*}-s\right)}=\sqrt{\dfrac{c-s}{v-s}}$，$Q_{\mathrm{L}}^{\mathrm{m}}$ 为供应商的最优供货量。由式（3-32）可得供应链效用最大化的订货量应为 $\bar{F}\left(Q_{\mathrm{L}}^{\mathrm{s}}\right)=\dfrac{\hat{\lambda}\omega+\left(\hat{\lambda}(1-\phi)-1\right)s+\left(1-\hat{\lambda}\right)c}{\left(p_{\mathrm{L}}^{*}-s\right)\left[\phi-\hat{\lambda}(1-\phi)\right]}=\sqrt{\dfrac{c-s}{v-s}}$，$Q_{\mathrm{L}}^{\mathrm{s}}$ 为供应链效用最大化的订货量。与第 2 章供应链集中决策下的最优策略比较，可知 $p_{\mathrm{L}}^{\mathrm{r}}=p_{\mathrm{L}}^{*}$，$Q_{\mathrm{L}}^{\mathrm{s}}=Q_{\mathrm{L}}^{\mathrm{r}}=Q_{\mathrm{L}}^{\mathrm{m}}=Q_{\mathrm{L}}^{*}$，即在该收益共享契约下，公平关切销售商的最优定价与供应链集中决策下的最优定价相同，并且销售商效用最大化的订货量、供应商期望利润最大化的订货量、供应链期望利润最大化的订货量以及供应链效用最大化的最优订货量均相同，可见收益共享契约实现了供应链的协调。

情况 2：当 $\alpha\in\left(a^{*},1\right]$ 时，供应链系统期望利润最大化只希望短视型消费者在第一阶段购买，销售商的最优定价为 $p_{\mathrm{H}}^{*}=v$。收益共享契约下，销售商和供应商以及供应链的期望利润分别为

$$\pi_{\mathrm{r}}(Q)=\phi(v-s)E\min(\alpha X,Q)-(\omega-\phi s)Q \tag{3-33}$$

$$\pi_{\mathrm{m}}(Q)=(1-\phi)(v-s)E\min(\alpha X,Q)-\left[c-\omega-(1-\phi)s\right]Q \tag{3-34}$$

$$\pi_{\mathrm{s}}(Q)=(v-s)E\min(\alpha X,Q)-(c-s)Q \tag{3-35}$$

由式（3-33）、式（3-34）可得公平关切销售商的效用函数为

$$U_{\mathrm{r}}=\left[\phi-\hat{\lambda}(1-\phi)\right](v-s)E\min(\alpha X,Q)-\left\{(\omega-\phi s)+\hat{\lambda}\left[(1-\phi)s+\omega-c\right]\right\}Q \tag{3-36}$$

由式（3-34）、式（3-36）可得供应链的效用函数为

$$U=\left[\phi+(1-\phi)\left(1-\hat{\lambda}\right)\right](v-s)E\min(\alpha X,Q)-\left\{\hat{\lambda}\omega+\left[\hat{\lambda}(1-\phi)-1\right]s+\left(1-\hat{\lambda}\right)c\right\}Q \tag{3-37}$$

结论 3.7　当产品批发价 ω 满足 $\omega=\phi c$ 时，收益共享契约可以实现供应链的协调。

证明：当 $\omega=\phi c$ 时，将其代入式（3-36）可得销售商效用最大化的订货量满足 $\bar{F}\left(\dfrac{Q_{\mathrm{H}}^{\mathrm{r}}}{\alpha}\right)=\dfrac{c-s}{v-s}$，$Q_{\mathrm{H}}^{\mathrm{r}}$ 为供应商效用最大化的订货量；代入式（3-34）可得供应商期望利润最大化的订货量满足 $\bar{F}\left(\dfrac{Q_{\mathrm{H}}^{\mathrm{m}}}{\alpha}\right)=\dfrac{c-s}{v-s}$，$Q_{\mathrm{H}}^{\mathrm{m}}$ 为供应商期望利润最大化的订货量；代入式（3-37）可得供应链效用最大化的订货量满足 $\bar{F}\left(\dfrac{Q_{\mathrm{H}}^{\mathrm{s}}}{\alpha}\right)=\dfrac{c-s}{v-s}$，$Q_{\mathrm{H}}^{\mathrm{s}}$ 为供应链效用最大化的订货量。与第 2 章供应链集中决策下的最优策略比较，可见 $Q_{\mathrm{H}}^{\mathrm{s}}=Q_{\mathrm{H}}^{\mathrm{r}}=Q_{\mathrm{H}}^{\mathrm{m}}=Q_{\mathrm{H}}^{*}$，即在收益共享契约下，供应商期望利润最大化的订货量、销售商效用最大化的订货量、供应链效用最大化的订货量和供应链期望利润最大

化的订货量均相同，即实现了分散式供应链的协调。证毕。

可见在以上两种情况下，收益共享契约均能实现分散式供应链的协调，使公平关切的销售商、公平中性的供应商以及供应链的决策目标保持一致，并且由式（3-27）、式（3-28）、式（3-33）、式（3-34）可以看出，当 $\omega=\phi c$ 时，有 $\pi_{\rm r}=\phi\pi_{\rm s}$、$\pi_{\rm m}=(1-\phi)\pi_{\rm s}$，其中 ϕ 为销售商分到的整个供应链的收益比例。需要指出的是，当 $\phi=1$ 时，收益全由销售商获得，供应商与销售商不合作，收益共享契约也就变为一般的批发价契约。

在收益共享契约下，销售商通过与供应商进行讨价还价来分割供应链的利润，若一方在谈判中占优势，则分割的利润较多，但分割的结果必须至少使公平关切销售商的效用为正，否则销售商可能会出于公平要求不会接受契约，供应链协调也无法实现。由此可得以下结论。

结论 3.8 收益共享契约下，公平关切销售商分得的利润比例取值范围为 $\phi\in\left(\dfrac{\lambda}{1+2\lambda},1\right)$。

证明： 当 $\omega=\phi c$ 时，由式（3-30）、式（3-36）可得两种情况下销售商的效用函数均为 $U_{\rm r}=\left[\phi-\hat{\lambda}(1-\phi)\right]\pi_{\rm s}$，因为供应链的利润 $\pi_{\rm s}>0$，另外销售商不可能接受负效用，所以 $\phi-\hat{\lambda}(1-\phi)>0$，即 $\phi>\dfrac{\hat{\lambda}}{1+\hat{\lambda}}$，因为 $\hat{\lambda}=\dfrac{\lambda}{1+\lambda}$，所以 $\dfrac{\hat{\lambda}}{1+\hat{\lambda}}=\dfrac{\lambda}{1+2\lambda}$，即 $\phi>\dfrac{\lambda}{1+2\lambda}$。又因为当 $\phi=1$ 时，$\pi_{\rm r}=\pi_{\rm s}$，即销售商的期望利润等于供应链的期望利润，而销售商不可能获得供应链的全部利润，所以 $\phi<1$，结论得证。

结论 3.8 表明在收益共享契约下，公平关切销售商分得的供应链利润比例至少要高于一个确定的值，否则销售商可能会因为公平的原因拒绝接受契约，使供应链的协调无法实现，该值明显随着销售商的公平关切系数单调递增。

结论 3.9 当销售商的利润分享比例 ϕ 确定时，销售商的效用与供应链的效用均关于 λ 单调递减，当销售商公平关切系数 λ 确定时，销售商的效用与供应链的效用均关于 ϕ 单调递增。

证明： 在收益共享契约下，由式（3-30）、式（3-31）、式（3-36）和式（3-37）可得销售商的效用函数为 $U_{\rm r}=\left[\phi-\hat{\lambda}(1-\phi)\right]\pi_{\rm s}$，供应链的效用函数为 $U=\left[1+\hat{\lambda}(\phi-1)\right]\pi_{\rm s}$。当 ϕ 确定时，由于 $\phi<1$，$\hat{\lambda}\geqslant0$，$U_{\rm r}$ 与 U 均关于 $\hat{\lambda}$ 单调递减，又因为 $\hat{\lambda}$ 关于 λ 单调递增，所以 $U_{\rm r}$ 与 U 均关于 λ 单调递减；当 λ 确定时，由于 $0\leqslant\hat{\lambda}<1$，$U_{\rm r}$ 与 U 均关于 ϕ 单调递增。证毕。

结论 3.9 表明当销售商分得的供应链利润比例确定时，对公平要求高的销售商的效用在下降。这是由于在利润给定的情况下，对公平要求高的销售商会感到极度不公平。而当销售商公平关切系数 λ 确定时，随着 ϕ 的增加，销售商分得的供应链利润也在增加，销售商的公平感也会增强。

3.5 算例分析

本节结合具体场景，对策略型消费者和短视型消费者并存的情况下，3.3 节及 3.4 节研究得到的结论进行验证。令 $v=20$ ，$c=10$ ，$s=6$ ，市场需求服从正态分布 $N(100,400)$ ，由结论 2.3 计算可得 $\alpha^* \approx 0.3207$ 。

（1）在分散式供应链下，当销售商公平中性时，由结论 3.2 可见供应商可以采取收益共享契约 $(10\phi,\phi)$ 来协调供应链，供应商提供给销售商的商品批发价为 10ϕ 。收益共享契约下供应商提供给销售商的批发价随着销售商所占供应链利润比例的增大而增大，但均小于供应商的成本价。当 $\alpha<0.3207$ 时，由式（3-7）~式（3-10）可得在分散式供应链中，不同 ϕ 下供应商批发价 ω 、销售商定价 p_{L}^{ϕ} 、销售商订货量 Q_{r}^{ϕ} 、销售商利润 π_{r} 、供应商利润 π_{m} 以及供应链利润 π_{s} 的关系如表 3-1 所示。

表 3-1　当 $\alpha<0.3207$ 时，收益共享契约下模型参数与计算结果

ϕ 取值	ω	p_{L}^{ϕ}	Q_{r}^{ϕ}	π_{r}	π_{m}	π_{s}
0	0	13.48	98	0	289.27	289.27
0.1	1	13.48	98	29.01	259.12	289.27
0.2	2	13.48	98	57.61	230.57	289.27
0.3	3	13.48	98	86.46	203.21	289.27
0.4	4	13.48	98	115.71	173.27	289.27
0.5	5	13.48	98	145.12	144.27	289.27
0.6	6	13.48	98	173.34	115.67	289.27
0.7	7	13.48	98	202.58	86.13	289.27
0.8	8	13.48	98	230.65	57.93	289.27
0.9	9	13.48	98	260.04	28.89	289.27
1	10	13.48	98	289.27	0	289.27

当 $\alpha=0.6$ 时，由式（3-13）~式（3-16）可得在分散式供应链中，不同 ϕ 下供应商批发价 ω 、销售商定价 p_{L}^{ϕ} 、销售商订货量 Q_{r}^{ϕ} 、销售商利润 π_{r} 、供应商利

商越关注公平，商品价格提升与订货量降低的幅度越大。批发价契约无法实现供应链的协调。

（3）销售商公平关切时，收益共享契约也可以实现供应链的协调。本章给出了收益共享契约下公平关切销售商利润分享比例的取值范围。研究还发现，在收益共享契约下，当销售商的利润分享比例确定时，销售商的效用与供应链的效用均关于销售商的公平关切系数单调递减；而当销售商的公平关切系数确定时，销售商的效用与供应链的效用均关于销售商的利润分享比例单调递增。

第 4 章　供应商具有时尚设计能力的供应链协调

在易逝品销售市场中，销售商常采用时尚设计来吸引消费者提前购买。与原产品相比，经过时尚设计后的新产品虽然价格较高，但能为消费者带来更多的效用，往往更受消费者欢迎。第 3 章基于短视型消费者与策略型消费者并存的情形，研究了由供应商与销售商构建的 1-1 型供应链的协调。本章则仅考虑策略性炫耀型消费者，研究供应商具有时尚设计能力下的供应链协调。

本章在供应商具备时尚设计能力的情形下，研究 1-1 型供应链的协调。首先在供应链集中决策下研究时尚设计后销售商的最优决策，并与时尚设计前销售商的最优决策进行比较，接着从批发价契约与收益契约角度研究供应链协调，最后结合算例验证所得结论。

4.1　问题描述与假设

1. 问题描述

考虑由一个上游供应商和一个下游销售商组成的 1-1 型易逝品供应链系统，市场需求随机。商品销售分为两个阶段，第一阶段（全价期）商品定价为 p，第二阶段商品以常值 s（可理解为残值）处理，其中 $s < c$。全价期内市场上只存在炫耀型消费者。为方便分析，暂不考虑市场缺货惩罚。

在销售商制定订货量策略前，销售商与供应商先签订契约，契约中包括商品批发价 ω 以及相应参数。契约签订后，销售商确定商品价格并向供应商订货，供应商根据订货量将商品运送到销售商处。为简便计算，不考虑商品的运输成本。

2. 假设

假设 4.1 消费者类型假设。假定市场中只有策略性炫耀型消费者。为表述方便，本章简称策略性炫耀型消费者为炫耀型消费者。

假设 4.2 时尚设计假设。供应商具备时尚设计能力，即在接到销售商的订单后，会在商品到达销售商前的提前期内，在商品的设计上进行投资，改进商品的设计，从而增加消费者对商品的价值感受。单位商品改进设计所增加的成本为 c_{D}，消费者对改进设计后商品的价值感受增量为 m。

4.2 消费者行为分析

商品经过改进设计后，消费者对商品的估价增大，为 $v+m$。

针对产品第一阶段价格，炫耀型消费者会估计在第二阶段获得商品的机会。由于第一阶段库存有限，消费者等到第二阶段可能面临缺货，如果没能以低价购买到商品，则消费者获得的净效用为 0，消费者预计在第二阶段缺货的期望概率为 ε_{s}，则消费者等到第二阶段购买所获得的期望消费剩余为 $(v+m-s)(1-\varepsilon_{\mathrm{s}})$。炫耀型消费者由于在第一阶段的炫耀性消费，立即购买获得的消费剩余为 $v+m+k\varepsilon_{\mathrm{s}}-p$（$k$ 为炫耀型消费者对全价期结束后缺货的敏感性系数）。炫耀型消费者购买行为决策树及消费者剩余如图 4-1 所示。

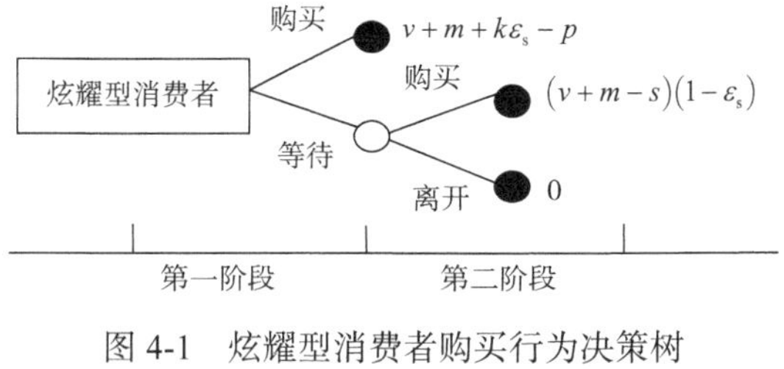

图 4-1 炫耀型消费者购买行为决策树

通过比较当期全价购买获得的消费剩余 $v+m+k\varepsilon_{\mathrm{s}}-p$ 和处理价购买获得的期望消费剩余 $(v+m-s)(1-\varepsilon_{\mathrm{s}})$，炫耀型消费者选择购买或者等待。当且仅当 $v+m+k\varepsilon_{\mathrm{s}}-p \geqslant (v+m-s)(1-\varepsilon_{\mathrm{s}})$ 时，炫耀型消费者在第一阶段购买，否则等到第二阶段购买。可见炫耀型消费者在第一阶段接受的最高价格为 $r=(k+m+v-s)\varepsilon_{\mathrm{s}}+s$，

称为炫耀型消费者的心理预留价格。

4.3　供应链集中决策

供应链集中决策时，不需要考虑供应商与销售商间的转移支付。集中系统也是评估将要研究的分散系统的基准。当炫耀型消费者在第一阶段购买时，商品最优价格应为炫耀型消费者的心理预留价格，供应链的期望利润为

$$\pi_{\mathrm{c}}(p,Q)=(p-s)E\min(X,Q)-(c+c_{\mathrm{D}}-s)Q \tag{4-1}$$

为获得炫耀型消费者的心理预留价格，采用理性预期均衡来描述销售商与炫耀型消费者之间的博弈。所谓理性预期均衡是指炫耀型消费者对在第二阶段获得产品有一个理性预期，同时销售商对炫耀型消费者的心理预留价格也有一个理性预期，两种预期在均衡下与市场上的实际情况保持一致。下面给出此时的理性预期均衡即引理 4.1。

引理 4.1　商品经过时尚设计后，当炫耀型消费者对等待缺货的预期概率 ε_{s} 与销售商对炫耀型消费者心理预留价格的预期 $\hat{r}$ 满足以下四个条件时，销售商与炫耀型消费者之间存在理性预期均衡：① $r=(k+m+v-s)\varepsilon_{\mathrm{s}}+s$；② $Q=\arg\max\pi_{\mathrm{c}}(Q,p)$，其中 $p=\hat{r}$；③ $\varepsilon_{\mathrm{s}}=\bar{F}(Q)$；④ $\hat{r}=r$。

其中，条件①给定未来无法以低价获得产品的预期概率 ε_{s}，炫耀型消费者在第一阶段形成自己的心理预留价格 $r=(k+m+v-s)\varepsilon_{\mathrm{s}}+s$。条件②给定对炫耀型消费者心理预留价格的预期 $\hat{r}$，销售商做出最优订货量决策。当商品的价格定为炫耀型消费者的心理预留价格时，炫耀型消费者在第一阶段购买。条件③满足炫耀型消费者对等待缺货的预期概率与实际情况相同。条件④满足销售商对炫耀型消费者心理预留价格的预期与实际情况相同。

依据引理 4.1，可以得出结论 4.1。

结论 4.1　当单位商品时尚设计所增加的成本需要满足 $c_{\mathrm{D}}<k+v+m-c$ 时，商品进行时尚设计有益，且销售商最优定价与订货量为 $p_{\mathrm{d}}^*=\sqrt{(k+v+m-s)(c+c_{\mathrm{D}}-s)}+s$，$Q_{\mathrm{d}}^*=\bar{F}^{-1}\left(\sqrt{\dfrac{c+c_{\mathrm{D}}-s}{k+v+m-s}}\right)$。否则，由于没有好处，不需要考虑进行商品的时尚设计。

证明：由引理 4.1 的条件①～条件④的式子联立可得 $p=(k+v+m-s)\bar{F}(Q)+s$，

ω，此时销售商、供应商和供应链的期望利润函数分别为

$$\pi_{\mathrm{r}}=(p-s)E\min(X,Q)-(\omega-s)Q \tag{4-5}$$

$$\pi_{\mathrm{m}}=(\omega-c-c_{\mathrm{D}})Q \tag{4-6}$$

$$\pi_{\mathrm{s}}=\pi_{\mathrm{r}}+\pi_{\mathrm{m}}=(p-s)E\min(X,Q)-(c+c_{\mathrm{D}}-s)Q \tag{4-7}$$

当炫耀型消费者在第一阶段购买时,消费者与销售商之间存在理性预期均衡，由引理 4.1 可得结论 4.4。

结论 4.4　在批发价契约下，销售商最优定价与订货量为 $p_{\mathrm{d}}^{\omega}=\sqrt{(\omega-s)(k+m+v-s)}+s$，$Q_{\mathrm{d}}^{\omega}=\bar{F}^{-1}\left(\sqrt{\dfrac{\omega-s}{k+m+v-s}}\right)$，并且单位商品时尚设计所增加的成本需要满足 $p_{\mathrm{d}}^{\omega}>c+c_{\mathrm{D}}$，若 $p_{\mathrm{d}}^{\omega}\leqslant c+c_{\mathrm{D}}$，销售商没有好处，不会考虑进行商品的时尚设计。

证明：当炫耀型消费者在第一阶段购买时，销售商与消费者之间存在理性预期均衡。由引理 4.1 及式（4-5）可得商品最优定价与订货量分别为 $p=(k+m+v-s)\cdot\bar{F}(Q)+s$，$\bar{F}(Q)=\dfrac{c+c_{\mathrm{D}}-s}{p-s}$。联立可得 $p_{\mathrm{d}}^{\omega}=\sqrt{(\omega-s)(k+m+v-s)}+s$，$Q_{\mathrm{d}}^{\omega}=\bar{F}^{-1}\left(\sqrt{\dfrac{\omega-s}{k+m+v-s}}\right)$，商品价格需要满足 $p_{\mathrm{d}}^{\omega}>c+c_{\mathrm{D}}$，否则销售商将会亏损。

结论 4.4 给出了批发价契约下销售商的最优定价与订货量策略。另外由式（4-6）可以看出，供应商获得的利润不可能为负，即 $\omega>c+c_{\mathrm{D}}$。与供应链集中决策下的最优决策进行比较可得 $p_{\mathrm{d}}^{\omega}>p_{\mathrm{d}}^{*}$，$Q_{\mathrm{d}}^{\omega}<Q_{\mathrm{d}}^{*}$。可见在供应链分散决策下，销售商出于自身利益的考虑，会抬高商品价格，降低订货量，并且供应商需要独自承担产品时尚设计所增加的成本。批发价契约不利于激励供应商改进商品的设计，不利于供应链整体利润的提高，可见批发价契约显然无法实现供应链的协调。

4.4.2　收益共享契约下时尚设计供应链模型

考虑供应商与销售商之间通过收益共享契约（ω，ϕ）进行协调，供应商将产品以较低批发价 ω 提供给销售商，同时销售商承诺将销售收入的一定比例 $1-\phi$（包括第一阶段及第二阶段）返还给供应商，其中 ϕ 为销售商每销售出一单位商品所获得的收益比例。在收益共享契约下，销售商的期望利润为 $\pi_{\mathrm{r}}(Q)=\phi pE\min(X,Q)+\phi s\left[Q-E\min(X,Q)\right]-\omega Q$，即

$$\pi_{\mathrm{r}}(Q)=\phi(p-s)E\min(X,Q)-(\omega-\phi s)Q \tag{4-8}$$

供应商的期望利润为

$$\pi_{\mathrm{m}}(Q)=(1-\phi)pE\min(X,Q)+(1-\phi)s\left[Q-E\min(X,Q)\right]+\omega Q-(c+c_{\mathrm{D}})Q$$

即

$$\pi_{\mathrm{m}}(Q)=(1-\phi)(p-s)E\min(X,Q)-\left[c+c_{\mathrm{D}}-\omega-(1-\phi)s\right]Q \tag{4-9}$$

供应链的期望利润函数为

$$\pi_{\mathrm{s}}(Q)=\pi_{\mathrm{r}}(Q)+\pi_{\mathrm{m}}(Q)=(p-s)E\min(X,Q)-(c+c_{\mathrm{D}}-s)Q \tag{4-10}$$

当炫耀型消费者在第一阶段购买时,消费者与销售商之间存在理性预期均衡,由引理 4.1 及式（4-8）可得销售商的最优定价与订货量满足：

$$p=(k+m+v-s)\bar{F}(Q)+s\,,\quad \bar{F}(Q)=\frac{\omega-\phi s}{\phi(p-s)} \tag{4-11}$$

结论 4.5　当商品批发价满足 $\omega=\phi(c+c_{\mathrm{D}})$ 时，收益共享契约可以实现分散式供应链的协调。

证明：当 $\omega=\phi(c+c_{\mathrm{D}})$ 时，代入式（4-11）可得 $p=(k+m+v-s)\bar{F}(Q)+s$ 、$\bar{F}(Q)=\dfrac{c+c_{\mathrm{D}}-s}{p-s}$ 。将之联立求解可得 $p_{\mathrm{d}}^{\mathrm{r}}=\sqrt{(k+m+v-s)(c+c_{\mathrm{D}}-s)}+s$ ，$Q_{\mathrm{d}}^{\mathrm{r}}=\bar{F}^{-1}\left(\sqrt{\dfrac{c+c_{\mathrm{D}}-s}{k+m+v-s}}\right)$ ，$p_{\mathrm{d}}^{\mathrm{r}}$ 与 $Q_{\mathrm{d}}^{\mathrm{r}}$ 分别为销售商的最优定价与最优订货量。在产品价格与批发价确定的情况下，代入式（4-9）可得供应商的最优供货量为 $\bar{F}(Q_{\mathrm{d}}^{\mathrm{m}})=\sqrt{\dfrac{c+c_{\mathrm{D}}-s}{k+m+v-s}}$ 。与集成式供应链相比，$p_{\mathrm{d}}^{\mathrm{r}}=p_{\mathrm{d}}^{*}$，$Q_{\mathrm{d}}^{\mathrm{r}}=Q_{\mathrm{d}}^{\mathrm{m}}=Q_{\mathrm{d}}^{*}$ 。可见在该收益共享契约下，销售商的最优定价与供应链集中决策下的最优定价相同，并且销售商的最优订货量、供应商的最优供货量、供应链利润最大化的订货量均相同，可见收益共享契约实现了供应链的协调。

结论 4.5 表明收益共享契约可以实现分散式供应链的协调，使销售商、供应商以及供应链的决策目标保持一致。并且由式（4-8）、式（4-9）和式（4-10）可以看出当 $\omega=\phi(c+c_{\mathrm{D}})$ 时，有 $\pi_{\mathrm{r}}=\phi\pi_{\mathrm{s}}$ 、$\pi_{\mathrm{m}}=(1-\phi)\pi_{\mathrm{s}}$ ，ϕ 为销售商分到的整个供应链的收益比例。需要指出的是，当 $\phi=1$ 时，收益全由销售商获得，供应商与销售商不合作，收益共享契约也就变为一般的批发价契约。在收益共享契约下，销售商通过与供应商讨价还价来分割供应链的利润，若一方在谈判中占优势，则分割的利润较多。收益共享契约有利于激励供应商加强对产品的时尚设计。当供应商分得的利润比例确定后，便会担心自身损失，从而专注于产品的设计。产品越时尚，越容易得到消费者的青睐，越有利于产品在市场上的销售，供应链收益越大，由此供应商得到的回报越多。

4.5 算 例 分 析

本节结合具体算例，对 4.3 节中的结论进行验证。令 $v=20$，$c=10$，$s=8$，$m=4$，k 分别取 5、10、15，$c_{\mathrm{D}}\in[0,10]$，市场需求为正态分布 $N(100,400)$。图 4-2 分别为 k=5、k=10、k=15 时，供应链最优库存与单位商品时尚设计所增加成本 c_{D} 之间的关系（实线表示商品未经时尚设计，虚线表示商品经过时尚设计）。

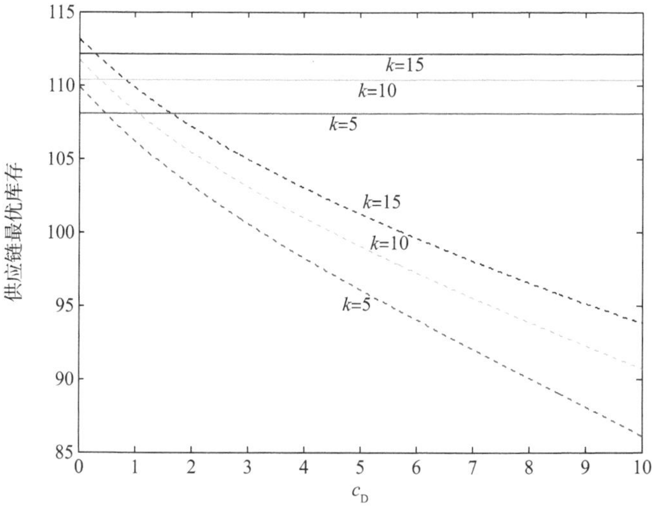

图 4-2 不同 c_{D} 下供应链的最优库存

图 4-2 描绘了不同 k 值、不同时尚设计成本下，供应商是否进行时尚设计时集中决策供应链的最优库存对比情况。可以看出，随着时尚设计成本的增加，供应链的最优库存逐渐降低，并且在时尚设计成本较低的情况下，时尚设计后的最优库存高于未进行时尚设计的最优库存，而当时尚设计成本较高时，时尚设计后的最优库存低于未进行时尚设计的最优库存。图 4-2 还表明，随着消费者炫耀性的增加，无论供应商是否采取时尚设计策略，供应链的最优库存均在增加。以上观察结果与结论 4.1、结论 4.2 相同。

图 4-3 是在 $c_{\mathrm{D}}=4$，k 分别取 k=5、k=10、k=15 时，消费者价值增量 m 与供应链最优库存的数量关系曲线（实线表示商品未经时尚设计，虚线表示商品经过时尚设计）。

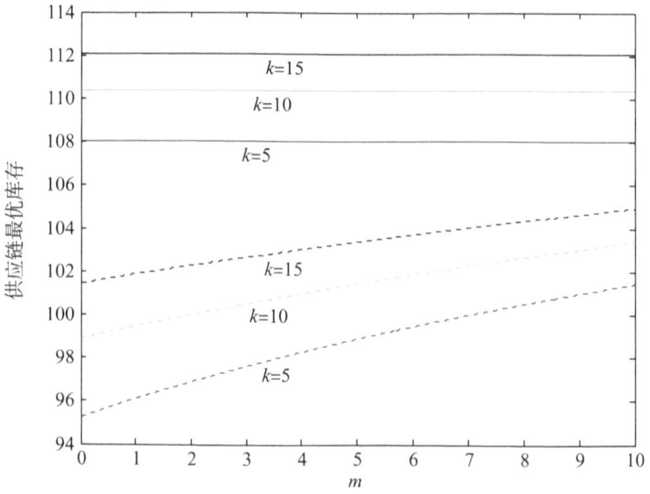

图 4-3　不同 m 下供应链的最优库存

图 4-3 表明，随着消费者价值增量的增加，供应链的最优库存也在增加。时尚设计后的最优库存总是低于未进行时尚设计的最优库存。图 4-3 同样表明，随着消费者炫耀性的增加，无论供应商是否采取时尚设计策略，供应链的最优库存均在增加。这与结论 4.1 一致。

图 4-4 是在 $m=4$ ，k 分别取 $k=5$ 、$k=10$ 、$k=15$ 时，供应链最优利润与单位商品时尚设计所增加成本 c_D 之间的关系（实线表示商品未经时尚设计，虚线表示商品经过时尚设计）。

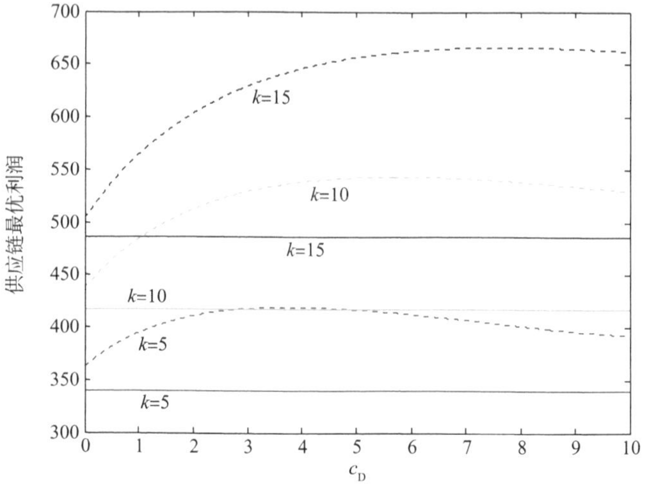

图 4-4　不同 c_D 下供应链的最优利润

图 4-4 表明，随着时尚设计成本的增加，供应链的利润并不总是降低，当消费者炫耀性程度较高时，时尚设计成本的增加甚至可能会增加供应链的利润。另外还可以看出当商品经过时尚设计后，尽管成本增加了，但供应链的利润还是增加了。

图 4-5 是在 $c_D = 4$ ，k 分别取 k=5 、k=10 、k=15 时，供应链最优利润与消费者价值感受增量 m 之间的关系（实线表示商品未经时尚设计，虚线表示商品经过时尚设计）。

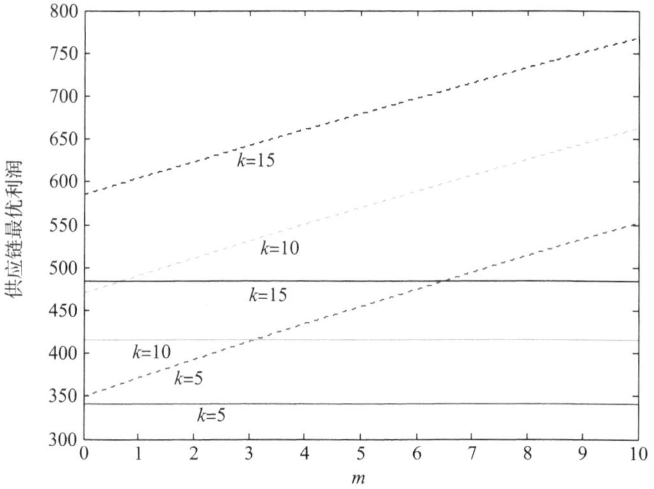

图 4-5　不同 m 下供应链的最优利润

图 4-5 表明，时尚设计下的供应链利润总是随着消费者的价值感受增量单调递增。当消费者价值感受增量较小时，供应链的利润增幅不明显。而当消费者的炫耀性程度较高时，时尚设计可以显著增加供应链的利润。以上得到的结论与结论 4.3 一致。

4.6　本 章 小 结

本章在供应商具备时尚设计能力的情形下，基于市场上的炫耀型消费者，构建了由一个供应商与一个销售商组成的 1-1 型供应链模型，深入分析了时尚设计下供应链的协调问题，主要得到以下结论。

（1）供应链集中决策时，商品经过时尚设计，销售商会提高价格。当时尚设计成本较低时，销售商增加订货量，随着时尚设计成本的增加，销售商逐渐降低订货量。在消费者炫耀性程度较高的市场上，时尚设计可以显著增加供应链的利润，消费者价值感受的增加也会显著增加供应链的利润。

（2）在进行时尚设计时，供应商要尽量使商品的设计个性化、时尚化，提高消费者的满意度，增加消费者对商品的价值感受。

（3）供应链分散决策时，批发价契约不能实现供应链的协调，销售商会出于自身利润的原因提高商品价格，降低订货量，这样不利于激励供应商加强对商品的时尚设计。收益共享契约可以实现供应链的协调，不仅使商品价格达到集中决策下的最优商品定价，而且实现供应链利润在供应商与销售商之间任意分配，有利于激励供应商加强对商品的设计，提高整个供应链的利润。

第三篇 不考虑行为风险的多产品跨期定价

本篇包括第 5 章、第 6 章和第 7 章，主要对不考虑行为风险的多产品跨期定价进行研究。其中第 5 章和第 6 章分别研究垄断市场下和竞争市场下的替代品跨期定价，第 7 章研究网络收益管理中的多产品跨期定价，即多资源产品跨期定价。

第5章　策略型与短视型消费者并存下的替代品跨期定价

第2章～第4章研究的是单产品跨期定价问题。而本章研究的是替代品的跨期定价问题，分析市场中的消费行为对销售商定价和利润的影响。

本章首先分析短视型消费者和策略型消费者各自的购买决策，构建销售商两期利润最大化模型，分析确定两产品的最优跨期价格。然后考察产品最优跨期价格性质，分析策略型消费者占比对销售商利润及其跨期定价的影响。最后利用数值模拟对所得结论进行验证。

5.1　问题描述

垄断商销售的产品1和产品2为垂直替代品，产品1质量高于产品2，为方便建模，假设产品2的质量为产品1质量的β倍，$0<\beta<1$，并假设消费者对两产品的估价比等于质量比，销售期$[0, T]$内产品供应充足。销售期分为两阶段，销售商采用跨期定价策略，销售期间有一次降价行为。产品两阶段价格由销售商内生给定，逐阶段给出。

市场需求确定，为方便建模、简化计算，将消费者的数量单位化为1。短视型消费者和策略型消费者并存，策略型消费者所占比例为$\lambda(0<\lambda<1)$，短视型消费者所占比例为$1-\lambda$。所有消费者在销售开始前到达市场，每个消费者只有一个单位的产品需求。

销售开始时，销售商给出两产品的第一阶段价格p_{11}、p_{12}。对短视型消费者，只要其第一阶段的最大消费剩余非负便购买产品，否则离开市场，他们不追求消费剩余最大化，不会等待至第二阶段购买。对策略型消费者，他们会结合替代品的当前定价对第二阶段价格进行预期，并基于价格预期做出最优购买决策，策略性地选择是否购买、何时购买、购买哪种产品以最大化效用。

销售进入第二阶段时，销售商给出两产品折扣价格 p_{21}、p_{22}。此时市场上的消费者为第一阶段等待购买的策略型消费者，消费者在第二阶段对产品的估价发生折扣，折扣因子为 δ，$0<\delta<1$。由于本阶段是销售末期，只要消费者所获剩余非负便购买产品，否则离开市场，销售结束。

销售过程中事件发生时序如图 5-1 所示。

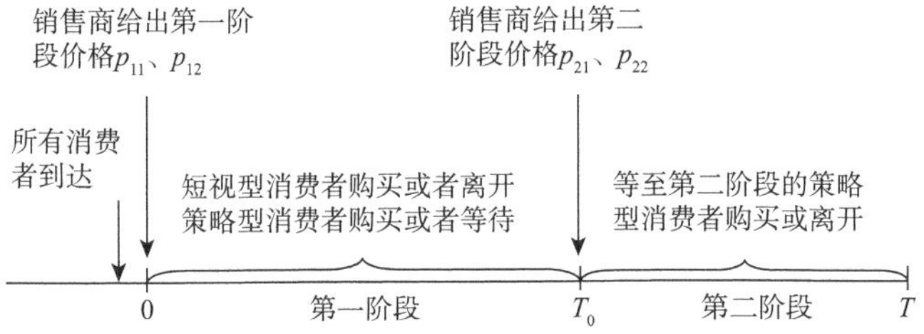

图 5-1　销售过程中事件发生时序图

5.2　消费者购买分析

本节分别结合短视型和策略型消费者的效用分析其购买行为，分析他们何时购买何产品，确定购买决策相同的同类消费者规模。

5.2.1　短视型消费者购买分析

短视型消费者仅在第一阶段出现，由于短视，他们要么第一阶段立即购买产品，要么退出市场。对销售商所给的第一阶段价格 p_{11}、p_{12}，令 $v_{\mathrm{m1}}=\dfrac{p_{11}-p_{12}}{1-\beta}$、$v_{\mathrm{m2}}=\dfrac{p_{12}}{\beta}$，则短视型消费者的购买决策可由如下的结论 5.1 描述。

结论 5.1　短视型消费者中估价满足 $v_{\mathrm{m1}}\leqslant v\leqslant 1$ 的消费者购买产品 1，满足 $v_{\mathrm{m2}}\leqslant v<v_{\mathrm{m1}}$ 的消费者购买产品 2，其余消费者不购买产品。

证明：消费者购买两产品的消费剩余分别为 $v-p_{11}$、$\beta v-p_{12}$，则购买产品 1 和产品 2 无差异的消费者估价 v_{m1}、购不购买产品 2 无差异的消费者估价 v_{m2} 应满足以下条件，即

$$\begin{cases} v_{m1}-p_{11}=\beta v_{m1}-p_{12} \\ \beta v_{m2}-p_{12}=0 \end{cases} \tag{5-1}$$

即

$$v_{m1}=\frac{p_{11}-p_{12}}{1-\beta}\text{，}\quad v_{m2}=\frac{p_{12}}{\beta} \tag{5-2}$$

令 $f(v)=v-p_{11}-(v\beta-p_{12})$，易证 $f(v)$ 为增函数。由式（5-1）、式（5-2）知 $f(v_{m1})=0$，从而对估价满足 $v_{m1}\leqslant v\leqslant 1$ 的短视型消费者有 $f(v)\geqslant 0$ 成立，即 $v-p_{11}\geqslant v\beta-p_{12}$ 成立，对这部分消费者而言，由于购买产品 1 的效用大于产品 2，他们选择购买产品 1。类似地，可证明估价满足 $\frac{p_{12}}{\beta}\leqslant v<\frac{p_{11}-p_{12}}{1-\beta}$ 的消费者选择购买产品 2，估价满足 $0\leqslant v<\frac{p_{12}}{\beta}$ 的消费者不购买产品。证毕。

由结论 5.1 可知，v_{m1}、v_{m2} 将短视型消费者的购买决策依据其对产品的不同估值分割为如图 5-2 所示的三种类型。

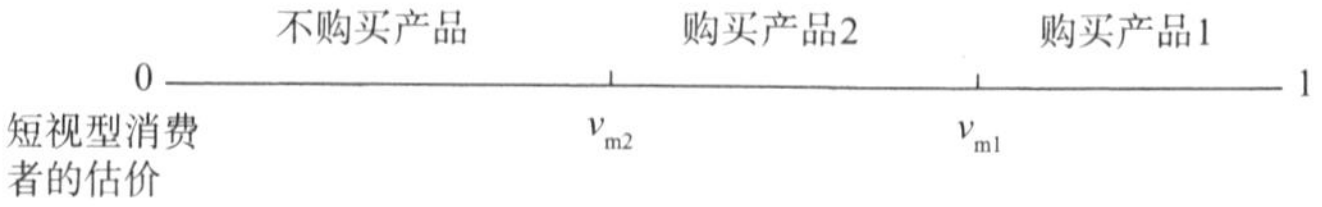

图 5-2　短视型消费者购买决策分割图

5.2.2　策略型消费者购买分析

对于销售商给出的第一阶段价格 p_{11}、p_{12}，完全理性的策略型消费者会基于市场需求及消费者估价分布等信息对第二阶段两产品的最优定价 p_{21}、p_{22} 进行理性预期。根据理性预期均衡理论，消费者预期的最优价格就是销售商第二阶段的最优定价。消费者比较所有购买方案下的消费剩余后做出购买决策。

令 $v_{s1}=\frac{p_{11}-p_{12}}{1-\beta}$、$v_{s2}=\frac{p_{12}-p_{21}}{\beta-\delta}$、$v_{s3}=\frac{p_{21}-p_{22}}{\delta(1-\beta)}$、$v_{s4}=\frac{p_{22}}{\delta\beta}$。结论 5.2 描述了不同估价的策略型消费者的购买决策，其中 p_{21}、p_{22} 为消费者对第二阶段两产品的预期价格。

结论 5.2　策略型消费者中估价满足 $v_{s1}\leqslant v\leqslant 1$ 的第一阶段购买产品 1，估价满足 $v_{s2}\leqslant v<v_{s1}$ 的第一阶段购买产品 2，估价满足 $v_{s3}\leqslant v<v_{s2}$ 的第二阶段购买产品 1，

估价满足 $v_{s4} \leqslant v < v_{s3}$ 的第二阶段购买产品 2。其中 p_{21}、p_{22} 为消费者理性预期下的两产品第二阶段价格。

证明： 消费者在两阶段下购买两产品的消费剩余分别为 $v - p_{11}$、$\beta v - p_{12}$、$\delta v - p_{21}$、$\delta\beta v - p_{22}$，则第一阶段购买产品 1 和产品 2 无差别的消费者估价 v_{s1} 应满足 $v_{s1} - p_{11} = \beta v_{s1} - p_{12}$，即 $v_{s1} = \dfrac{p_{11} - p_{12}}{1-\beta}$。第一阶段和第二阶段购买无差异的消费者的估价为 v_{s2}，应满足：

$$\max\left(v_{s2} - p_{11}, \beta v_{s2} - p_{12}\right) = \max\left(\delta v_{s2} - p_{21}, \delta\beta v_{s2} - p_{22}, 0\right) \tag{5-3}$$

令 $g(v) = (v - p_{11}) - (\beta v - p_{12})$，可知其为增函数。由 $g(v_{s1}) = 0$ 及 $v_{s2} \leqslant v_{s1}$ 可知 $g(v_{s2}) \leqslant 0$，即 $v_{s2} - p_{11} \leqslant \beta v_{s2} - p_{12}$，从而式（5-3）可简化为

$$\beta v_{s2} - p_{12} = \max\left(\delta v_{s2} - p_{21}, \delta\beta v_{s2} - p_{22}, 0\right) \tag{5-4}$$

第二阶段购买产品 1 和产品 2 无差异的消费者的估价为 v_{s3}，应满足：

$$\delta v_{s3} - p_{21} = \delta\beta v_{s3} - p_{22} \tag{5-5}$$

即 $v_{s3} = \dfrac{p_{21} - p_{22}}{\delta(1-\beta)}$。第二阶段购买产品 2 与否无差异的消费者的估价 v_{s4} 应满足 $\delta\beta v_{s4} - p_{22} = 0$，即 $v_{22} = \dfrac{p_{22}}{\delta\beta}$。

令 $h(v) = (\delta v - p_{21}) - (\delta v\beta - p_{22})$，由式（5-5）知 $h(v_{s3}) = 0$。再由 $h(v)$ 为增函数且 $v_{s2} \geqslant v_{s3}$，可得 $\delta v_{s2} - p_{21} \geqslant \delta\beta v_{s2} - p_{22}$ 成立，结合式（5-4）得 $v_{s2} = \dfrac{p_{12} - p_{21}}{\beta - \delta}$。

由 $g(v) = (v - p_{11}) - (\beta v - p_{12})$ 为增函数且 $g(v_{s1}) = 0$ 可知，当 $v_{s1} \leqslant v \leqslant 1$ 时有 $v - p_{11} \geqslant v\beta - p_{12}$ 成立，这意味着策略型消费者中估价满足 $v_1 \leqslant v \leqslant 1$ 的消费者均选择第一阶段购买产品 1，类似地，可证明结论剩余部分成立。证毕。

由结论 5.2 可知，不同估价的策略型消费者的购买决策也不尽相同。v_{s1}、v_{s2}、v_{s3}、v_{s4} 依据策略型消费者对产品的不同估值，将他们的购买决策分割成如图 5-3 所示的五种类型。

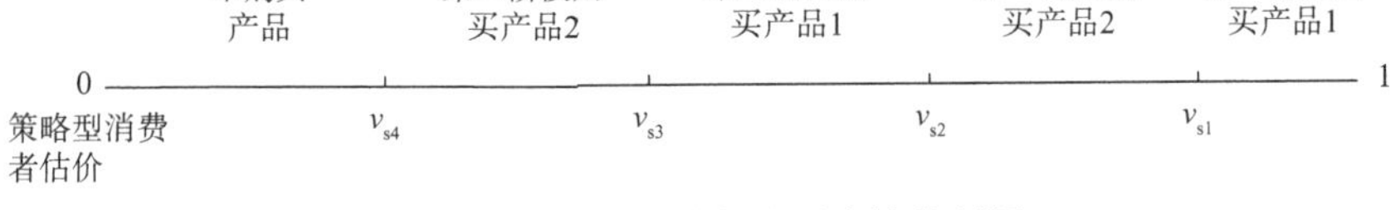

图 5-3　策略型消费者购买决策分割图

结论 5.1 和结论 5.2 分别描述了短视型消费者及策略型消费者各自的购买决策。销售开始后，面对销售商第一阶段给出的两产品价格 p_{11}、p_{12}，不同类型、不同估价的消费者选择在不同阶段购买不同产品（或选择不购买产品）以最大化自

己的消费剩余。

5.3 销售商最优定价

产品的销售过程是销售商和消费者的动态博弈过程，即销售商首先给出两产品的第一阶段价格；消费者通过比较两阶段的消费剩余，决定在哪个阶段购买哪种产品；第二阶段开始时销售商给出产品的第二阶段价格，等待至第二阶段的消费者决定购买产品 1 或者产品 2，或者离开市场。

本节借助逆向归纳法求解销售商的两阶段最优定价。首先通过建立销售商第二阶段利润最大化模型，求出第一阶段价格任意给定下的第二阶段最优反应定价，然后通过建立销售商两阶段利润和的最大化模型，得到销售商第一阶段最优定价。5.3.1 节首先求解产品第二阶段定价，即两产品的最优折扣价格。

5.3.1 最优折扣定价

T_0 时刻后销售进入第二阶段。本阶段开始时，第一阶段价格 p_{11}、p_{12} 及两阶段购买无差异的消费者的估价 v_{s2} 均已知（v_{s2} 可由第二阶段市场消费者数量推出）。只有等待降价的策略型消费者在本阶段购买，由结论 5.2 可得销售商第二阶段利润函数为

$$\Pi_2\left(p_{21},p_{22}\right)=\lambda\left\{\left[\frac{p_{12}-p_{21}}{\beta-\delta}-\frac{p_{21}-p_{22}}{\delta(1-\beta)}\right]\left(p_{21}-c\right)+\left[\frac{p_{21}-p_{22}}{\delta(1-\beta)}-\frac{p_{22}}{\delta\beta}\right]\left(p_{22}-\beta c\right)\right\} \tag{5-6}$$

进而可建立第二阶段利润最大化模型为

$$\begin{aligned}&\max\lambda\left\{\left[\frac{p_{12}-p_{21}}{\beta-\delta}-\frac{p_{21}-p_{22}}{\delta(1-\beta)}\right]\left(p_{21}-c\right)+\left[\frac{p_{21}-p_{22}}{\delta(1-\beta)}-\frac{p_{22}}{\delta\beta}\right]\left(p_{22}-\beta c\right)\right\}\\&\text{s.t.}\quad 0\leqslant\frac{p_{22}}{\delta\beta}\leqslant\frac{p_{21}-p_{22}}{\delta(1-\beta)}\leqslant\frac{p_{12}-p_{21}}{\beta-\delta}\leqslant 1\end{aligned} \tag{5-7}$$

式中，约束条件为 $0\leqslant v_{s4}\leqslant v_{s3}\leqslant v_{s2}\leqslant v_{s1}\leqslant 1$，此关系可由图 5-3 帮助理解。

容易验证式（5-7）目标函数 $\Pi_2\left(p_{21},p_{22}\right)$ 的黑塞矩阵是负定的，则 $\Pi_2\left(p_{21},p_{22}\right)$

为严格凹函数，式（5-7）为严格凸规划，其卡罗需-库恩-塔克（Karush-Kuhn-Tucker，KKT）条件是最优解确定的充要条件。将其目标函数写成拉格朗日函数形式：

$$L = \Pi_2\left(p_{21}, p_{22}\right) + k_1\left(1 - \frac{p_{12} - p_{21}}{\beta - \delta}\right) + k_2\left[\frac{p_{12} - p_{21}}{\beta - \delta} - \frac{p_{21} - p_{22}}{\delta(1-\beta)}\right] + k_3\left[\frac{p_{21} - p_{22}}{\delta(1-\beta)} - \frac{p_{22}}{\delta\beta}\right] + \frac{k_4 p_{22}}{\delta\beta}$$

根据其 KKT 条件，有

$$\begin{cases} \dfrac{\partial L}{\partial p_{22}} = \dfrac{\partial L}{\partial p_{21}} = 0 \\ k_1\left(1 - \dfrac{p_{12} - p_{21}}{\beta - \delta}\right) = k_2\left[\dfrac{p_{12} - p_{21}}{\beta - \delta} - \dfrac{p_{21} - p_{22}}{\delta(1-\beta)}\right] = k_3\left[\dfrac{p_{21} - p_{22}}{\delta(1-\beta)} - \dfrac{p_{22}}{\delta\beta}\right] = \dfrac{k_4 p_{22}}{\delta\beta} = 0 \\ k_i \geqslant 0,\ i = 1,2,3,4 \end{cases}$$

可求出销售商第二阶段最优定价，即两产品的最优折扣价格为

$$\begin{cases} p_{21}^* = \dfrac{2c(\beta - \delta) + \delta\left(p_{12} - p_{21}\right)}{2(\beta - \delta)} \\ p_{22}^* = \dfrac{\beta\left[c(\beta - \delta) + \delta\left(p_{12} - p_{21}\right)\right]}{2(\beta - \delta)} \end{cases} \tag{5-8}$$

销售商相应的第二阶段最大利润为

$$\Pi_2^* = \frac{\lambda\left[\delta\left(p_{12}^* - p_{21}^*\right) - c(\beta - \delta)\right]^2}{4\delta(\beta - \delta)^2} \tag{5-9}$$

将 p_{21}^* 代入 v_{s2} 将其进一步写成 $v_{s2} = \dfrac{2p_{12} - c}{2\beta - \delta}$，再由 v_{s2} 可将式（5-8）、式（5-9）进一步写成

$$p_{21}^* = \frac{(\beta - \delta)c + \delta p_{12}}{2\beta - \delta},\quad p_{22}^* = \frac{(\beta - \delta)c + \delta p_{12}}{\beta(2\beta - \delta)},\quad \Pi_2^* = \frac{\lambda\left(\delta p_{12} - \beta c\right)^2}{\delta(2\beta - \delta)^2} \tag{5-10}$$

5.3.2　两产品跨期价格

销售商第一阶段的利润 Π_1 由 Π_{1m} 和 Π_{1s} 两部分组成，其中 Π_{1m} 为仅在第一阶段出现的短视型消费者购买带来的利润，Π_{1s} 为选择在第一阶段购买的策略型消费者带来的利润。

结合结论 5.1 可得

$$\Pi_{1\mathrm{m}}=(1-\lambda)\left[\left(1-\frac{p_{11}-p_{12}}{1-\beta}\right)(p_{11}-c)+\left(\frac{p_{11}-p_{12}}{1-\beta}-\frac{p_{12}}{\beta}\right)(p_{12}-\beta c)\right]$$

结合结论 5.2 可得

$$\Pi_{1\mathrm{s}}=\lambda\left[\left(1-\frac{p_{11}-p_{12}}{1-\beta}\right)(p_{11}-c)+\left(\frac{p_{11}-p_{12}}{1-\beta}-\frac{p_{12}-p_{21}}{\beta-\delta}\right)(p_{11}-\beta c)\right]$$

可建立销售商两阶段利润和最大化模型：

$$\max \Pi=\Pi_1+\Pi_2^*=\left(1-\frac{p_{11}-p_{12}}{1-\beta}\right)(p_{11}-c)+\frac{\lambda(\delta p_{12}-\beta c)^2}{\delta(2\beta-\delta)^2}$$
$$+(p_{12}-\beta c)\left[\frac{p_{11}-p_{12}}{1-\beta}-\frac{(1-\lambda)p_{12}}{\beta}-\frac{\lambda(2p_{12}-c)}{2\beta-\delta}\right] \quad (5\text{-}11)$$
$$\text{s.t.}\begin{cases}0\leqslant\dfrac{p_{12}}{\beta}\leqslant\dfrac{p_{11}-p_{12}}{1-\beta}\leqslant 1\\[2mm] 0\leqslant\dfrac{2p_{12}-c}{2\beta-\delta}\leqslant\dfrac{p_{11}-p_{12}}{1-\beta}\leqslant 1\end{cases}$$

式（5-11）的约束条件由图 5-1、图 5-2 中 v_{m1}、v_{m2}、v_{s1}、v_{s2} 的关系 $0\leqslant v_{\mathrm{m2}}\leqslant v_{\mathrm{m1}}\leqslant 1$、$0\leqslant v_{\mathrm{s2}}\leqslant v_{\mathrm{s1}}\leqslant 1$ 推导而来，另外，式（5-11）所需的另一个约束 $0\leqslant p_{12}\leqslant v_{11}\leqslant 1$ 已隐含在第一个约束 $0\leqslant\dfrac{p_{12}}{\beta}\leqslant\dfrac{p_{11}-p_{12}}{1-\beta}\leqslant 1$ 中。

为方便后面表述，记 $m=\dfrac{\beta(1+c)(2\beta-\delta)^2+\lambda\beta c\delta(2\beta-1-\delta)}{2(1-\lambda)(2\beta-\delta)^2+2\lambda\beta(4\beta-3\delta)}$。解式（5-11）可得结论 5.3。

结论 5.3　两产品两阶段最优定价为 $p_{12}^*=m$，$p_{22}^*=\dfrac{\beta[\delta m+c(\beta-\delta)]}{2\beta-\delta}$；产品 1 两阶段最优定价分别为 $p_{11}^*=m+\dfrac{(1+c)(1-\beta)}{2}$，$p_{21}^*=\dfrac{\delta m+c(\beta-\delta)}{2\beta-\delta}$，销售商最大利润 Π^* 为

$$\Pi^*=\frac{(1-c)(2m+1-\beta-c-\beta c)}{4}+\frac{\lambda(\delta m-\beta c)^2}{\delta(2\beta-\delta)^2}$$
$$+(m-\beta c)\left[\frac{1+c}{2}-\frac{m(1-\lambda)}{\beta}-\frac{\lambda(2m-c)}{2\beta-\delta}\right]$$

证明：不难验证式（5-11）中目标函数 $\Pi(p_{11},p_{12})$ 的黑塞矩阵为负定阵，从而可判断 $\Pi(p_{11},p_{12})$ 为严格凹函数。又因为其模型约束均为线性，可知该模型

即式（5-11）为严格凸规划，其 KKT 条件即是最优解确定的充要条件。

将其目标函数写成拉格朗日函数形式：

$$L=\Pi+\frac{k_1p_{12}}{\beta}+k_2\left(\frac{p_{11}-p_{12}}{1-\beta}-\frac{p_{12}}{\beta}\right)+k_3\left(1-\frac{p_{11}-p_{12}}{1-\beta}\right)+\frac{k_4\left(2p_{12}-c\right)}{2\beta-\delta}+k_5\left(\frac{p_{11}-p_{12}}{1-\beta}-\frac{2p_{12}-c}{2\beta-\delta}\right)$$

由其 KKT 条件，有

$$\begin{cases}\dfrac{\partial L}{\partial p_{12}}=\dfrac{\partial L}{\partial p_{11}}=0\\ \dfrac{k_1p_{12}}{\beta}=k_2\left(\dfrac{p_{11}-p_{12}}{1-\beta}-\dfrac{p_{12}}{\beta}\right)=k_3\left(1-\dfrac{p_{11}-p_{12}}{1-\beta}\right)\\ \quad=\dfrac{k_4\left(2p_{12}-c\right)}{2\beta-\delta}=k_5\left(\dfrac{p_{11}-p_{12}}{1-\beta}-\dfrac{2p_{12}-c}{2\beta-\delta}\right)=0\\ k_i\geqslant 0,\ i=1,2,\cdots,5\end{cases}$$

可得到 $p_{12}^*=\dfrac{\beta(1+c)(2\beta-\delta)^2+\lambda\beta c\delta(2\beta-1-\delta)}{2(1-\lambda)(2\beta-\delta)^2+2\lambda\beta(4\beta-3\delta)}$，$p_{11}^*=p_{12}^*+\dfrac{(1+c)(1-\beta)}{2}$。将 p_{11}^*、p_{12}^* 代入式（5-8）可得 $p_{21}^*=\dfrac{\delta p_{12}^*+c(\beta-\delta)}{2\beta-\delta}$、$p_{22}^*=\dfrac{\beta\left[\delta p_{12}^*+c(\beta-\delta)\right]}{2\beta-\delta}$。再将 p_{11}^*、p_{12}^* 代入式（5-11）中的目标函数可得销售商的相应最大利润为

$$\Pi^*=\frac{(1-c)(2m+1-\beta-c-\beta c)}{4}+\frac{\lambda(\delta m-\beta c)^2}{\delta(2\beta-\delta)^2}+\left[\frac{1+c}{2}-\frac{m(1-\lambda)}{\beta}-\frac{\lambda(2m-c)}{2\beta-\delta}\right](m-\beta c)\tag{5-12}$$

证毕。

由结论 5.3 可以看出，消费者中策略型消费者所占比例直接影响着销售商利润及两阶段跨期定价。另外，由结论 5.1、结论 5.2 和结论 5.3 可以看出，策略型消费者所占比例也直接影响消费者的购买决策。由结论 5.3 可得性质 5.1。

性质 5.1　销售商两阶段定价以及两产品的降价幅度均是市场中策略型消费者所占比例 λ 的减函数。

由一阶导数大于 0 易证性质 5.1 成立。

性质 5.1 表明，消费者中策略型消费者所占比例 λ 越大，商品两阶段价格越低，两产品的降价幅度越小。这是因为，策略型消费者所占比例越大，等至第二

阶段降价购买的数量越多。为促使策略型消费者尽早购买，销售商一方面降低第一阶段价格，另一方面降低价格折扣力度，减缓消费者等待动力。

5.4 数值模拟

本节结合两组具体的参数取值，借助数值模拟对 5.3 节的理论推导所得结论进行验证。

1）参数取值 1：β=0.6，δ=0.4，$c=0.1$

利用 MATLAB 软件模拟出当策略型消费者所占比例 λ 在 $[0,1]$ 区间递增时，两产品价格及销售商利润的变化情况，如图 5-4 所示。

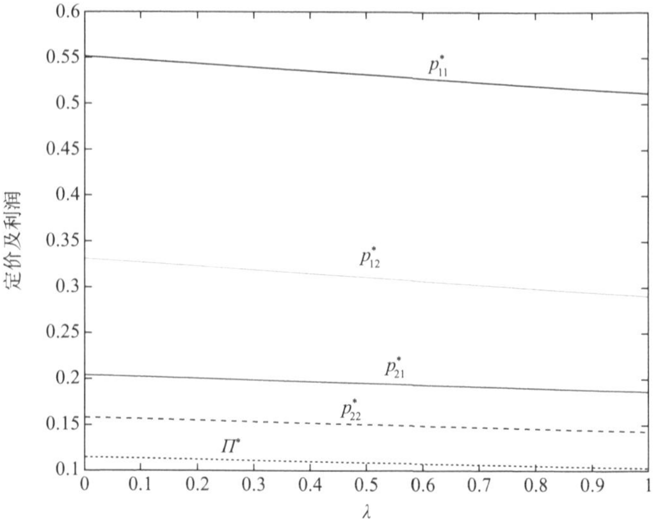

图 5-4　第一组参数取值下销售商定价及利润与 λ 的关系

图 5-4 表明，在第一组参数取值下，随着策略型消费者所占比例 λ 逐渐增大，两产品的两阶段价格及销售商利润 Π^* 均减小，产品 1、产品 2 的降价幅度 $p_{11}^*-p_{21}^*$、$p_{12}^*-p_{22}^*$ 也均呈递减趋势。

2）参数取值 2：β=0.8，δ=0.5，$c=0.4$

类似于第一组参数取值，利用 MATLAB 软件可以模拟出第二组参数取值下，当策略型消费者所占比例 λ 在 $[0,1]$ 区间递增时，两产品价格及销售商利润变化情况，如图 5-5 所示。

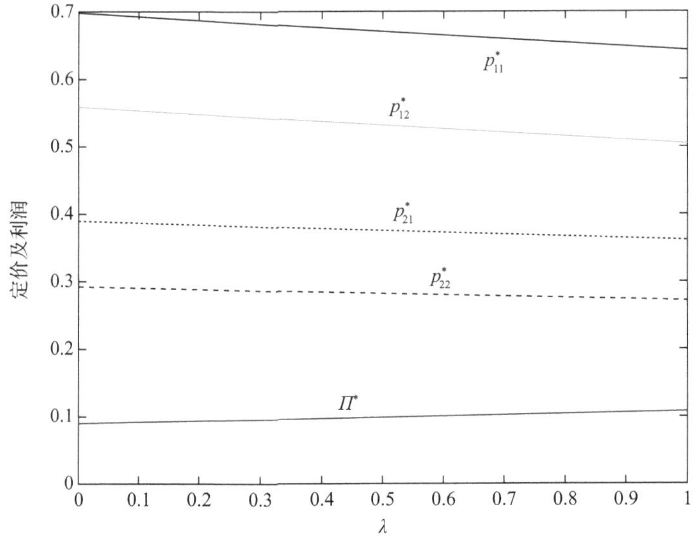

图 5-5　第二组参数取值下销售商定价及利润与 λ 的关系

由图 5-5 可以看出，在第二组参数取值下，随着策略型消费者所占比例在 $[0,1]$ 区间逐渐增大，销售商的两阶段定价及两产品的打折幅度也均减小，但销售商利润却是递增的。

综合以上两组数值模拟可以看出，销售商两阶段定价以及降价幅度都随着策略型消费者所占比例的增加而逐渐减小，此结论与理论推导所得性质 5.1 相同。

另外由图 5-4 可以看出，在第一组参数取值下，销售商利润随策略型消费者所占比例增大而减小。但由图 5-5 可以看出，在第二组参数取值下，销售商利润随策略型消费者所占比例增大而增大。这说明策略型消费者对销售商利润的影响是不确定的，要看产品成本、消费者的估价折扣因子、低质量产品的质量水平等参数的具体取值。换言之，当垄断商销售的产品为垂直差异替代品时，一定条件下，策略型消费者反而可以增加销售商利润。

已有考虑消费者策略行为的单产品跨期定价研究大多表明，销售商利润随策略型消费者所占比例增加而减小。但本节中参数取值不同的两组数值模拟表明，在研究考虑消费者策略行为跨期定价时，不能简单地把单产品销售情形下的结论推广到替代品的销售情形下。

5.5 本章小结

本章在产品供给充足、市场中短视型和策略型消费者并存的情形下，研究销售垂直替代品的垄断商的跨期定价，主要工作和结论如下。

（1）分析了估价不同的短视型和策略型消费者在销售商跨期定价策略下的购买决策，建立了销售商两阶段利润最大化模型，得出了销售商的两阶段定价及相应利润。

（2）讨论了消费者的不同构成比例对销售商两阶段定价的影响，即策略型消费者所占比例越大，商品两阶段价格越小，两产品的降价幅度也越小。为促使策略型消费者尽早购买，销售商可以降低第一阶段两产品价格，降低第二阶段两产品的打折力度以缩小产品的两阶段价格差，减弱消费者的等待动力。

（3）通过数值模拟对理论推导所得结论进行了验证。另外，借助数值模拟分析得到了策略型消费者占比对销售商利润的影响，即当策略型和短视型消费者并存且两替代品数量充足时，策略型消费者对销售商利润的影响取决于产品质量、成本以及消费者对产品的估价折扣因子等参数，一定参数取值下，销售商利润随策略型消费者所占比例增大而增大。

第6章　考虑策略型消费者及模仿产品质量不确定的竞争商定价

第5章研究的是替代品质量确定下的跨期定价问题，而本章研究的是存在质量不确定的替代品的跨期定价问题，研究销售初始时提供新产品的销售商和随后提供模仿产品的销售商间的竞争性定价问题，分析模仿产品质量的不同取值对两竞争销售商的定价和利润的影响。

本章首先分析不同估价的策略型消费者的购买决策，建立新产品销售商的两期利润最大化模型和模仿产品销售商的利润最大化模型，分析确定模仿产品各种质量可能下的新产品最优跨期价格和模仿产品最优价格，然后考察模仿产品质量的不同取值对两产品价格和销售商利润的影响，最后利用数值模拟验证所得结论。

6.1　问题描述

销售商1在销售期$[0,T]$内销售新产品1，销售刚开始时市场中只有其提供的产品1销售。T_0时刻销售商2开始销售产品1的模仿产品2，产品1和产品2只存在垂直差异，销售期间两产品数量充足。市场需求确定，消费者均为策略型，为方便建模，将其数量单位化为1，销售开始前消费者全部到达市场。

销售商1和消费者根据市场信息、以往销售经验等知道T_0时刻会有模仿产品销售，但不知道其确切质量，只知道其质量X为服从$(0,1)$上均匀分布的随机变量。当产品 2 开始销售后，销售商 1 和消费者才能观察到产品 2 的确切质量 x（x 由产品 2 的供应商外生确定）。销售商 1 观察到产品 2 的质量之后，对产品 1 进行打折销售，以应对销售商 2 的竞争。

为方便表达，以 T_0 时刻为界将销售期分为两个阶段，T_0 时刻之前为第一阶段，之后为第二阶段。销售进入第二阶段后，消费者对产品的估价因时间流逝而产生折扣，折扣因子为 δ。销售过程中，销售商 1 决策产品 1 的两阶段价格，销售商 2 决策产品 2 的 T_0 时刻价格。产品的销售过程是消费者、销售商 1 和销售商 2 三方之间的动态博弈过程。销售开始时销售商 1 给出产品 1 的第一阶段价格 p_{11}。消费者结合 p_{11}、市场需求等信息，对第二阶段各种质量可能下的产品 2 的价格和产品 1 的折扣价格进行理性预期，并通过比较第一阶段的消费剩余和第二阶段的期望剩余，决定第一阶段购买还是等至第二阶段购买，以追求消费剩余最大化。T_0 时刻销售商 2 开始销售产品 2，销售商 1 观察到产品 2 的质量 x 和价格 p_2 后立即给出产品 1 的折扣价格 p_{21}，销售进入第二阶段。等待至第二阶段的消费者比较此时购买产品 1 和产品 2 的消费剩余，决定购买何种产品或者离开市场。两阶段销售过程中事件发生时序如图 6-1 所示。

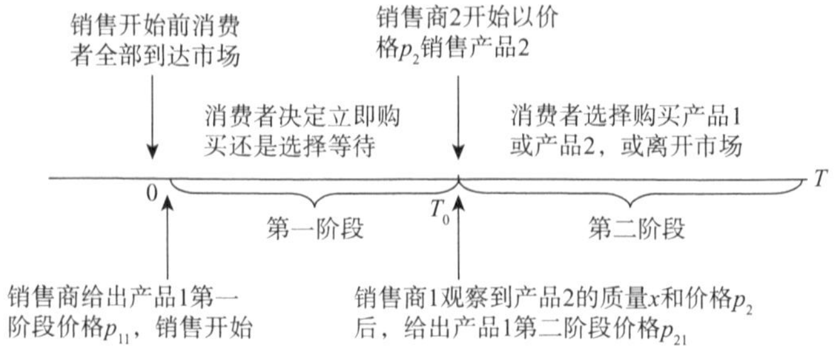

图 6-1　两阶段销售过程中事件发生时序图

需要说明的是，第二阶段开始时，销售商 1 会先观察产品 2 的质量和价格，再给出产品 1 的折扣价格。这是因为，如果销售商 1 首先给出产品价格，或者与销售商 2 同时给出产品价格，由于销售商 1 不能提前获知产品 2 的确切质量及定价，只能基于期望利润最大化进行第二阶段的价格决策，这将导致其第二阶段定价不能实现最优，进而导致其第一阶段定价也不能最优化。因此，第二阶段定价时，销售商 1 会先观察产品 2 的质量和价格后再给出定价。虽然销售商 1 在第二阶段的定价博弈中处于跟从地位，但在整体价格动态博弈过程中处于先动地位，具有先动优势。

6.2　消费者购买行为分析

6.1 节对消费者、销售商 1 和销售商 2 三方的动态博弈过程进行了描述。本节结合策略型消费者的效用，分析不同估价的消费者何时购买何产品，以确定购买决策相同的消费者规模。

由于消费者的策略购买性，其到达市场后会结合产品 1 的当前价格 p_{11} 及市场需求等信息，对第二阶段各种质量可能下的产品 2 的价格和产品 1 的折扣价格进行理性预期，并通过比较第一阶段的消费剩余和第二阶段的期望剩余，决定立即购买产品 1 还是等至第二阶段购买产品 1 或产品 2。

令

$$v_0 = p_{11} + E_X \max\left(\delta v_0 - p_{21}^*(X), \delta X v_0 - p_2^*(X), 0\right) \quad (6\text{-}1)$$

则消费者的购买决策可由如下结论 6.1 描述。

结论 6.1　估价大于等于 v_0 的消费者在第一阶段购买产品 1，估价小于 v_0 的消费者等待至第二阶段再做选择。其中 p_{11} 为销售商 1 给出的产品 1 第一阶段的价格，$p_{21}^*(x)$、$p_2^*(x)$ 为消费者对产品质量为 x 时的第二阶段两产品的价格预期。

证明： 估价为 v 的消费者第一阶段购买产品 1 所得的消费剩余为 $v - p_{11}$，第二阶段购买所得的期望剩余为 $E_X \max\left(\delta v - p_{21}^*(X), \delta X v - p_2^*(X), 0\right)$，则两阶段购买无差异的消费者的估价 v_0 应满足

$$v_0 - p_{11} = E_X \max\left(\delta v_0 - p_{21}^*(X), \delta X v_0 - p_2^*(X), 0\right)$$

令 $h(v) = v - p_{11} - E_X \max\left(\delta v - p_{21}^*(X), \delta X v - p_2^*(X), 0\right)$，易知 $h(v)$ 为增函数，且由上段分析可知有 $h(v_0) = 0$ 成立。从而对任意的 $v \geqslant v_0$，有 $h(v) \geqslant 0$ 成立，即 $v - p_{11} \geqslant E_X \max\left(\delta v - p_{21}^*(X), \delta X v - p_2^*(X), 0\right)$ 成立，这表明估价大于等于 v_0 的消费者第一阶段购买所得消费剩余较大，应选择第一阶段购买产品 1。同理可证估价小于 v_0 的策略型消费者应选择第二阶段购买产品 1 或产品 2。证毕。

等待至第二阶段的消费者观察到产品 2 的质量 x 和价格 p_2 以及产品 1 的折扣价格 p_{21} 后，做出购买选择。令 $v_1 = \dfrac{p_{21} - p_2}{\delta(1-x)}$、$v_2 = \dfrac{p_2}{\delta x}$，则第二阶段中消费者的购买决策可由如下结论 6.2 描述。

结论 6.2　等至第二阶段的消费者中估价满足 $v_2 \leqslant v \leqslant v_1$ 的消费者购买产品 2，估价满足 $v_1 \leqslant v \leqslant v_0$ 的消费者购买产品 1，其余消费者不购买产品。

证明：本阶段内，估价为 v 的消费者购买两产品所得消费剩余分别为 $\delta v - p_{21}$、$\delta xv - p_2$，则第二阶段购买两产品无差异的消费者的估价 v_1 应满足 $\delta v_1 - p_{21} = \delta xv_1 - p_2$，即

$$v_1 = \frac{p_{21} - p_2}{\delta(1-x)} \tag{6-2}$$

令 $l(v) = \delta v - p_{21} - (\delta xv - p_2)$，由式（6-2）可知 $l(v_1) = 0$。又易知 $l(v)$ 为增函数，对任意的 $v_1 \leqslant v < v_0$，有 $l(v) \geqslant 0$ 成立，即 $\delta v - p_{21} \geqslant \delta xv - p_2$ 成立。这表明估价满足 $v_1 \leqslant v < v_0$ 的消费者第二阶段购买产品 1 所获剩余较大，应选择购买产品 1。类似地，可证明存在 $v_2 = \dfrac{p_2}{\delta x}$，满足 $v_2 \leqslant v < v_1$ 的消费者第二阶段购买产品 2。证毕。

由结论 6.1 及结论 6.2 可以看出，无论产品 2 的质量如何取值，都存在着一组相应的值 v_0、v_1、v_2，依据消费者对产品的不同估值，将他们的购买决策分割成如图 6-2 所示的四部分。其中，v_0 与产品 2 质量水平 x 无关，而 v_1、v_2 分别是 x 的函数，这表明估价较高的消费者的购买决策与产品 2 的确切质量无关，估价较低的消费者的购买决策则视产品 2 的质量水平而定。

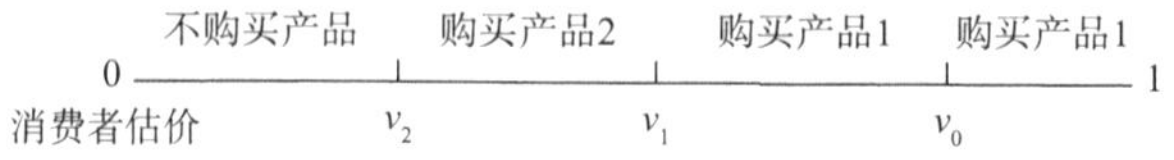

图 6-2　消费者购买决策分割图

6.3　销售商价格策略

由结论 6.1 及结论 6.2 关于消费者的购买选择论断，可得销售商 1 第一阶段的利润函数为

$$\Pi_{11} = (1 - v_0)(p_{11} - c) \tag{6-3}$$

第二阶段利润函数为

$$\Pi_{21} = (v_0 - v_1)(p_{21} - c) = \frac{(p_{21} - c)\left[v_0\delta(1-x) - p_{21} + p_2\right]}{\delta(1-x)} \tag{6-4}$$

销售商 2 的利润函数为

$$\Pi_2=\left(v_1-v_2\right)\left(p_2-xc\right)=\frac{\left(xp_{21}-p_2\right)\left(p_2-xc\right)}{\delta x(1-x)} \tag{6-5}$$

6.1 节对策略型消费者、销售商 1 和销售商 2 之间的动态博弈进行了描述，下面基于销售商对最大化利润的追求以及消费者对最大化消费剩余的追求，借助式（6-3）~式（6-5），给出销售商 1、销售商 2 及策略型消费者三方之间动态博弈的子博弈精炼纳什均衡定义。

定义 6.1 称满足以下方程组：

$$p_{21}^*(x)=\underset{p_{21}(x)}{\arg\max}\,\Pi_{21}\left(x,p_{21}(x),p_2^*(x),v_0\right) \tag{6-6}$$

$$p_2^*(x)=\underset{p_2(x)}{\arg\max}\,\Pi_2\left(p_2,p_{12}^*(x),v_0,x\right) \tag{6-7}$$

$$v_0-p_{11}=E_X\max\left(\delta v_0-p_{21}^*(X),\delta Xv_0-p_2^*(X),0\right) \tag{6-8}$$

$$p_{11}^*=\underset{p_{11}}{\arg\max}\,E\left\{\Pi_{11}\left(p_{11}\right)+\Pi_{21}^*\left(p_{11}\right)\right\} \tag{6-9}$$

的解 $p_{21}^*(x)$、$p_2^*(x)$、v_0及 p_{11}^*为策略型消费者、销售商 1 和销售商 2 三方之间动态博弈的子博弈精炼纳什均衡。其中，x为产品 2 的质量（x可为$[0,1]$中的任意值），Π_{11}、Π_{21}、Π_2见式（6-3）~式（6-5）。

上述定义中式（6-6）表明，当销售进入第二阶段时，在已知v_0、产品 2 的质量x及价格 $p_2^*(x)$的情况下，销售商 1 的第二阶段定价 p_{21}^*应使其第二阶段利润最大化。式（6-7）表明，在v_0可知、产品 2 质量x已知的情况下，销售商 2 在对产品 1 第二阶段价格 $p_{21}^*(x)$进行预期的基础上给出产品 2 的最优价格 $p_2^*(x)$。式（6-8）为两阶段购买无差异的消费者的估价 v_0应满足的关系，其左端为第一阶段购买所获消费剩余，右端为等至第二阶段所获期望剩余。消费者通过比较自身估价v与临界估价v_0的关系选择在何时购买产品（选择标准参见结论 6.1），换言之，v_0是每个消费者的决策依据（也可称v_0为消费者的购买策略）。式（6-9）表明，产品 1 的第一阶段价格应使销售商 1 两阶段期望利润和最大。

销售商 1 的均衡策略包括 p_{11}^*和 $p_{21}^*(x)$，销售商 2 的均衡策略为 $p_2^*(x)$，消费者的购买策略为v_0。以下将借助子博弈精炼纳什均衡的求解过程，分析确定两产品的最优定价。根据逆向归纳解法，首先建立两销售商第二阶段的利润最大化模型，求出产品 2 质量x的各种可能取值下产品 1 的最优折扣价格 $p_{21}^*(x)$、产品 2 的最优价格 $p_2^*(x)$，之后建立销售商 1 的利润最大化模型，确定其第一阶段定价 p_{11}^*。

6.3.1　竞争期两产品价格

第二阶段产品 2 投放市场，产品 1 开始与产品 2 进行竞争性销售。第二阶段开始时，产品 1 的第一阶段价格 p_{11}、产品 2 的质量 x 均已知，临界估价 v_0 也可由市场中的剩余人数推知。

考虑从临界估价 v_0 给定时开始的子博弈。该子博弈是销售商 2 主导、销售商 1 跟从的价格主从博弈：销售商 2 首先给出产品 2 的价格 p_2，销售商 1 观察到 p_2 后给出产品 1 的价格 p_{21}。对该子博弈求解依然用逆向归纳法，先通过建立销售商 1 第二阶段利润最大化模型，求出 p_{21}，然后建立销售商 2 利润最大化模型，求出 p_2。

由式（6-4）可建立销售商 1 的第二阶段利润最大化模型：

$$\max \Pi_{21}\left(v_0,x,p_2,p_{21}\right)=\frac{\left(p_{21}-c\right)\left[v_0\delta(1-x)-p_{21}+p_2\right]}{\delta(1-x)} \tag{6-10}$$

$$\text{s.t.}\quad 0<p_{21}\leqslant p_{11}$$

由 $\dfrac{\mathrm{d}^2\Pi_{21}}{\mathrm{d}p_{21}^{\ 2}}=\dfrac{-1}{\delta(1-x)}<0$ 可知 Π_{21} 为 p_{21} 的凹函数，进而可知优化模型式（6-10）为严格凸规划，其 KKT 条件是最优解确定的充要条件。将其目标函数写成拉格朗日函数 $L_{21}=\Pi_{21}+k_1\left(p_{11}-p_{21}\right)+k_2p_{21}$，根据其 KKT 条件：

$$\begin{cases}\dfrac{\partial L_{21}}{\partial p_{21}}=0\\ k_1\left(p_{11}-p_{21}\right)=0\\ k_2p_{21}=0\\ k_i\geqslant 0,\ i=1,2\end{cases}$$

可得产品 1 第二阶段最优定价为

$$p_{21}^{*}(x)=\frac{v_0\delta(1-x)+p_2+c}{2} \tag{6-11}$$

销售商 2 在决策产品 2 的定价 p_2 时，会考虑到之后销售商 2 的最优价格反应，即会预期到产品 1 的第二阶段最优价格 p_{21}^{*}。把 p_{21}^{*} 代入销售商 2 的利润函数式（6-5）中，将 Π_2 进一步写成

$$\Pi_2\left(p_2\right)=\frac{\left(p_2-xc\right)\left\{x\left[v_0\delta(1-x)+c\right]+(x-2)p_2\right\}}{2\delta x(1-x)} \tag{6-12}$$

进而建立销售商 2 的利润最大化模型为

$$\max \Pi_2\left(x,v_0,p_2\right)=\frac{\left(p_2-xc\right)\left\{x\left[v_0\delta(1-x)+c\right]+(x-2)p_2\right\}}{2\delta x(1-x)} \tag{6-13}$$

$$\text{s.t.}\quad 0<p_2\leqslant p_{21}^*$$

因为第二阶段产品 1 的价格应不低于产品 2 的价格，所以应有 $p_2\leqslant p_{21}^*$，此即式（6-13）中的约束条件。

由 $\dfrac{\mathrm{d}^2\Pi_2}{\mathrm{d}{p_2}^2}=\dfrac{x-2}{2\delta x(1-x)}<0$ 可知 Π_2 为 p_2 的凹函数，进而可知式（6-13）为严格凸规划，其 KKT 条件是最优解确定的充要条件。将其目标函数写成如下拉格朗日函数 $L_2=\Pi_2+k_1\left(p_{21}^*-p_2\right)+k_2p_2$ 形式，由其 KKT 条件：

$$\begin{cases}\dfrac{\partial L_2}{\partial p_2}=0\\ k_1\left(p_{21}^*-p_2\right)=0\\ k_2p_2=0\\ k_i\geqslant 0,\ i=1,2\end{cases}$$

可求出产品 2 的最优定价为

$$p_2^*(x)=\frac{x\left[v_0\delta(1-x)+(3-x)c\right]}{2(2-x)} \tag{6-14}$$

将 p_2^* 代入式（6-11）可将 $p_{21}^*(x)$ 进一步写成

$$p_{21}^*(x)=\frac{v_0\delta(1-x)(4-x)+(4+x-x^2)c}{4(2-x)} \tag{6-15}$$

对产品 2 的质量 x 在 $[0,1]$ 上的任意可能取值都有

$$\delta v_0-p_{21}^*(x)-\left[\delta xv_0-p_2^*(x)\right]=\frac{(\delta v_0-c)(1-x)(4-x)}{4(2-x)}>0$$

从而式（6-1）可被进一步写为 $v_0-p_{11}=E_X\max\left(\delta v_0-p_{21}^*(X),0\right)$，即

$$v_0-p_{11}=\int_0^1\max\left(\delta v_0-p_{21}^*(x),0\right)\mathrm{d}x \tag{6-16}$$

将 $p_{21}^*(x)$ 代入式（6-16）可求出

$$v_0=\frac{p_{11}-0.72c}{1-0.72\delta} \tag{6-17}$$

将 v_0 代入式（6-14）、式（6-15）可将 $p_2^*(x)$、$p_{21}^*(x)$ 进一步写成

$$\begin{cases} p_2^*(x)=\dfrac{\delta x(1-x)p_{11}+xc\left[3-x-1.44\delta(2-x)\right]}{2(1-0.72\delta)(2-x)} \\ p_{21}^*(x)=\dfrac{\delta(1-x)(4-x)p_{11}+c\left[4+x-x^2-2.88\delta(2-x)\right]}{4(1-0.72\delta)(2-x)} \end{cases} \tag{6-18}$$

将式（6-17）、式（6-18）代入式（6-4）和式（6-5），可将销售商 2 利润、销售商 1 第二阶段利润进一步写成

$$\begin{cases} \Pi_2^*(p_{11},x)=\dfrac{x(1-x)(\delta p_{11}-c)^2}{8\delta(2-x)(1-0.72\delta)^2} \\ \Pi_{21}^*(p_{11},x)=\dfrac{(1-x)(4-x)^2(\delta p_{11}-c)^2}{16\delta(2-x)^2(1-0.72\delta)^2} \end{cases} \tag{6-19}$$

进一步地，可求出销售商 1 第二阶段的期望利润为

$$E_X\left(\Pi_{21}^*(p_{11},X)\right)=\int_0^1\Pi_{21}^*\mathrm{d}x=\frac{5(\delta p_{11}-c)^2}{32\delta(1-0.72\delta)^2} \tag{6-20}$$

6.3.2　销售商利润及最优定价

本节首先分析第一阶段定价，然后进一步求出产品的两阶段最优定价及销售商相应利润。

第一阶段开始时，销售商 1 给出产品的第一阶段价格 p_{11}。面对 p_{11}，消费者基于对第二阶段的价格预期做出购买决策。根据理性预期均衡理论，消费者对第二阶段两产品的预期价格即第二阶段两产品的实际定价。

将式（6-3）和式（6-20）相加可得销售商 1 总的期望利润函数：

$$\begin{aligned} \Pi_1&=\Pi_{11}+\Pi_X\left(\Pi_{21}^*(p_{11},X)\right) \\ &=(p_{11}-c)\left(1-\frac{p_{11}-0.72c}{1-0.72\delta}\right)+\frac{5(\delta p_{11}-c)^2}{32\delta(1-0.72\delta)^2} \end{aligned} \tag{6-21}$$

进而可建立销售商 1 期望利润最大化模型：

$$\max \Pi_1=(p_{11}-c)\left(1-\frac{p_{11}-0.72c}{1-0.72\delta}\right)+\frac{5(\delta p_{11}-c)^2}{32\delta(1-0.72\delta)^2} \tag{6-22}$$

$$\text{s.t.}\ \ 0<p_{11}\leqslant 1$$

由 $\dfrac{\mathrm{d}^2\Pi_1}{\mathrm{d}{p_{11}}^2}=\dfrac{28.04\delta-32}{32(1-0.72\delta)^2}<0$ 可知 Π_1 为 p_{11} 的凹函数，进而可知优化模型式（6-22）为严格凸规划，其 KKT 条件是最优解确定的充要条件。将其目标函数写成拉格

售商利润趋于 0。

证明： 由 $\frac{\partial p_{11}^*}{\partial x}=0$、$\frac{\partial \Pi_1^*(x)}{\partial x}=\frac{(x-4)(2-x+x^2)(\delta k-c)^2}{8\delta(1-0.72\delta)^2(2-x)^3}<0$、$\frac{\partial p_{21}^*(x)}{\partial x}=\frac{(6+x^2-4x)(c-\delta k)}{4(1-0.72\delta)(2-x)^2}<0$ 可知，随着产品 2 的质量 x 增大，p_{11}^* 不变，$p_{21}^*(x)$、$\Pi_1^*(x)$ 均减小。又因为 $\frac{\partial p_2^*(x)}{\partial x}=\frac{(2-4x+x^2)(\delta k+c-1.44\delta c)+c(4-2.88\delta)}{2(1-0.72\delta)(2-x)^2}$ 在 $x\in\left(0,\ 2-\sqrt{\frac{2(\delta k-c)}{\delta k+c-1.44\delta c}}\right]$ 时大于等于 0，在 $x\in\left(2-\sqrt{\frac{2(\delta k-c)}{\delta k+c-1.44\delta c}},1\right)$ 时小于 0；$\frac{\partial \Pi_2^*(x)}{\partial x}=\frac{(x-4)(x^2-4x+2)(\delta k-c)^2}{8\delta(1-0.72\delta)^2(2-x)^2}$ 在 $x\in\left(0,\ 2-\sqrt{2}\right]$ 时大于等于 0，在 $x\in\left(2-\sqrt{2},1\right)$ 时小于 0，可知 $p_2^*(x)$、$\Pi_2^*(x)$ 随 x 增大时均呈先增大后减小趋势。当 x 取值趋于 1 时，由结论 6.3 可知结论后半部分成立。证毕。

在销售商 1 的利润及定价方面，性质 6.2 表明，虽然销售商 1 不知道产品 2 的确切质量，但产品 1 第一阶段定价并不受产品 2 质量不确定的影响。产品 2 的质量 x 越高，销售商 1 的利润越低。这是因为 x 越大，意味着产品 2 对产品 1 的竞争性越强，这将导致产品 1 第二阶段的价格和利润均降低，进而导致销售商 1 总利润降低（销售商第一阶段利润与产品 2 的质量无关）。

在销售商 2 的利润及定价方面，性质 6.2 表明，产品 2 的质量水平对销售商 2 的利润及定价的影响都不是线性的，而是呈先增大后减小趋势。这是因为，当产品 2 的质量水平 x 由 0 逐渐增大至 $2-\sqrt{\frac{2(\delta k-c)}{\delta k+c-1.44\delta c}}$（见性质 6.2 的证明过程）前，因质量提高所带来的价格和利润的增加幅度大于因竞争增强所带来的价格降低和利润的减小幅度，因此，在产品 2 的质量 x 增加到一定程度之前，销售商 2 的定价和利润与 x 的变化正相关。但当 x 增大到 $2-\sqrt{\frac{2(\delta k-c)}{\delta k+c-1.44\delta c}}$ 后，两产品质量差减小到一定范围内，产品 2 因质量提高所带来的价格和利润增加幅度小于因竞争增强所带来的价格降低和利润减小幅度。逐渐增强的竞争性使两产品价格均降低，特别地，当 x 增大到趋于最大值 1 时，产品 1 和产品 2 趋于同质，两产品趋于完全竞争状态，此时两产品价格均降至成本 0（可将 $x=1$ 代入最优价格表达式得 $p_{21}^*(1)=p_2^*(1)=c$ 进行验证）。

性质 6.2 还表明，对销售商 2 而言，并非产品 2 的质量越高或者越低越好。

若产品 2 的质量越低，其在与产品 1 的竞争销售中越处于劣势，产品 1 的质量优势越明显，特别地，当产品 2 的质量趋于 0 时，销售商 1 几乎处于垄断地位，产品 2 的竞争力几乎为 0。相反，若产品 2 的质量越高，其与产品 1 的竞争越激烈，对竞争双方都不利，特别地，当产品 2 的质量与产品 1 相同时，两产品第二阶段处于完全竞争状态，第二阶段两销售商利润均为 0。

6.4　数值模拟

本节结合具体参数取值，通过数值模拟对 6.3 节理论推导所得的结论进行验证。不妨令 $c=0.1$ ，$\delta=0.8$ 。

借助 MTALAB 软件可模拟出当产品 2 的质量 x 在 $(0,1)$ 区间变化时，两产品价格及两销售商利润随 x 的变化趋势图，如图 6-3 所示。

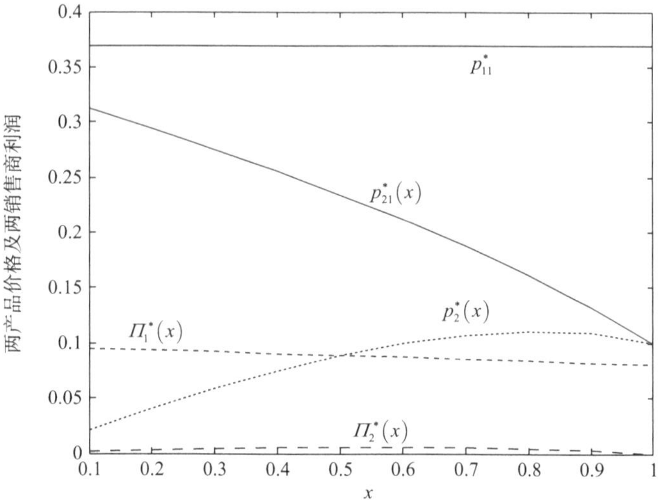

图 6-3　两产品价格及两销售商利润关于 x 的灵敏度

由图 6-3 可看出，随着产品 2 的质量 x 逐渐增大：①在产品价格方面，产品 1 第一阶段的最优定价 p_{11}^* 不受 x 影响，固定不变，第二阶段定价 $p_{21}^*(x)$ 不断减小；产品 2 的价格 $p_2^*(x)$ 则呈先增大后减小趋势，在质量水平 $x=2-\sqrt{\dfrac{2(\delta k-c)}{\delta k+c-1.44\delta c}}=0.79$ 处时达到最大；②在销售商利润方面，销售商 1 的利润 $\Pi_1^*(x)$ 不断减小，销售商 2 的利润 $\Pi_2^*(x)$ 则呈先增大后减小趋势。

观察图 6-3 还可以发现，当 x 趋于最大值 1 时，即模仿产品的质量与新产品质量趋于相同时，两产品第二阶段处于完全竞争状态，两产品第二阶段价格趋于 $p_{21}^*(1)=p_2^*(1)=c=0.1$，此时两产品单位利润均趋于 0。

以上数值模拟结果与性质 6.2 是一致的。

图 6-3 同时表明，无论产品 2 的质量水平 x 如何，销售商 1 的利润 $\Pi_1^*(x)$ 始终大于销售商 2 的利润 $\Pi_2^*(x)$。此结果也与性质 6.1 一致。

6.5 本 章 小 结

本章在产品供给充足、消费者均为策略型的情形下，研究提供新产品与提供模仿产品（模仿产品在销售开始前质量不确定）的销售商间的竞争定价，主要工作和结论如下。

（1）分析了不同估价消费者的购买决策，建立了销售商 1 的两阶段利润最大化模型和销售商 2 的利润最大化模型，得到了产品 1 的最优跨期价格和产品 2 的最优价格，以及两销售商的相应利润。

（2）分析了模仿产品的不同质量水平对两产品定价和两销售商利润的影响。研究发现，随着模仿产品质量增大，新产品第一阶段价格不变，第二阶段价格及其销售商利润均减小；模仿产品价格及其销售商利润则呈先增大后减小趋势，特别地，当模仿产品与新产品质量趋于相同时，两产品的单位利润及模仿产品销售商利润趋于 0。

（3）比较并得到了模仿产品销售商与新产品销售商之间的利润关系，即无论模仿产品的质量水平如何，凭借先动优势，作为博弈先行者的新产品销售商所获利润总大于作为跟从者的模仿产品销售商所获利润。

（4）利用数值模拟对理论所得结论进行了验证。

第 7 章　考虑策略型消费者的多资源产品跨期定价

第 5 章和第 6 章研究的是替代品跨期定价，本章则尝试研究多资源产品的跨期定价，即网络收益管理中的跨期定价，探讨不同需求类型的策略型消费者的构成比例及产品初始数量的取值变化对销售商收益和跨期定价的影响。

本章首先分析不同需求类型、不同估价的策略型消费者的购买决策，建立两竞争销售商各自的两期收益最大化模型，分析确定各产品的两期定价，然后研究产品初始数量的不同取值及不同需求的消费者比例对销售商收益及跨期定价的影响，最后借助数值模拟对所得结论进行验证。

7.1　问题描述与假设

1. 问题描述

销售期$\left[0,T\right]$内，销售商 1 销售初始数量有限的产品 1 和产品 2，销售商 2 销售初始数量有限的产品 3。有些消费者只需购买产品 1 或产品 2，有些消费者则需同时购买产品 1 和产品 2。产品 1 和产品 2 两种产品和的功能与产品 3 的功能相同，换言之，产品 1+产品 2 可作为产品 3 的替代品。以计算机销售为例，销售商 1 分别销售台式机的主机和显示器，而销售商 2 则销售笔记本电脑。有些消费者已有显示器，只需购买主机，有些消费者已有主机，只需购买显示器，还有一部分则需同时购买主机和显示器，或者直接购买笔记本电脑。又如，在航空业中，某航空公司 1 有 A 地到 B 地的航班，也有 B 地到 C 地的航班，航空公司 2 有 A

地直飞 C 地的航班。有些乘客只需从 A 地到 B 地，有些乘客只需从 B 地到 C 地，也有乘客需从 A 地到 C 地。从 A 地到 C 地的乘客可选择先从 A 地到 B 地，再从 B 地到 C 地，也可乘坐航空公司 2 的航班从 A 地直飞 C 地。

Talluri 和 van Ryzin（2004）曾对网络收益管理进行过定义，他们认为网络收益管理是关于多资源产品的收益管理，而多资源产品是指产品由多种资源组成，任何一种资源的不足都将限制产品的销售。根据该定义，本章中产品 1+产品 2 即为多资源产品，本章所研究的跨期定价属于网络收益管理中的跨期定价问题。

本章中销售商 1 和销售商 2 所提供的产品种类及初始数量如图 7-1 所示。

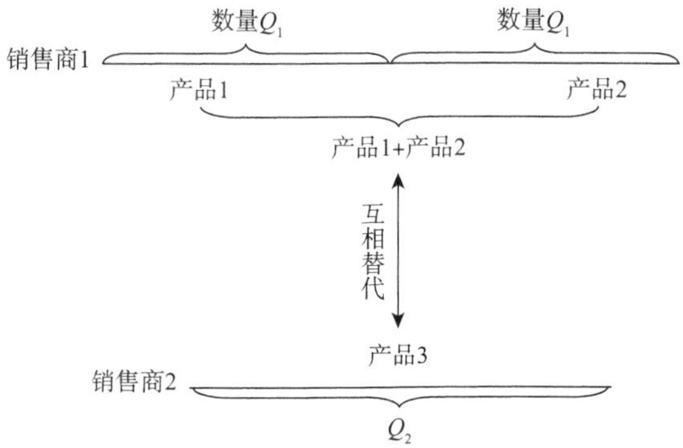

图 7-1　两竞争销售商提供的产品及数量图

消费者全为策略型，数量确定，标准化为 1，其中只购买产品 1 的消费者所占比例为 μ_1，只购买产品 2 的消费者所占比例为 μ_2，需要购买产品 3 或者同时购买产品 1 和产品 2 的消费者所占比例为 $1-\mu_1-\mu_2$。

两竞争销售商均采用跨期定价策略。需要说明的是，本章不考虑第二阶段产品的可得性因素，不通过故意制造第二阶段消费者买不到产品的可能性来迫使消费者尽早购买，而是通过制定第二阶段较高的折扣价格来削弱消费者的策略等待行为，使他们尽早购买。

产品销售过程是两竞争销售商和策略型消费者之间的动态博弈过程。销售过程中事件发生时序如图 7-2 所示。

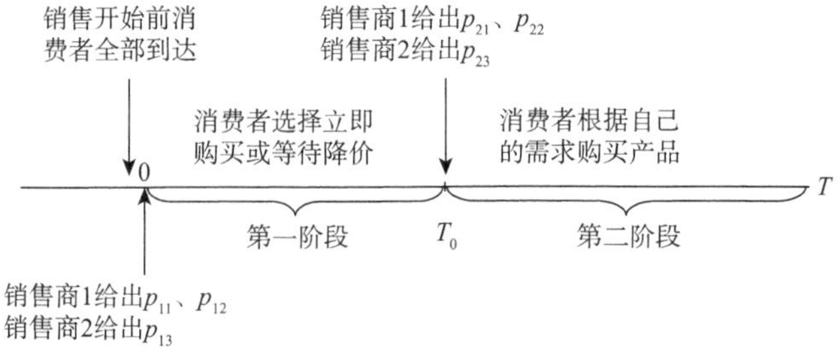

图 7-2　销售过程中事件发生时序图

两销售商决策各自产品的两阶段价格，消费者做出最优购买决策。销售开始前，消费者全部到达市场。销售开始时，销售商 1 和销售商 2 分别给出各自产品的第一阶段价格，消费者基于当前价格对第二阶段产品价格进行理性预期，并比较两阶段购买剩余做出购买决策。T_0 时刻，销售商根据各自产品剩余数量给出第二阶段价格，等至第二阶段的消费者做出购买决策。

2. 假设

假设 7.1　消费者估价假设。消费者对产品 1 的估价 v 服从 $[0,1]$ 上的均匀分布，对产品 2 的估价为 $\gamma v(0<\gamma<1)$，对产品 3 的估价为 $\beta v(\beta>1+\gamma)$。消费者第二阶段对产品的估价发生折扣，折扣因子为 $\delta(0<\delta<1)$。

假设 7.2　产品数量假设。产品 1 和产品 2 的数量均为 Q_1（因为产品 1+产品 2 可替代产品 3，从这个角度可视产品 1 和产品 2 为互补品，因此假设两产品数量相同），产品 3 的数量为 Q_2。

假设 7.3　优先购买假设。当第一阶段产品 1+产品 2 的价格与第二阶段产品 3 的价格相等时，消费者优先购买产品 1+产品 2（此假设即 $\beta\delta<1+\gamma$）。

7.2　消费者购买分析

本节结合消费者的购买效用，对估价不同、有不同产品需求的策略型消费者的购买决策进行分析，以确定购买决策相同的消费者规模。

消费者到达市场后，会结合三种产品的第一阶段定价 p_{11}、p_{12}、p_{13} 及其他市场信息对第二阶段产品的价格进行预期，并结合预期价格对两阶段购买消费剩余进行比较，做出最优购买决策。

令 $v_1^1=\dfrac{p_{11}-p_{21}}{1-\delta}$、$v_1^2=\dfrac{p_{21}}{\delta}$、$v_2^1=\dfrac{p_{12}-p_{22}}{\gamma(1-\delta)}$、$v_2^2=\dfrac{p_{22}}{\gamma\delta}$，其中 p_{21}、p_{22} 为消费者对第二阶段两产品的价格预期。对只需要产品 1 或只需要产品 2 的消费者，得出描述其购买决策的结论 7.1。

结论 7.1　只需要产品 $i(i=1,2)$ 的消费者中估价满足 $v_i^1\leqslant v\leqslant 1$ 的在第一阶段购买，满足 $v_i^2\leqslant v<v_i^1$ 的等至第二阶段购买，其余消费者不购买产品。其中 p_{21}、p_{22} 为消费者对两产品第二阶段的预期价格。

证明：只需要产品 1 的消费者两阶段购买产品 1 所得剩余分别为 $v-p_{11}$、

$\delta v - p_{21}$，则两阶段购买无差异的消费者的估价 v_1^1 应满足 $v_1^1 - p_{11} = \delta v_1^1 - p_{21}$，即 $v_1^1 = \dfrac{p_{11} - p_{21}}{1-\delta}$，类似地，可得第二阶段购买产品 1 和不购买的消费者的估价为 $v_1^2 = \dfrac{p_{21}}{\delta}$。

不难证明，当 $v_1^1 \leqslant v \leqslant 1$ 时，有 $v - p_{11} \geqslant \delta v - p_{21}$ 成立，这表明估价满足 $v \in \left[v_1^1, 1\right]$ 的消费者第一阶段购买所得剩余大于第二阶段，应在第一阶段购买。类似地，可知估价满足 $v \in \left[v_1^2, v_1^1\right)$ 的消费者应等到第二阶段购买，其余消费者不购买。

类似可证结论 7.1 其余部分成立。证毕。

令 $v_3^1 = \dfrac{p_{13} - p_{11} - p_{12}}{\beta - 1 - \gamma}$、$v_3^2 = \dfrac{p_{11} + p_{12} - p_{23}}{1 + \gamma - \alpha\beta}$、$v_3^3 = \dfrac{p_{23} - p_{21} - p_{22}}{\delta\left(\beta - 1 - \gamma\right)}$、$v_3^4 = \dfrac{p_{21} + p_{22}}{\alpha\left(1+\gamma\right)}$，对同时需要产品 1 和产品 2 或者只需要产品 3 的消费者，得出描述其购买决策的结论 7.2。

结论 7.2　同时需要产品 1 和产品 2 或只需要产品 3 的消费者中，估价满足 $v_3^1 \leqslant v \leqslant 1$ 的在第一阶段购买产品 3，满足 $v_3^2 \leqslant v < v_3^1$ 的在第一阶段购买产品 1 和产品 2，满足 $v_3^3 \leqslant v < v_3^2$ 的等至第二阶段购买产品 3，满足 $v_3^4 \leqslant v < v_3^3$ 的等至第二阶段购买产品 1 和产品 2。其中 p_{21}、p_{22}、p_{23} 为消费者对三种产品第二阶段的预期价格。

证明： 消费者第一阶段购买产品 3 与购买产品 1+产品 2 所得剩余分别为 $\beta v - p_{13}$、$\left(1+\gamma\right)v - p_{11} - p_{12}$，第二阶段购买所得剩余分别为 $\delta\beta v - p_{23}$、$\delta\left(1+\gamma\right)v - p_{21} - p_{22}$。令第一阶段购买产品 3 与购买产品 1+产品 2 无差异的消费者的估价为 v_3^1、两阶段购买无差异的消费者的估价为 v_3^2、第二阶段购买产品 3 与同时购买产品 1 和产品 2 无差异的消费者估价为 v_3^3、第二阶段购不购买产品无差异的消费者的估价为 v_3^4，则 v_3^1、v_3^2、v_3^3、v_3^4 应满足：

$$
\begin{cases}
\beta v_3^1 - p_{13} = v_3^1\left(1+\gamma\right) - p_{11} - p_{12} \\
\max\left(\beta v_3^2 - p_{13}, \left(1+\gamma\right)v_3^2 - p_{11} - p_{12}\right) = \max\left(\delta\beta v_3^2 - p_{23}, \delta\left(1+\gamma\right)v_3^2 - p_{21} - p_{22}\right) \\
\delta\beta v_3^3 - p_{23} = \delta\left(1+\gamma\right)v_3^3 - p_{21} - p_{22} \\
\delta\left(1+\gamma\right)v_3^4 - p_{21} - p_{22} = 0
\end{cases}
\tag{7-1}
$$

由式（7-1）中第二个等式易知，估价 $v \geqslant v_3^2$ 的所有消费者均在第一阶段购买。再由第一个等式可知，估价满足 $v \geqslant v_3^1 = \dfrac{p_{13} - p_{11} - p_{12}}{\beta - 1 - \gamma}$ 的所有消费者均在第一阶段购买产品 1，由消费者的估价连续性假设，可知 $v_3^1 \geqslant v_3^2$，且估价满足

$v_3^2 \leqslant v < v_3^1$ 的消费者将在第一阶段购买产品 1+产品 2。由 $v_3^1 \geqslant v_3^2$ 及式（7-1）中第一个等式可得关系 $\beta v_3^2 - p_{13} \leqslant (1+\gamma)v_3^2 - p_{11} - p_{12}$，可将式（7-1）中第二个等式简化为

$$(1+\gamma)v_3^2 - p_{11} - p_{12} = \max\left(\delta\beta v_3^2 - p_{23}, \delta(1+\gamma)v_3^2 - p_{21} - p_{22}\right) \quad (7\text{-}2)$$

由式（7-1）中第三个等式、第四个等式可得 $v_3^3 = \dfrac{p_{23} - p_{21} - p_{22}}{\delta(\beta - 1 - \gamma)}$、$v_3^4 = \dfrac{p_{21} + p_{22}}{\alpha(1+\gamma)}$，不难证明估价满足 $v_3^3 \leqslant v < v_3^2$ 的消费者选择第二阶段购买产品 3，估价满足 $v_3^4 \leqslant v < v_3^3$ 的消费者选择第二阶段购买产品 1+产品 2。再由 $v_3^3 \leqslant v < v_3^2$ 及式（7-1）中的第三个等式，可知关系 $\delta\beta v_3^2 - p_{23} > \delta(1+\gamma)v_3^2 - p_{21} - p_{22}$ 成立，再将式（7-2）简化为 $(1+\gamma)v_3^2 - p_{11} - p_{12} = \delta\beta v_3^2 - p_{23}$，求出 $v_3^2 = \dfrac{p_{11} + p_{12} - p_{23}}{1 + \gamma - \alpha\beta}$。证毕。

7.3　销售商定价

基于 7.2 节对策略型消费者的购买分析，本节采用逆向归纳法分析求解各种产品的两阶段最优价格。7.3.1 节首先求解产品的第二阶段定价。

7.3.1　折扣期定价分析

第二阶段开始时，两销售商根据各自产品的剩余数量及市场中消费者剩余数量，给出本阶段的产品定价。

对销售商 2 第二阶段的任意定价 p_{23}，由结论 7.1、结论 7.2 关于消费者的购买决策描述，可得销售商 1 相应的第二阶段收益函数为

$$\begin{aligned}\Pi_{21}(p_{21}, p_{22}) = &\frac{\mu_1 p_{21}(\delta p_{11} - p_{21})}{\delta(1-\delta)} + \frac{\mu_2 p_{22}(\delta p_{12} - p_{22})}{\gamma\delta(1-\delta)} \\ &+ \frac{(1-\mu_1-\mu_2)(p_{21}+p_{22})\left[(1+\gamma)p_{23} - \beta(p_{21}+p_{22})\right]}{\delta(1+\gamma)(\beta-1-\gamma)}\end{aligned}$$

收益最大化模型为

$$\max \Pi_{21}(p_{21},p_{22})=\frac{\mu_1 p_{21}(\delta p_{11}-p_{21})}{\delta(1-\delta)}+\frac{\mu_2 p_{22}(\delta p_{12}-p_{22})}{\gamma\delta(1-\delta)}+\frac{(1-\mu_1-\mu_2)(p_{21}+p_{22})\left[(1+\gamma)p_{23}-\beta(p_{21}+p_{22})\right]}{\delta(1+\gamma)(\beta-1-\gamma)}$$

$$\text{s.t.}\begin{cases} Q_1-\mu_1\left(1-\dfrac{p_{21}}{\delta}\right)-(1-\mu_1-\mu_2)\left[\dfrac{p_{13}-p_{11}-p_{12}}{\beta-1-\gamma}-\dfrac{p_{11}+p_{12}-p_{23}}{1+\gamma-\alpha\beta}\right. \\ \left.+\dfrac{p_{23}-p_{21}-p_{22}}{\delta(\beta-1-\gamma)}-\dfrac{p_{21}+p_{22}}{\alpha(1+\gamma)}\right]\geqslant 0 \\ Q_1-\mu_2\left(1-\dfrac{p_{22}}{\gamma\delta}\right)-(1-\mu_1-\mu_2)\left[\dfrac{p_{13}-p_{11}-p_{12}}{\beta-1-\gamma}-\dfrac{p_{11}+p_{12}-p_{23}}{1+\gamma-\alpha\beta}\right. \\ \left.+\dfrac{p_{23}-p_{21}-p_{22}}{\delta(\beta-1-\gamma)}-\dfrac{p_{21}+p_{22}}{\alpha(1+\gamma)}\right]\geqslant 0 \\ p_{21}、p_{22}>0 \end{cases} \tag{7-3}$$

我们不考虑产品第二阶段的可得性因素，即产品不会缺货，则第二阶段初产品 1 和产品 2 的剩余量应大于等于本阶段的实际需求量，此即式（7-3）的第一式和第二式约束。

由黑塞矩阵：

$$H=\frac{-2}{\delta}\begin{pmatrix} \dfrac{\mu_1}{1-\delta}+\dfrac{\beta(1-\mu_1-\mu_2)}{(1+\gamma)(\beta-1-\gamma)} & \dfrac{\beta(1-\mu_1-\mu_2)}{(1+\gamma)(\beta-1-\gamma)} \\ \dfrac{\beta(1-\mu_1-\mu_2)}{(1+\gamma)(\beta-1-\gamma)} & \dfrac{\mu_2}{\gamma(1-\delta)}+\dfrac{\beta(1-\mu_1-\mu_2)}{(1+\gamma)(\beta-1-\gamma)} \end{pmatrix}$$

为负定阵，可知式（7-3）的目标函数 $\Pi_{21}(p_{21},p_{22})$ 为严格凹函数，再由约束条件均为线性，可判定式（7-3）为严格凸规划，其 KKT 条件是确定最优解的充要条件。将其目标函数写成拉格朗日函数：

$$L=\Pi_{21}+k_3 p_{21}+k_4 p_{22}+k_1\left\{Q_1-\mu_1\left(1-\frac{p_{21}}{\delta}\right)-(1-\mu_1-\mu_2)\left[\frac{p_{13}-p_{11}-p_{12}}{\beta-1-\gamma}-\frac{p_{11}+p_{12}-p_{23}}{1+\gamma-\alpha\beta}+\frac{p_{23}-p_{21}-p_{22}}{\delta(\beta-1-\gamma)}-\frac{p_{21}+p_{22}}{\alpha(1+\gamma)}\right]\right\}+k_2\left\{Q_1-\mu_2\left(1-\frac{p_{22}}{\gamma\delta}\right)-(1-\mu_1-\mu_2)\left[\frac{p_{13}-p_{11}-p_{12}}{\beta-1-\gamma}-\frac{p_{11}+p_{12}-p_{23}}{1+\gamma-\alpha\beta}+\frac{p_{23}-p_{21}-p_{22}}{\delta(\beta-1-\gamma)}-\frac{p_{21}+p_{22}}{\alpha(1+\gamma)}\right]\right\}$$

由其 KKT 条件：

$$\begin{cases} \dfrac{\partial L}{\partial p_{21}} = \dfrac{\partial L}{\partial p_{22}} = 0 \\ k_3 p_{21} = k_4 p_{22} = 0 \\ k_1 \left\{ Q_1 - \mu_1 \left(1 - \dfrac{p_{21}}{\delta} \right) - (1 - \mu_1 - \mu_2) \left[\dfrac{p_{13} - p_{11} - p_{12}}{\beta - 1 - \gamma} - \dfrac{p_{11} + p_{12} - p_{23}}{1 + \gamma - \alpha\beta} \right.\right. \\ \qquad \left.\left. + \dfrac{p_{23} - p_{21} - p_{22}}{\delta(\beta - 1 - \gamma)} - \dfrac{p_{21} + p_{22}}{\alpha(1 + \gamma)} \right] \right\} = 0 \\ k_2 \left\{ Q_1 - \mu_2 \left(1 - \dfrac{p_{22}}{\gamma\delta} \right) - (1 - \mu_1 - \mu_2) \left[\dfrac{p_{13} - p_{11} - p_{12}}{\beta - 1 - \gamma} - \dfrac{p_{11} + p_{12} - p_{23}}{1 + \gamma - \alpha\beta} \right.\right. \\ \qquad \left.\left. + \dfrac{p_{23} - p_{21} - p_{22}}{\delta(\beta - 1 - \gamma)} - \dfrac{p_{21} + p_{22}}{\alpha(1 + \gamma)} \right] \right\} = 0 \\ k_i \geqslant 0,\ i = 1, 2, 3, 4 \end{cases}$$

可得到

$$\begin{cases} p_{21} = \delta \left[1 - \dfrac{\mu_2 (1 + \gamma)(Q_1 + Q_1)}{\gamma \mu_1 (1 - \mu_1) + \mu_2 (1 - \mu_2)} \right] \\ p_{22} = \gamma\delta \left[1 - \dfrac{\mu_1 (1 + \gamma)(Q_1 + Q_1)}{\gamma \mu_1 (1 - \mu_1) + \mu_2 (1 - \mu_2)} \right] \end{cases} \tag{7-4}$$

对销售商 1 第二阶段的任意定价 p_{21}、p_{22}，由结论 7.2 关于消费者的购买决策描述，可得销售商 2 相应的第二阶段收益函数：

$$\Pi_{22}(p_{23}) = (1 - \mu_1 - \mu_2) p_{23} \left[\frac{p_{11} + p_{12} - p_{23}}{1 + \gamma - \delta\beta} - \frac{p_{23} - p_{21} - p_{22}}{\delta(\beta - 1 - \gamma)} \right]$$

相应的收益最大化模型为

$$\max \Pi_{22}(p_{23}) = (1 - \mu_1 - \mu_2) p_{23} \left[\frac{p_{11} + p_{12} - p_{23}}{1 + \gamma - \delta\beta} - \frac{p_{23} - p_{21} - p_{22}}{\delta(\beta - 1 - \gamma)} \right]$$

$$\text{s.t.} \begin{cases} Q_2 - (1 - \mu_1 - \mu_2) \left[1 - \dfrac{p_{13} - p_{11} - p_{12}}{\beta - 1 - \gamma} + \dfrac{p_{11} + p_{12} - p_{23}}{1 + \gamma - \alpha\beta} - \dfrac{p_{23} - p_{21} - p_{22}}{\delta(\beta - 1 - \gamma)} \right] \geqslant 0 \\ p_{23} - p_{21} - p_{22} > 0 \end{cases} \tag{7-5}$$

因为产品 3 第二阶段不会缺货，所以产品 3 第一阶段末的剩余量不小于第二阶段的实际销量，此即式（7-5）的第一式约束。另外，由于产品 3 的质量高于产品 1+产品 2，应有 $p_{23} > p_{21} + p_{22}$，此即式（7-5）的第二式约束。

由 $\dfrac{\mathrm{d}\Pi_{22}}{\mathrm{d}p_{23}}=-2\left(1-\mu_1-\mu_2\right)\left[\dfrac{1}{1+\gamma-\delta\beta}+\dfrac{1}{\delta\left(\beta-1-\gamma\right)}\right]<0$，可知 Π_{22} 为凹函数。再由约束条件均为线性，可知式（7-5）为严格凸规划，其 KKT 条件是确定最优解的充要条件。将其目标函数写成拉格朗日函数：

$$
\begin{aligned}
L=&\left(1-\mu_1-\mu_2\right)p_{23}\left[\frac{p_{11}+p_{12}-p_{23}}{1+\gamma-\delta\beta}-\frac{p_{23}-p_{21}-p_{22}}{\delta\left(\beta-1-\gamma\right)}\right]+k_1p_{23}+k_2\left(p_{23}-p_{21}-p_{22}\right)\\
&+k_3\left\{Q_2-\left(1-\mu_1-\mu_2\right)\left[1-\frac{p_{13}-p_{11}-p_{12}}{\beta-1-\gamma}+\frac{p_{11}+p_{12}-p_{23}}{1+\gamma-\alpha\beta}-\frac{p_{23}-p_{21}-p_{22}}{\delta\left(\beta-1-\gamma\right)}\right]\right\}
\end{aligned}
$$

由 KKT 条件：

$$
\begin{cases}
\dfrac{\partial L}{\partial p_{23}}=0\\
k_1p_{23}=k_2\left(p_{23}-p_{21}-p_{22}\right)=0\\
k_3\left\{Q_2-\left(1-\mu_1-\mu_2\right)\left[1-\dfrac{p_{13}-p_{11}-p_{12}}{\beta-1-\gamma}+\dfrac{p_{11}+p_{12}-p_{23}}{1+\gamma-\alpha\beta}-\dfrac{p_{23}-p_{21}-p_{22}}{\delta\left(\beta-1-\gamma\right)}\right]\right\}=0\\
k_1、k_2、k_3\geqslant 0
\end{cases}
$$

可得

$$
\begin{aligned}
p_{23}=&\frac{\delta\beta\left(p_{11}+p_{12}\right)}{1+\gamma}\\
&+\frac{\delta\left(1+\gamma-\delta\beta\right)}{\left(1+\gamma\right)\left(1-\delta\right)}\left[\left(\beta-1-\gamma\right)\left(1-\frac{Q_2}{1-\mu_1-\mu_2}\right)+\frac{p_{21}+p_{22}}{\delta}-p_{13}\right]
\end{aligned}
\tag{7-6}
$$

联立式（7-4）和式（7-6），可得第二阶段三种产品的最优价格分别为

$$
\begin{cases}
p_{21}^*=\delta\left[1-\dfrac{\mu_2\left(1+\gamma\right)\left(Q_1+Q_1\right)}{\gamma\mu_1\left(1-\mu_1\right)+\mu_2\left(1-\mu_2\right)}\right]\\
p_{22}^*=\gamma\delta\left[1-\dfrac{\mu_1\left(1+\gamma\right)\left(Q_1+Q_1\right)}{\gamma\mu_1\left(1-\mu_1\right)+\mu_2\left(1-\mu_2\right)}\right]\\
p_{23}^*=\dfrac{\delta\beta\left(p_{11}+p_{12}\right)}{1+\gamma}-\dfrac{\delta\left(1+\gamma-\delta\beta\right)p_{13}}{\left(1+\gamma\right)\left(1-\delta\right)}\\
\qquad+\dfrac{\delta\left(1+\gamma-\delta\beta\right)}{\left(1+\gamma\right)\left(1-\delta\right)}\left[\beta-\dfrac{\left(\beta-1-\gamma\right)Q_2}{1-\mu_1-\mu_2}-\dfrac{\left(1+\gamma\right)\left(\mu_1\gamma+\mu_2\right)\left(Q_1+Q_2\right)}{\gamma\mu_1\left(1-\mu_1\right)+\mu_2\left(1-\mu_2\right)}\right]
\end{cases}
$$

7.3.2　两期最优定价

基于 7.3.1 节对两竞争销售商第二阶段的折扣定价分析，本节首先求出三种产品的第一阶段最优定价，之后得出两期最优定价。

对销售商 2 第一阶段的任意定价 p_{13}，由结论 7.1 和结论 7.2 对消费者的购买决策描述，可得销售商 1 第一阶段收益函数为

$$\Pi_{11}\left(p_{11},p_{12}\right)=\mu_1 p_{11}\left(1-\frac{p_{11}-p_{21}}{1-\delta}\right)+\mu_2 p_{12}\left[1-\frac{p_{12}-p_{22}}{\gamma(1-\delta)}\right]$$
$$+\left(1-\mu_1-\mu_2\right)\left(p_{11}+p_{12}\right)\left(\frac{p_{13}-p_{11}-p_{12}}{\beta-1-\gamma}-\frac{p_{11}+p_{12}-p_{23}}{1+\gamma-\delta\beta}\right)$$

进而可得销售商 1 两阶段收益和函数为

$$\begin{aligned}
&\Pi_1\left(p_{11},p_{12}\right)\\
&=\Pi_{11}+\Pi_{21}^*\\
&=\mu_1 p_{11}\left(1-\frac{p_{11}}{1-\delta}\right)+\left(1-\mu_1-\mu_2\right)\left(p_{11}+p_{12}\right)\left(\frac{p_{13}-p_{11}-p_{12}}{\beta-1-\gamma}-\frac{p_{11}+p_{12}}{1+\gamma-\delta\beta}\right)\\
&\quad+\frac{\mu_2 p_{22}^*\left(2\delta p_{12}-p_{22}^*\right)}{\gamma\delta(1-\delta)}+\frac{\mu_1 p_{21}^*\left(2\delta p_{11}-p_{21}^*\right)}{\delta(1-\delta)}+\mu_2 p_{12}\left[1-\frac{p_{12}}{\gamma(1-\delta)}\right]\\
&\quad+\left(1-\mu_1-\mu_2\right)p_{23}^*\left[\frac{p_{11}+p_{12}}{1+\gamma-\delta\beta}+\frac{p_{21}^*+p_{22}^*}{\delta(\beta-1-\gamma)}\right]-\frac{\beta\left(1-\mu_1-\mu_2\right)\left(p_{21}^*+p_{22}^*\right)^2}{\delta(1+\gamma)(\beta-1-\gamma)}
\end{aligned}$$

相应的收益最大化模型为

$$\begin{aligned}
&\max \Pi_1\left(p_{11},p_{12}\right)\\
&\text{s.t. } p_{11}、p_{12}\geqslant 0
\end{aligned}\tag{7-7}$$

经验证，Π_1 的黑塞矩阵：

$$H=-2\begin{pmatrix}\dfrac{\beta\left(1-\mu_1-\mu_2\right)}{(1+\gamma)(\beta-1-\gamma)}+\dfrac{\mu_1}{1-\delta} & \dfrac{\beta\left(1-\mu_1-\mu_2\right)}{(1+\gamma)(\beta-1-\gamma)}\\ \dfrac{\beta\left(1-\mu_1-\mu_2\right)}{(1+\gamma)(\beta-1-\gamma)} & \dfrac{\beta\left(1-\mu_1-\mu_2\right)}{(1+\gamma)(\beta-1-\gamma)}+\dfrac{\mu_2}{\gamma(1-\delta)}\end{pmatrix}$$

为负定阵，可知 Π_1 为凹函数，进而可知式（7-7）为严格凸规划，其 KKT 条件是确定最优解的充要条件。将其目标函数写成拉格朗日函数为 $L=\Pi_1+\lambda_1 p_{11}+\lambda_2 p_{12}$，由其 KKT 条件：

$$\begin{cases}\dfrac{\partial \Pi_1}{\partial p_{11}}=\dfrac{\partial \Pi_1}{\partial p_{12}}=0\\ \lambda_1 p_{11}=\lambda_2 p_{12}=0,\ \lambda_1、\lambda_2\geqslant 0\end{cases}$$

可得

$$\begin{cases} p_{11}=A_1\left[A_2+\dfrac{(1-\mu_1-\mu_2)(1+\gamma-\delta\beta)p_{13}}{(1-\delta)(1+\gamma)(\beta-1-\gamma)}\right] \\ p_{12}=\dfrac{\mu_1\gamma A_1}{\mu_2}\left[A_2+\dfrac{(1-\mu_1-\mu_2)(1+\gamma-\delta\beta)p_{13}}{(1-\delta)(1+\gamma)(\beta-1-\gamma)}\right]+\dfrac{\gamma(1+\delta)(\mu_2-\mu_1)}{2\mu_2} \end{cases} \tag{7-8}$$

式中

$$\begin{cases} A_1=\dfrac{\mu_2(1-\delta)(1+\gamma)(\beta-1-\gamma)}{2\left[\mu_1\mu_2(1+\gamma)(\beta-1-\gamma)+\beta(1-\delta)(\mu_2+\gamma\mu_1)(1-\mu_1-\mu_2)\right]} \\ A_2=(1-\mu_1-\mu_2)\left\{\dfrac{\delta\beta\left[\beta-\delta(1+\gamma)\right]}{(1-\delta)(1+\gamma)(\beta-1-\gamma)}-\dfrac{\beta\gamma(1+\delta)(\mu_2-\mu_1)}{\mu_2(1+\gamma)(\beta-1-\gamma)}\right. \\ \quad\left.-\dfrac{\delta(Q_1+Q_2)(\mu_1\gamma+\mu_2)\left[\beta(2-\delta)-1-\gamma\right]}{(1-\delta)(\beta-1-\gamma)\left[\gamma\mu_1(1-\mu_1)+\mu_2(1-\mu_2)\right]}\right\}-\dfrac{\delta Q_2(\beta-1-\gamma)}{(1-\delta)(1+\gamma)} \\ \quad+\dfrac{\mu_1}{1-\delta}\left[1+\delta-\dfrac{2\delta\mu_2(1+\gamma)(Q_1+Q_2)}{\gamma\mu_1(1-\mu_1)+\mu_2(1-\mu_2)}\right] \end{cases}$$

对销售商 1 第一阶段的任意定价 p_{11}、p_{12}，由结论 7.2 可得销售商 2 第一阶段收益函数为 $\Pi_{12}(p_{13})=p_{13}(1-\mu_1-\mu_2)\left(1-\dfrac{p_{13}-p_{11}-p_{12}}{\beta-1-\gamma}\right)$，两阶段收益和函数为

$$\begin{aligned} &\Pi_2(p_{13}) \\ &=\Pi_{12}+\Pi_{22}^* \\ &=(1-\mu_1-\mu_2)\left(p_{13}\left(1-\frac{p_{13}-p_{11}-p_{12}}{\beta-1-\gamma}\right)+\frac{\delta}{1+\gamma}\left(\frac{Q_2}{1-\mu_1-\mu_2}-1+\frac{p_{13}-p_{11}-p_{12}}{\beta-1-\gamma}\right)\right. \\ &\quad\left.\cdot\left\{\beta(p_{11}+p_{12})+\frac{1+\gamma-\delta\beta}{1-\delta}\left[\beta-p_{13}-\frac{(\beta-1-\gamma)Q_2}{1-\mu_1-\mu_2}-\frac{(1+\gamma)(\mu_1\gamma+\mu_2)(Q_1+Q_2)}{\gamma\mu_1(1-\mu_1)+\mu_2(1-\mu_2)}\right]\right\}\right) \end{aligned}$$

相应的收益最大化模型为

$$\begin{aligned} &\max \Pi_2(p_{13}) \\ &\text{s.t.}\begin{cases} p_{13}\geqslant p_{11}+p_{12} \\ p_{11}、p_{12}\geqslant 0 \end{cases} \end{aligned} \tag{7-9}$$

由 $\dfrac{\mathrm{d}\Pi_2}{\mathrm{d}p_{13}}=\dfrac{-2(1+\gamma-\beta\delta^2)}{(1-\delta)(1+\gamma)(\beta-1-\gamma)}<0$，可知 Π_2 为凹函数，再由约束条件均为线性可知式（7-9）为严格凸规划，其 KKT 条件是确定最优解的充要条件。将其目标函数写成拉格朗日函数为

$$L = \Pi_1 + k_1\left(p_{13} - p_{11} - p_{12}\right) + k_2 p_{11} + k_3 p_{12}$$

由其 KKT 条件：

$$\begin{cases} \dfrac{\partial \Pi_1}{\partial p_{13}} = 0 \\ k_1\left(p_{13} - p_{11} - p_{12}\right) = k_2 p_{11} = k_3 p_{12} = 0,\ k_1, k_2, k_3 \geqslant 0 \end{cases}$$

可得

$$p_{13} = \frac{\delta\left(1+\gamma-\delta\beta\right)}{2\left(1+\gamma-\delta^2\beta\right)}\left[2\beta - \frac{2Q_2\left(\beta-1-\gamma\right)}{1-\mu_1-\mu_2} - \frac{(1+\gamma)\left(Q_1+Q_2\right)\left(\gamma\mu_1+\mu_2\right)}{\gamma\mu_1\left(1-\mu_1\right)+\mu_2\left(1-\mu_2\right)}\right] + \frac{(1+\gamma)\left[\beta-1-\gamma-\delta\beta\left(1-\delta\right)\right]+\left(1+\gamma+\delta\beta-2\beta\delta^2\right)\left(p_{11}+p_{12}\right)}{2\left(1+\gamma-\delta^2\beta\right)} \tag{7-10}$$

令

$$\begin{aligned} B_1 = {} & \frac{2\left[\mu_1\left(1+\delta\right)\left(1+\gamma-\beta\delta^2\right)-\delta\beta Q_2\left(1-\delta\right)^2\right]}{\left(1+\gamma-\delta\beta\right)\left(1-\mu_1-\mu_2\right)} \\ & - \frac{4\delta\mu_1\mu_2\left(1+\gamma\right)\left(Q_1+Q_2\right)\left(1+\gamma-\beta\delta^2\right)}{\left(1-\mu_1-\mu_2\right)\left(1+\gamma-\delta\beta\right)\left[\gamma\mu_1\left(1-\mu_1\right)+\mu_2\left(1-\mu_2\right)\right]} \\ & + \frac{\delta\beta^2\left(1-3\delta-\delta^2+2\delta^3\right)+\left(1+\gamma\right)\left[\beta\left(1+2\delta-\delta^2\right)-1-\gamma\right]}{\left(\beta-1-\gamma\right)\left(1+\gamma-\delta\beta\right)} \\ & + \frac{\gamma\left(1+\delta\right)\left(\mu_2-\mu_1\right)}{\mu_2\left(1+\gamma\right)\left(\beta-1-\gamma\right)}\left[\frac{1+\gamma+\delta\beta-2\beta\delta^2}{2} - \frac{2\beta\left(1-\delta\right)\left(1+\gamma-\beta\delta^2\right)}{1+\gamma-\delta\beta}\right] \\ & - \frac{\delta\left(Q_1+Q_2\right)\left(\gamma\mu_1+\mu_2\right)\left\{\left(1+\gamma-\delta\beta\right)^2+2\left(1+\gamma-\beta\delta^2\right)\left[\beta\left(2-\delta\right)-1-\gamma\right]\right\}}{\left(\beta-1-\gamma\right)\left(1+\gamma-\delta\beta\right)\left[\gamma\mu_1\left(1-\mu_1\right)+\mu_2\left(1-\mu_2\right)\right]} \end{aligned}$$

$$\begin{aligned} B_2 = {} & \frac{4\left(1+\gamma-\beta\delta^2\right)\left[\mu_1\mu_2\left(1+\gamma\right)\left(\beta-1-\gamma\right)+\beta\left(1-\delta\right)\left(\gamma\mu_1+\mu_2\right)\left(1-\mu_1-\mu_2\right)\right]}{\mu_2\left(1+\gamma\right)\left(\beta-1-\gamma\right)\left(1-\mu_1-\mu_2\right)\left(1+\gamma-\delta\beta\right)} \\ & - \frac{\left(\gamma\mu_1+\mu_2\right)\left(1+\gamma+\delta\beta-2\beta\delta^2\right)}{\mu_2\left(1+\gamma\right)\left(\beta-1-\gamma\right)} \end{aligned}$$

联立式（7-8）和式（7-10）可得结论 7.3。

结论 7.3　三种产品第一阶段价格为

$$p_{11}^* = \frac{B_1}{B_2},\quad p_{12}^* = \frac{\mu_1\gamma B_1}{\mu_2 B_2} + \frac{\gamma\left(1+\delta\right)\left(\mu_2-\mu_1\right)}{2\mu_2}$$

$$p_{13}^{*}=\frac{\gamma(1+\delta)(\mu_2-\mu_1)\left(1+\gamma+\delta\beta-2\beta\delta^2\right)}{4\mu_2\left(1+\gamma-\delta^2\beta\right)}+\frac{(1+\gamma)\left[\beta-1-\gamma-\delta\beta(1-\delta)\right]}{2\left(1+\gamma-\delta^2\beta\right)}$$

$$+\frac{\delta(1+\gamma-\delta\beta)}{2\left(1+\gamma-\delta^2\beta\right)}\left[2\beta-\frac{2Q_2(\beta-1-\gamma)}{1-\mu_1-\mu_2}-\frac{(1+\gamma)(Q_1+Q_2)(\gamma\mu_1+\mu_2)}{\gamma\mu_1(1-\mu_1)+\mu_2(1-\mu_2)}\right]$$

$$+\frac{B_1(\mu_2+\gamma\mu_1)\left(1+\gamma+\delta\beta-2\beta\delta^2\right)}{2\mu_2B_2\left(1+\gamma-\delta^2\beta\right)}$$

第二阶段价格为

$$p_{21}^{*}=\delta\left[1-\frac{\mu_2(1+\gamma)(Q_1+Q_2)}{\gamma\mu_1(1-\mu_1)+\mu_2(1-\mu_2)}\right],\quad p_{22}^{*}=\gamma\delta\left[1-\frac{\mu_1(1+\gamma)(Q_1+Q_2)}{\gamma\mu_1(1-\mu_1)+\mu_2(1-\mu_2)}\right]$$

$$p_{23}^{*}=\frac{\delta\beta}{1+\gamma}\left[\frac{(\mu_2+\gamma\mu_1)B_1}{\mu_2B_2}+\frac{\gamma(1+\delta)(\mu_2-\mu_1)}{2\mu_2}\right]-\frac{\delta(1+\gamma-\delta\beta)p_{13}^{*}}{(1+\gamma)(1-\delta)}$$

$$+\frac{\delta(1+\gamma-\delta\beta)}{(1+\gamma)(1-\delta)}\left[\beta-\frac{(\beta-1-\gamma)Q_2}{1-\mu_1-\mu_2}-\frac{(1+\gamma)(\mu_1\gamma+\mu_2)(Q_1+Q_2)}{\gamma\mu_1(1-\mu_1)+\mu_2(1-\mu_2)}\right]$$

两销售商相应收益分别为 $\Pi_1^{*}=\Pi_1\left(p_{11}^{*},p_{12}^{*},p_{13}^{*}\right)$、$\Pi_2^{*}=\Pi_2\left(p_{11}^{*},p_{12}^{*},p_{13}^{*}\right)$。

证明： 联立式（7-8）、式（7-10）可得 p_{11}^{*}、p_{12}^{*}、p_{13}^{*}，再代入 p_{21}^{*}、p_{22}^{*}、p_{23}^{*} 和 Π_1、Π_2 的表达式可知结论 7.3 成立，证毕。

由结论 7.3 可得性质 7.1。

性质 7.1　随着 Q_1（Q_2）增加，三种产品的两阶段价格均减小。

证明： 由

$$\frac{\partial p_{11}^{*}}{\partial Q_1}=\frac{-\delta(Q_1+Q_2)}{B_2(1+\gamma-\delta\beta)\left[\gamma\mu_1(1-\mu_1)+\mu_2(1-\mu_2)\right]}\left(\frac{4\mu_1\mu_2(1+\gamma)\left(1+\gamma-\beta\delta^2\right)}{1-\mu_1-\mu_2}\right.$$
$$\left.+\frac{(\gamma\mu_1+\mu_2)\left\{(1+\gamma-\delta\beta)^2+2\left(1+\gamma-\beta\delta^2\right)\left[\beta(2-\delta)-1-\gamma\right]\right\}}{\beta-1-\gamma}\right)<0$$

及 $\dfrac{\partial p_{11}^{*}}{\partial Q_2}=\dfrac{\partial p_{11}^{*}}{\partial Q_2}-\dfrac{2\delta\beta Q_2(1-\delta)^2}{B_2(1+\gamma-\delta\beta)(1-\mu_1-\mu_2)}<0$ 可知 p_{11}^{*} 均为 Q_1 和 Q_2 的减函数。类似地，可证 p_{12}^{*}、p_{13}^{*}、p_{21}^{*}、p_{22}^{*}、p_{23}^{*} 也均为 Q_1 和 Q_2 的减函数，即证结论成立。证毕。

在市场潜在需求确定的情形下，性质 7.1 表明，当销售商 1 的产品初始数量 Q_1 增加时，销售商 1 会通过降低产品 1 和产品价 2 的价格来增加销量提高收益。但产品 1 和产品 2 的价格降低加剧了两销售商的竞争程度。为应对竞争，销售 2 降低产品 3 的价格以扩大销售量而降低损失。当产品 3 的初始数量 Q_2 逐渐增加时，三种产品的价格均降低的原因可类似推知。

7.4 数值模拟

本节结合具体参数取值，利用数值模拟对理论推导所得的结论进行验证，并借助数值模拟考察产品初始数量的变化对销售商收益的影响，以及有不同需求的消费者的构成比例对销售商跨期定价及收益的影响。取 $\delta=0.6$ ， $\beta=2$ ， $\gamma=0.8$ ， $\mu_1=0.2$ ， $\mu_2=0.3$ ， $Q_1=0.3$ ， $Q_2=0.4$ 。

1）Q_1 的取值变化对两销售商收益及跨期定价的影响

借助 MATLAB 软件可得三种产品的两期价格及两竞争销售商收益随 Q_1 的变化趋势如图 7-3 所示。由图 7-3 可以看出，随着 Q_1 逐渐增大，p_{11}^*、p_{12}^*、p_{13}^*、p_{21}^*、p_{22}^*、p_{23}^* 均递减，与性质 7.1 所述一致。

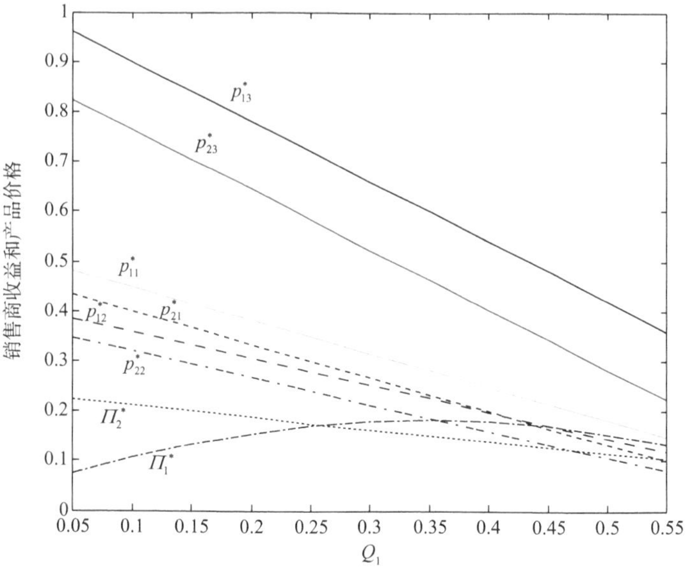

图 7-3　两销售商收益及跨期定价随 Q_1 变化趋势图

2）Q_2 的取值变化对两销售商收益及跨期定价的影响

借助 MATLAB 软件得到三种产品的两期价格及两竞争销售商的收益随 Q_2 的

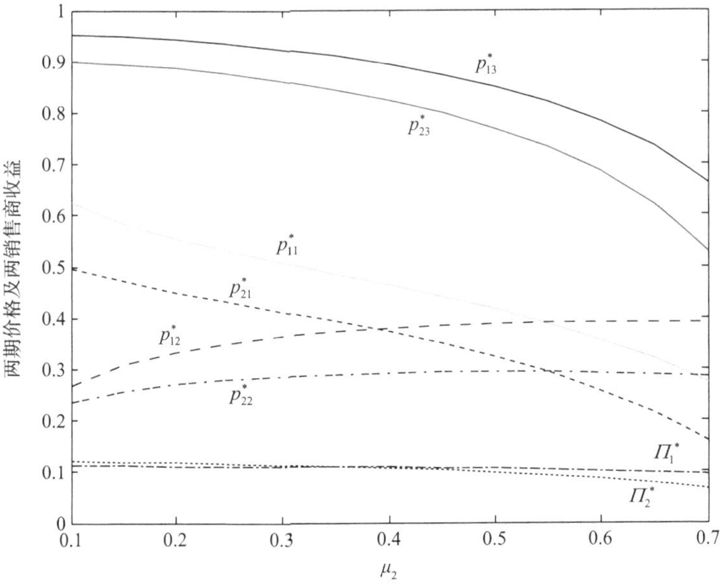

图 7-6　三种产品的两期价格及两销售商收益随 μ_2 的变化趋势

7.5　本 章 小 结

本章在产品初始数量有限的情形下，研究了竞争市场中的多产品跨期定价，考察提供两种产品的销售商与提供其替代品的销售商之间的竞争定价，主要工作和结论如下。

（1）对有不同产品需求、不同估价的策略型消费者的购买决策分别进行分析，建立了两竞争销售商各自的两期收益最大化模型，求出了三种产品的两阶段最优价格及两竞争商相应收益。

（2）分析了均衡价格的性质，考察了两销售商各自产品初始数量的取值变化对销售商收益及各种产品两期价格的影响，发现三种产品中任意产品初始数量的增加，都将导致三种产品的两阶段价格均减小。

（3）结合具体参数取值，利用两组数值模拟对理论推导所得结论进行了验证。

（4）通过数值模拟还观察到，随着任一销售商的产品初始数量增加，其竞争销售商收益递减，而自身收益先增大后减小。当只需要产品 1 的消费者所占比例递增时，产品 1 的两阶段价格递增，产品 2 和产品 3 的两阶段价格均递减，销售商 1 的收益递增，销售商 2 的收益递减。当只需要产品 2 的消费者所占比例递增时，产品 2 的两阶段价格递增，产品 1 和产品 3 的两阶段价格均递减，销售商 1 和销售商 2 的收益也均递减。

第四篇　考虑行为风险的跨期定价

本篇包括第8章～第11章，主要对考虑消费者行为风险的跨期定价进行研究。其中，第8章和第9章分别研究的是产品容量固定和可变的情形，第10章则考察市场中存在投机者的情形，第11章对全书进行总结，对未来研究进行展望。

第8章 容量不变下的定价与风险分析

第2章~第7章在研究单产品或多产品的跨期定价时，都没有考虑消费者的策略购买行为给销售商带来的隐性风险。本章在销售商销售单一产品且产品容量不变的情形下，研究销售商的最优跨期定价，分析消费者策略购买行为给销售商带来的收益和风险影响。

本章首先分析策略购买行为的价格依赖性、策略等待的消费者规模与供求（价值）结构关系，讨论销售商期望收益分别与策略等待需求及价格间的关系性质，探讨策略购买行为对市场各主体的收益或支付的影响，然后分析销售商风险分别与策略等待需求及价格间的相互关系，研究策略购买行为给销售商收益带来的新风险，最后结合等待购买的消费者数量与价格、期望收益及风险关系，研究销售商有限理性下的定价和配给策略。

8.1 问题描述与假设

在流通和服务性行业常有这样的现象：当宾馆的客房出现需求旺盛时，客房价格常会上涨；当物流运载工具临近出发时刻仍有空闲舱位时，物流公司也常会降价承揽生意“填补”空缺；当时尚品销售临近换季时，也常“跌血”杀价甩卖剩余。上述同质异价现象也常发生在航空机票、场馆门票、租赁资产等销售过程中，这些产品或服务（本书习惯统称商品）具有这样的共性：商品的销售期有限，期内商品总供给确定，而总需求不确定，且逾期未售商品的市场价值极低，有些甚至为零。

在总供给（初始容量/存量）确定，而需求不确定的市场中，往往会出现供求失衡状态。在不增加供给的情况下，销售商常试图通过改变商品价格，平衡供求以改善收益。销售商采取跨期定价方式应对市场需求不确定的情况，虽然对高价购买者来说，客观上确实受到了不公平价格歧视，但在供求较难匹配的易逝品市场中，高价购买者拥有更多的选购机会，相应的价格歧视感被高价优先权所稀释。在没有遭到太多抵制或异议下，跨期定价机制非但没有退出市场，反而越来越多的易逝品销售青睐这种定价形式，如宾馆客房和列车厢位等。然而，也正是跨期定价的广泛和频繁使用，将消费者"训练"得越来越聪明，越来越多的消费者学会了理智地安排购买时间方式以应对跨期定价。

策略型消费者刻意安排购买时机的结果，带来了需求时序结构的变化，也导致了引导价格走势的预期价格发生变化。这既给销售商的期望收益造成影响，也给销售商收益带来新的风险。一方面，预期价格常是定价的决策依据，销售商常会根据预期价格及时调价，这会影响最终期望总收益；另一方面，预期价格也常是消费者策略购买的价格参照，相应变化会引导消费者改变购买时机，形成的策略等待需求对应于未来的不确定价格，引发新的收益不确定风险。因此消费者购买行为影响期望收益和收益风险。

市场需求不确定和价格不确定都会导致销售商收益不确定性风险。在易逝品销售过程中，如果把长期收益最大化作为销售商追求的目标，那么销售商风险中性假设无疑是合理的，但现实中不少销售商需要考虑短期收益风险带来的问题，如资金流安全、投资者信心、管理者考评等。此外，还有策略购买行为产生新的收益不确定性风险，因此在相关考虑风险的定价中应有消费者行为因素。

上述问题背景表明，在关于易逝品销售的跨期定价中，应该考虑消费者行为的收益和风险影响。本章同时考虑行为和风险因素，基于有限理性（Simon，1955）方式，选择承担无法规避的市场需求风险，通过信息引导合理策略购买，有条件地消除策略购买行为风险，实现既定风险的预定收益目标。

本节首先描述模型相关要素的内涵，如市场主体属性或角色、供求价值结构内容，之后详细阐述市场主体行为时序，最后给出本章研究所需假设。

8.1.1　市场主体

在易逝品销售市场中，存在提供商品的销售商、意欲购买商品的高端消费者（指高保留价消费者，包括策略型消费者和随机型消费者）和低端消费者（指低保留价消费者）。对应高端消费者的购买需求称为高端需求（包括策略型消费者的固定需求和随机型消费者的不确定需求），低端消费者的购买需求称为低端需求。

在销售商采取跨期定价策略销售时，策略型消费者会以策略购买方式应对。

不过，在多阶段定价销售下会出现消费者行为策略网络化（即每一阶段出现的消费者可在此后任一阶段购买），相应定价和容量控制较为复杂，因此为便于问题分析，本章采取两阶段跨期定价形式研究。具体市场主体和行为时序等模型因素分述如下。

1. 销售商

销售商在有限销售期内供给商品总量为 c 单位，逾期剩余商品价值量为零。销售商采取两阶段跨期定价，第 t（$t=1,2$）阶段商品销售价格用 p_t 表示。在 $t=1$ 阶段基于追求目标确定商品价格 p_1，在 $t=2$ 阶段根据剩余供求状况选择商品价格 $\tilde{p}_2$，若剩余商品供剩余高端需求所获收益大，则选择较高售价 V_{H}；若剩余商品供低端需求所获收益大，则选择较低售价 V_{L}（$V_{\mathrm{L}}<V_{\mathrm{H}}$）。销售商追求有限理性目标，表现为根据行为风险、收益及价格函数，确定既定风险的期望收益及其定价策略。

2. 消费者

按最高可支付保留价的高低，可将消费者大体分为高低端两类。高端消费者都具有策略购买行为能力，仅有确定和不确定（随机）需求购买差异。在不影响问题分析结果的情况下（参见 8.2.3 节），假定 $t=1$ 阶段到达的消费者均为确定需求的策略型消费者，不确定需求的随机型消费者在 $t=2$ 阶段到达。尽管每个消费者都只需一个单位商品，但不同类型的消费者却因支付意愿不同而购买行为存在差异。

1）策略型消费者

策略型消费者在 $t=1$ 阶段出现，具有策略行为能力和意愿，构成相应固定需求部分 w（表示策略型消费者量，且 $w<c$），愿意支付商品的最高保留价为 V_{H}，购买行为受最高保留价和参考点——预期价格 $E(\tilde{p}_2)$ 限制（$E(\tilde{p}_2)$ 表示 $t=2$ 阶段商品随机价格 $\tilde{p}_2$ 的期望值，且 $E(\tilde{p}_2)\leqslant V_{\mathrm{H}}$），在价格满足不等式 $p_1\leqslant E(\tilde{p}_2)$ 的条件下，选择在 $t=1$ 阶段购买，否则等待至 $t=2$ 阶段购买（w_2 表示等至 $t=2$ 阶段的策略型消费者量，且 $w_2\leqslant w$）。

2）随机型消费者

随机型消费者在 $t=2$ 阶段初出现，他们已没有购买等待时间，构成相应随机需求部分 X（随机变量 X 的概率密度函数为 $f(x)$，当 $x\geqslant 0$ 时 $f(x)>0$，否则 $f(x)=0$；X 的分布函数为 $F(x)$），愿支付商品的最高保留价为 V_{H}，只要商品价格满足 $\tilde{p}_2\leqslant V_{\mathrm{H}}$ 条件，随机型消费者就愿意购买。

3）低端消费者

低端消费者在 $t=2$ 阶段初出现，因保留价较低而没有策略行为意愿或能力，构成消费需求中的低端需求部分，愿支付商品的最高保留价为 V_{L}。只要商品销售

价格满足不等式 $\tilde{p}_2 \leqslant V_{\mathrm{L}}$ 条件，市场上足够多的低端消费者可购完全部剩余商品。顺便说明，因为 $t=1$ 阶段随机需求尚不明朗，相应价格 $p_1=E(\tilde{p}_2)>V_{\mathrm{L}}$（详见 8.3 节部分），所以 $t=1$ 阶段低端消费者仅潜伏于市场。

8.1.2　行为时序

策略型消费者和随机型消费者的保留价或市场价值相同，因此在两阶段（预期）价格均衡的条件下，如果 $t=1$ 阶段多出一个（$t=2$ 阶段对应少一个）随机型消费者，那么 $t=2$ 阶段高价销售的机会减少，期望价格降低，等待购买预期支付减少；作为价格反应表现，将多出一个策略型消费者为预期低价等到 $t=2$ 阶段，期望价格又回升至原来的均衡价位，两阶段供求状况恢复如前，相对需求价值结构没有变化。可见，假定策略型消费者和随机型消费者分别于 $t=1$ 阶段和 $t=2$ 阶段到达，并不影响问题的理解与分析。

销售商采取两阶段跨期定价销售方式，策略型消费者策略性选择购买阶段。在两阶段均衡实现过程中，交易主体的供求时序和量价结构如图 8-1 所示。$t=1$ 阶段开始销售商提供总量 c 单位的商品，并确定商品销售价格 p_1，策略型消费者此后根据当时期望价格做出购买时机判断，决定是 $t=1$ 阶段购买还是等到 $t=2$ 阶段购买。在 $t=2$ 阶段初（理论上可抽象为两阶段之间）（Su，2010），随机型消费者出现在需求市场，此刻随机需求 X 成为可观察的需求量。$t=2$ 阶段开始商品剩余量为 c_2，销售商根据市场剩余需求选择价格 $\tilde{p}_2$ 为 V_{H} 或 V_{L}，销售剩余商品给各潜在购买者（包括 $t=2$ 阶段的策略型消费者、随机型消费者和低端消费者）。

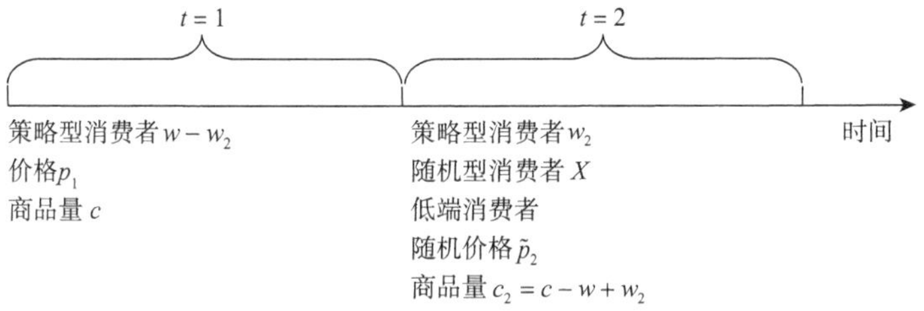

图 8-1　供求时序和量价结构

市场主体各方在相关信息透明的基础上，按各自定价和购买行为标准交易。行为约束下的交易最终形成均衡状态，据此可分析行为价格依赖关系，确定行为收益和行为风险特性。

8.1.3　模型假设

为便于后续问题研究，此处先列出主要研究假设。

假设 8.1　市场是垄断的。

假设 8.2　容量剩余是可观察的。

假设 8.3　消费者参考期望价格安排购买时机。

假设 8.4　高价位下缺货和剩货现象均有可能发生。

假设 8.5　每位消费者只需一个单位商品，有足够多的低端消费者。

假设 8.6　市场总需求不确定，根据期望价格策略等待购买的消费者，愿意接受升降不明的价格风险。

假设 8.7　交易各方对固定需求部分的数量、随机需求部分的分布函数和高低端消费者保留价认知一致，两阶段定价为默认销售方式。

8.2　消费者行为的价格依赖

销售商为改善销售收益寻求有利的定价方式，策略型消费者为降低支付寻找可行的策略购买依据，二者围绕自身利益的定价和购买博弈将影响价格和需求关系。下面将在销售商跨期定价和消费者以期望价格安排购买时机的基础上，研究均衡价格范围和行为价格函数及其特性。

8.2.1　行为的量价反应

无论依据何种属性进行消费者分类和市场细分，需求实现必具备两个条件：一是消费者主观支付意愿；二是消费者客观支付能力。只有当消费者愿意支付，且支付意愿高于市场价格，同时产品不缺货时，需求才能实现。在高端需求不确定和低端需求充足时，对于供给固定的销售商来说，静态最优定价要么为高端消费者保留价，要么为低端消费者保留价。鉴于价格具有将高端和低端消费者撇开的市场功能，如时尚品的入时高价可把低端消费者撇到销售后期，航空票价折扣可将低端消费者的购买时间提前至预售期等，这样分段分别按高低端消费者保留价定价，购买商品的消费者剩余为零，已再无改善销售收益的空间，因此与静态定价相比，跨期定价对销售商改善销售收益更有利。

式中，$z=\frac{V_{\mathrm{L}}}{V_{\mathrm{H}}}(c-w)-\frac{\Delta}{V_{\mathrm{H}}}w_2\geqslant 0$；$\Delta=V_{\mathrm{H}}-V_{\mathrm{L}}>0$；$\bar{F}(z)=1-F(z)$。

根据 $z\geqslant 0$ 和 $w_2\leqslant w$ 条件可知，策略型消费者转移至 $t=2$ 阶段购买的总量不超过 $\max w_2=\min\left(w,\frac{V_{\mathrm{L}}}{\Delta}(c-w)\right)$。若供求结构显示 $\frac{w}{c}\leqslant\frac{V_{\mathrm{L}}}{V_{\mathrm{H}}}$，则转移量不超过 w；若供求结构显示 $\frac{w}{c}>\frac{V_{\mathrm{L}}}{V_{\mathrm{H}}}$，则转移量不超过 $\frac{V_{\mathrm{L}}}{\Delta}(c-w)$。显然最大策略转移需求量受供求结构约束。

由于期望价格关于 w_2 的导函数满足：

$$\frac{\mathrm{d}E(\tilde{p}_2)}{\mathrm{d}w_2}=\frac{\Delta^2}{V_{\mathrm{H}}}f(z)>0 \tag{8-3}$$

式（8-3）表明，期望价格 $E(\tilde{p}_2)$ 是 w_2 的增函数（$V_{\mathrm{L}}\leqslant E(\tilde{p}_2)\leqslant V_{\mathrm{H}}$），即随着转移至 $t=2$ 阶段消费者数量的增加，$E(\tilde{p}_2)$ 的值相应增大，同时 $t=2$ 阶段的供求结构有所改变。但 w_2 是与策略型消费者购买行为相关的变量，而策略购买行为受 $t=1$ 阶段价格 p_1 支配。因此，只有弄清策略购买行为受价格作用的范围，才能确保定价策略符合消费者行为实际情况。

p_1 和 $\tilde{p}_2$ 的确定及调价时机的选择都是销售商的独立行为，策略型消费者不能通过跟踪 X 来推断 $\tilde{p}_2$。对销售商跨期定价策略行为，策略型消费者根据参考点安排购买时机应对，销售商与消费者的策略行为使定价 p_1 和购买参考价格发生联系，表现为从 $p_1\neq E(\tilde{p}_2)$ 到 $p_1=E(\tilde{p}_2)$ 逐渐实现价格均衡，当然不同 p_1 所实现的均衡点也不相同。为确定购买行为受价格作用的范围，现在从价格 p_1 连续上升的过程中，按“去等存购”（去掉等待的，余下都是购买的）方式分析，即按照转移至 $t=2$ 阶段策略型消费者 w_2 增加的方向分析。

当价格 p_1 从 V_{L} 升至某 p_m，首次满足 $p_1=E(\tilde{p}_2)$ 条件时，将开始有消费者转移至 $t=2$ 阶段，这一策略转移临界始点为

$$p_m=E(\tilde{p}_2)=V_{\mathrm{L}}+\Delta\bar{F}(z_1) \tag{8-4}$$

式中，$z_1=\frac{V_{\mathrm{L}}}{V_{\mathrm{H}}}(c-w)$。

在 p_1 升至临界始点之前，仅随机需求就使 $t=2$ 阶段预期价格达到 p_m，若转移至 $t=2$ 阶段“承受”预期价格比现价 p_1 高，则转移至第二阶段购买不划算，况且 $t=2$ 阶段还有购买不到产品的风险，因此没有消费者转移需求，即 $w_2=0$。从式（8-4）可发现 w 值越大，策略转移临界始点越高。当 $w=c$ 时，策略转移临界始点为 $p_m=V_{\mathrm{H}}$，即使价格 p_1 升高到 V_{H}，也无策略型消费者转移至 $t=2$ 阶段。

销售商在利益驱动下可能提高 $E(\tilde{p}_2)$，由式（8-2）可知，消费者转移至 $t=2$ 阶段必伴有 $E(\tilde{p}_2)$ 增加，而驱使消费者转移的手段是提高 p_1，当 p_1 升到 p_m 之后，随着 p_1 的继续上升，消费者也相应逐渐转移到 $t=2$ 阶段。当价格 p_1 从 p_m 上升到最后一次满足 $p_1=E(\tilde{p}_2)$ 条件的某 p_n 时，策略型消费者向 $t=2$ 阶段转移过程结束，这一策略转移临界终点为

$$p_n = V_{\mathrm{L}} + \Delta\bar{F}(z_2) \tag{8-5}$$

式中

$$z_2=\begin{cases}\dfrac{V_{\mathrm{L}}}{V_{\mathrm{H}}}c-w, & \dfrac{w}{c}\leqslant\dfrac{V_{\mathrm{L}}}{V_{\mathrm{H}}}\\ 0, & \dfrac{w}{c}>\dfrac{V_{\mathrm{L}}}{V_{\mathrm{H}}}\end{cases}$$

式（8-5）表示，在 $p_1=p_n$ 点，若供求结构表明 $\dfrac{w}{c}\leqslant\dfrac{V_{\mathrm{L}}}{V_{\mathrm{H}}}$，则所有策略型消费者全部转至 $t=2$ 阶段，即 $w_2=w$，且 $p_n\leqslant V_{\mathrm{H}}$；若供求结构表明 $\dfrac{w}{c}>\dfrac{V_{\mathrm{L}}}{V_{\mathrm{H}}}$，则转至 $t=2$ 阶段的策略型消费者量 $w_2=\dfrac{V_{\mathrm{L}}}{\Delta}(c-w)$，且 $p_n=V_{\mathrm{H}}$。

实际上，无论 p_1 升至 p_m 与 p_n 之间任何价格点上，只要 p_1 高于策略购买参考点价格，就有消费者转移至 $t=2$ 阶段，随着策略转移量的不断增加，期望价格（参考点）不断上升，两阶段相对供求比不断调整，转移过程一直持续到 $p_1=E(\tilde{p}_2)$ 均衡价格为止。因此，在 $p_1\in[p_m,p_n]$ 范围，可实现两阶段（预期）价格和转移需求均衡状态。

为后面叙述简便，不妨把价格 $p_1\in[p_m,p_n]$ 范围称为均衡价格范围。均衡价格范围内关于 w_2 的价格函数称为行为价格函数：

$$p_1 = V_{\mathrm{L}} + \Delta\bar{F}(z) \tag{8-6}$$

式中，$z=\dfrac{V_{\mathrm{L}}}{V_{\mathrm{H}}}(c-w)-\dfrac{\Delta}{V_{\mathrm{H}}}w_2$。

由式（8-2）、式（8-3）和式（8-6）可发现，在均衡价格范围内，随价格 p_1 的上升，策略型消费者的转移需求增加。

当 p_1 上升到 p_n 后，无论 p_n 是否达到最高保留价 V_{H}，所有策略型消费者全部选定相应购买阶段。若 $p_n<V_{\mathrm{H}}$，由于确定需求已全部转至 $t=2$ 阶段，即使继续提升 p_1 也不能增加收益；若 $p_n=V_{\mathrm{H}}$，由于期望价格高至策略型消费者的保留价，所有策略型消费者转移过程全部结束（可能存在不转移的）。

8.3　策略购买下的销售收益

上述消费者行为的价格依赖分析表明，消费者行为结果在量和价方面都有反映，而收益指标本身是量和价的复合指标，因此消费者行为结果势必在收益指标中有所体现。下面通过分析收益构成，揭示策略型消费者行为对其他类消费者的购买影响；分析策略转移需求与收益的关系，阐述策略购买对销售商最大潜在收益能力的影响。

8.3.1　行为收益函数

从上述价格变化过程分析来看，销售商在 $t=1$ 阶段确定价格后，策略型消费者自动分配两阶段需求，只是两阶段购买行为的参考点不相同，根据各阶段行为价格变化规律可以求出相应销售商期望收益。

在 $t=2$ 阶段，随机变量 X 成为可观察值，因其值大小不同出现两种情况：$X+w_2 \leqslant c_2$ 或 $X+w_2 > c_2$，前者表明高端需求小于或等于供给，后者表明高端需求大于供给。在 $X+w_2 \leqslant c_2$ 的情况下，若满足 $(X+w_2)V_{\mathrm{H}} \leqslant c_2V_{\mathrm{L}}$ 条件，则选择定低价 V_{L}；若满足 $(X+w_2)V_{\mathrm{H}} > c_2V_{\mathrm{L}}$ 条件，则选择定高价 V_{H}，因此前者情况出现下的收益 $\tilde{\pi}_2=\max(c_2V_{\mathrm{L}},(X+w_2)V_{\mathrm{H}})$。在 $X+w_2 > c_2$ 的情况下，因为存在供给量 c_2 刚性约束，所以后者情况下的收益 $\tilde{\pi}_2=\min(c_2V_{\mathrm{H}},(X+w_2)V_{\mathrm{H}})$。总之，两种或然情况都考虑的收益 $\tilde{\pi}_2=\min(\max(c_2V_{\mathrm{L}},(X+w_2)V_{\mathrm{H}}),c_2V_{\mathrm{H}})$，这表明销售商在 c_2V_{L} 与 $(X+w_2)V_{\mathrm{H}}$ 之间追求主观最大收益，但由于受供给量客观条件限制，相应收益最大不超过 c_2V_{H}。顺便说明，这里 $\max(\cdot)$ 刻画的是销售商主观愿望，而 $\min(\cdot)$ 所描述的是市场供给客观约束。于是结合 X 的分布规律可得 $t=2$ 阶段的期望收益：

$$E(\tilde{\pi}_2)=c_2V_{\mathrm{L}}F(z)+V_{\mathrm{H}}\int_z^{c-w}(x+w_2)\mathrm{d}F(x)+c_2V_{\mathrm{H}}\bar{F}(c-w) \tag{8-7}$$

因为策略型消费者百分之百准备购买，随机型消费者按概率可能购买，所以在策略型消费者转至 $t=2$ 阶段，销售商定价策略式（8-1）标准不变的情形下，势必增加随机型消费者高价购买的机会，减少低端消费者的购买机会，这种推测可从 w_2 增加导致式（8-7）中 x 积分区间扩大和 $F(z)$ 减小得到证实，所以策略购买行为改变了支付分配规则。

结论 8.1　策略购买行为可能使策略型消费者以低价获得产品，但却使随机型消费者高价购买产品的机会增加，低端消费者消费购买机会减少。

在 $t=1$ 阶段，由于策略购买参考点为期望价格，不同 p_1 范围下的策略型消费者分布阶段不同，不同价格范围对应的收益表示也不同。在 $p_1 \in [V_{\mathrm{L}}, p_m]$ 范围内没有策略转移需求，相应 $t=1$ 阶段销售商收益表示为

$$\pi_1 = wp_1 \tag{8-8}$$

在 $p_1 \in [p_m, p_n]$ 范围内的任何价格点，均可实现（预期）价格均衡，相应 $t=1$ 阶段销售商的期望收益表示为

$$\pi_1 = (w - w_2)\left[V_{\mathrm{L}} + \Delta \bar{F}(z)\right] \tag{8-9}$$

根据两阶段不同价格范围的（期望）收益，可得销售期内不同价格下的总期望收益（简称期望收益）。在 $p_1 \in [V_{\mathrm{L}}, p_m]$ 区间，由式（8-7）和式（8-8）可得销售商期望收益函数：

$$\pi_{\mathrm{L}m} = wp_1 + (c-w)V_{\mathrm{L}}F(z_1) + V_{\mathrm{H}}\int_{z_1}^{c-w} x\mathrm{d}F(x) + (c-w)V_{\mathrm{H}}\bar{F}(c-w) \tag{8-10}$$

在 $p_1 \in [p_m, p_n] \subseteq [p_m, V_{\mathrm{H}}]$ 区间，由式（8-7）和式（8-9）可得如式（8-11）所示的销售商期望收益函数（推导过程详见附录 A.1）。

$$\begin{aligned}
\pi_{mn} &= (w - w_2)\left[V_{\mathrm{L}}F(z) + V_{\mathrm{H}}\bar{F}(z)\right] \\
&\quad + c_2V_{\mathrm{L}}F(z) + V_{\mathrm{H}}\int_{z}^{c-w}(x + w_2)\mathrm{d}F(x) + c_2V_{\mathrm{H}}\bar{F}(c-w) \\
&= cV_{\mathrm{L}}F(z) + V_{\mathrm{H}}\int_{z}^{c-w}(x+w)\mathrm{d}F(x) + cV_{\mathrm{H}}\bar{F}(c-w)
\end{aligned} \tag{8-11}$$

不妨把在 $w_2 \in [0, \max w_2]$ 范围内，关于 w_2 的期望收益函数表达式即式（8-11）称为行为收益函数。从购买行为角度看，式（8-10）中消费者策略行为没有表现出来，期望收益仅仅是商品价格 p_1 的函数，而式（8-11）中策略购买行为得以体现，期望收益变成 $t=2$ 阶段策略型消费者量 w_2 的函数。

8.3.2　行为收益特性

通常最优定价方式往往是基于收益函数的最大化模型，但在考虑风险时，是基于完全理性最大效用，还是根据有限理性下的直观选择对产品进行定价，并不完全取决于定价技术手段，还要看具体收益函数的数学特征，只有弄清价格、收益和风险特性后，才能选择合适的定价方式。

现在 $p_1 \in [p_m, p_n]$ 均衡价格范围内，考察期望收益的行为反应特性（期望收益与 w_2 的关系）。因行为收益函数关于 w_2 的导函数满足式（8-12）（推导详见附录 A.1）：

$$\frac{\mathrm{d}\pi_{mn}}{\mathrm{d}w_2}=\frac{\Delta^2}{V_{\mathrm{H}}}(w-w_2)f(z)\geqslant 0 \tag{8-12}$$

因此在均衡价格范围，期望收益是策略型消费者转移需求 w_2 的增函数（ $w_2=w$ 时不等式中的等号成立）。所以销售商即便有意对消费者购买行为施加影响，把 p_1 确定在 $[p_m,p_n]$ 范围也比确定在 $[V_{\mathrm{L}},p_m]$ 范围的期望收益高。

同时，在 $p_1\in[p_m,p_n]$ 范围考察期望收益的价格反应特性。因期望收益函数对价格 p_1 的导函数满足：

$$\frac{\mathrm{d}\pi_{mn}}{\mathrm{d}p_1}=\frac{\mathrm{d}\pi_{mn}}{\mathrm{d}w_2}\frac{\mathrm{d}w_2}{\mathrm{d}p_1}=w-w_2\geqslant 0 \tag{8-13}$$

所以提高价格 p_1 尽管可以增加收益，但价格 p_1 升到 p_n 后，再提高价格（若有提价空间）也不增加期望收益，即 $p_1=p_n$ 和 $p_1=V_{\mathrm{H}}$ 时的期望收益相同，显然价格差 $V_{\mathrm{H}}-p_n\geqslant 0$ 是策略购买行为导致的直接损失。因此，在 $p_1\in[p_n,V_{\mathrm{H}}]$ 范围内，与没有策略购买行为相比，有策略购买行为时销售商收益往往减少。

结论 8.2　在均衡价格状态下（ $p_1\in[p_m,p_n]$ ），销售商的期望收益随策略型消费者转移需求的增加而增大，但在策略型消费者保留价范围内，策略购买行为通常使销售商最大期望收益能力降低。

此外，期望收益函数对价格 p_1 的二阶导函数满足：

$$\frac{\mathrm{d}^2\pi_{mn}}{\mathrm{d}p_1^2}=-\frac{\mathrm{d}w_2}{\mathrm{d}p_1}=-\frac{V_{\mathrm{H}}}{\Delta^2 f(z)}\leqslant 0 \tag{8-14}$$

式中，不等式中的等号在 $w_2=w$ 时成立。式（8-14）表明，尽管在均衡价格范围内，提升价格可增加期望收益，但随着价位的提高，增加单位价格所能改善收益的幅度越来越小，即收益函数具有边际价格收益递减特性。

在考虑行为风险因素时，销售商不再纯粹追求期望收益最大化，因为高收益下可能隐藏着高风险，现转向消费者行为下的收益风险讨论。

8.4　策略购买下的收益风险

风险就是未来收益的不确定性，即未来收益与预期（期望）收益的偏离程度（本书以收益标准差 σ 度量风险）。随机型消费者购买行为的不确定性是构成销售商收益不确定性风险的基础，这部分因市场总需求量变化产生的收益不确定性风险是无法消除的市场需求风险；而策略型消费者等待购买行为导致销售商收益不确定性风险增大，这部分因价格变化导致转移需求的收益不确定性风险是能够消除的策略行为风险。在上述行为价格和行为收益关系的基础上，现在转向行为风险问题分析。

8.4.1　行为风险函数

在 $p_1 \in [V_L, p_m]$ 范围内确定价格，没有消费者转移至 $t=2$ 阶段，消费者策略购买行为未表现出来，没有产生策略行为风险，销售商仅面临市场需求风险。根据式（8-1）、式（8-8）、式（8-10）和 X 的分布规律可知，销售商的收益方差为

$$\sigma_{Lm}^2 = [wp_1 + (c-w)V_L - \pi_{Lm}]^2 F(z_1) + \int_{z_1}^{c-w} [wp_1 + xV_H - \pi_{Lm}]^2 \mathrm{d}F(x) + [wp_1 + (c-w)V_H - \pi_{Lm}]^2 \bar{F}(c-w) \tag{8-15}$$

鉴于方差把偏差值过于放大，不利于比较偏差与期望收益的差距，于是选择标准差作为风险度量。据式（8-15）可得相应价格下销售商风险函数为（详见附录 A.3）

$$\sigma_{Lm} = \sqrt{\gamma_1 - \gamma_2} \tag{8-16}$$

式中

$$\gamma_1 = (c-w)^2 V_L^2 F(z_1) + V_H^2 \int_{z_1}^{c-w} x^2 \mathrm{d}F(x) + (c-w)^2 V_H^2 \bar{F}(c-w)$$

$$\gamma_2 = \left[(c-w)V_L F(z_1) + V_H \int_{z_1}^{c-w} x\mathrm{d}F(x) + (c-w)V_H \bar{F}(c-w)\right]^2$$

在 $p_1 \in [p_m, p_n]$ 范围内确定价格，销售商不仅面临市场需求风险，还面临消费者的策略行为风险。根据式（8-1）、式（8-9）、式（8-11）和 X 的分布规律可知，均衡价格下销售商的收益方差为

$$\sigma_{mn}^2 = \left[(w-w_2)p_1 + c_2 V_L - \pi_{mn}\right]^2 F(z) + \int_z^{c-w} \left[(w-w_2)p_1 + (x+w_2)V_H - \pi_{mn}\right]^2 \mathrm{d}F(x) + \left[(w-w_2)p_1 + c_2 V_H - \pi_{mn}\right]^2 \bar{F}(c-w) \tag{8-17}$$

根据式（8-17）可得相应均衡价格下的销售商风险函数，不妨把这对应于 $w_2 \in [0, \max w_2]$ 范围关于 w_2 的风险函数称为行为风险函数（推导详见附录 A.2）：

$$\sigma_{mn} = \sqrt{\delta_1 - \delta_2} \tag{8-18}$$

式中

$$\delta_1 = c_2^2 V_L^2 F(z) + V_H^2 \int_z^{c-w} (x+w_2)^2 \mathrm{d}F(x) + c_2^2 V_H^2 \bar{F}(c-w)$$

$$\delta_2 = \left[c_2 V_{\mathrm{L}} F(z) + V_{\mathrm{H}} \int_z^{c-w} (x + w_2) \mathrm{d}F(x) + c_2 V_{\mathrm{H}} \bar{F}(c-w)\right]^2$$

从式（8-16）可发现，在 $p_1 \in [V_{\mathrm{L}}, p_m]$ 范围内定价，虽然仅面临市场需求风险，但是在该范围定价，既不能调控市场需求风险，也不能实现较高的预期收益，因此销售商不会选在此区间定价。基于风险控制和较高的预期收益考虑，将 $p_1 \in [V_m, p_n]$ 区间选为合理定价范围。

8.4.2　行为风险特性

正如考虑行为收益特性的理由一样，在考虑风险定价时，要选择什么样的方式权衡收益与风险的关系？选择哪种方式合理？这不仅取决于决策技术手段，更重要的是还取决于风险函数数学特性，因此需要考察风险特性后，才能进行有效合理的定价方式选择。鉴于前面的分析已经表明，合理定价区间在均衡价格范围内，因此下面仅对均衡价格范围风险进行讨论。

现在考虑 $p_1 \in [p_m, p_n]$ 范围，考察风险的行为反应特性（风险与 w_2 的关系）。因行为风险函数关于 w_2 的导函数满足式（8-19）（推导详见附录 A.2）：

$$\frac{\mathrm{d}\sigma_{mn}}{\mathrm{d}w_2} = \frac{\Delta}{\sigma_{mn}}\left[E(\tilde{\pi}_2) - c_2 V_{\mathrm{L}}\right] F(z) > 0 \tag{8-19}$$

式（8-19）表明，在均衡价格范围内，销售商面临的风险是策略型消费者转移需求 w_2 的增函数，只要销售商有意对策略购买行为施加价格影响，就可以改变在此范围定价所承担的风险。

由式（8-16）可知，在价格 $p_1 \in [V_{\mathrm{L}}, p_m]$ 范围内，销售商面临的风险为常量 σ_m（σ_m 表示临界始点的收益标准差）；如果所有消费者都没有策略行为能力或意识，那么在 $p_1 \in [V_{\mathrm{L}}, V_{\mathrm{H}}]$ 范围内，销售商仅面临市场需求风险 σ_m。显然在均衡范围内，策略购买行为增加了销售商收益风险。

结论 8.3　在均衡状态下（$p_1 \in [p_m, p_n]$），策略购买行为扩大了收益不确定性风险，销售商所面临的风险随着策略型消费者转移需求的增加而增大。

根据式（8-6）和式（8-19）可知，行为风险函数关于价格 p_1 的导函数满足：

$$\frac{\mathrm{d}\sigma_{mn}}{\mathrm{d}p_1} = \frac{\mathrm{d}\sigma_{mn}}{\mathrm{d}w_2}\frac{\mathrm{d}w_2}{\mathrm{d}p_1} = \frac{V_{\mathrm{H}}\left[E(\tilde{\pi}_2) - c_2 V_{\mathrm{L}}\right] F(z)}{\Delta \sigma_{mn} f(z)} > 0 \tag{8-20}$$

从式（8-20）发现，随着价格的提高，销售商承担的风险不断增加。结合式（8-13）可知，在均衡价格范围内，高定价带来的不仅有高收益，也有高风险。此外，因为收益函数具有边际价格收益递减特性，所以对销售商而言，高收益和低风险不可兼得，销售商需在两者间做出权衡。

8.5　销售定价策略

在价格与转移需求、期望收益及风险关系确定的基础上，可寻求既定风险的期望收益及其定价策略。假定销售商是风险厌恶型的，他们追求高收益、低风险的定价策略，但高收益往往伴有高风险。在收益和风险冲突下进行价格决策，其结果不仅取决于决策技术方法，还与销售商自身因素（风险敏感程度和理性程度）有关。

因为销售商只在均衡价格范围（$p_1 \in [p_m, p_n]$）确定 p_1，所以根据行为风险、收益及价格函数关系可知，销售商相应承担的风险范围为$[\sigma_m, \sigma_n]$，预期收益范围为$[\pi_m, \pi_n]$，其中 σ_m 和 σ_n 分别表示临界始点和终点的收益标准差，π_m 和 π_n 分别表示临界始点和终点的期望收益。处于这些指标值范围内的决策与实际策略购买行为相一致。

在不能完全理性地表达关于收益和风险的主观效用函数的情况下，销售商可追求有限理性下的定价决策。因在 $p_1 \in [p_m, p_n]$ 范围内，价格 p_1 与策略转移需求、销售商的期望收益和风险呈正向关系，于是基于公司风险承受力（满意条件），根据行为价格（收益、风险）函数关系，可得相应条件下的最优定价策略。假如把风险看作销售商首要控制的问题，那么先在$[\sigma_m, \sigma_n]$范围选择"满意"风险（记 $\bar{\sigma}$），后根据行为风险函数式（8-18）得到最优控制转移量 w_2^*，再结合行为价格函数式（8-6）得到相应最优定价 p_1^*，结合行为收益函数式（8-11）得满意期望收益 π_{mn}^*，可得销售商承担"满意"风险 $\bar{\sigma}$ 下的最优跨期定价策略和相应期望收益分别为

$$p_1^* = V_{\mathrm{L}} + \Delta \bar{F}(\bar{z}) \tag{8-21}$$

$$\tilde{p}_2^* = \begin{cases} V_{\mathrm{L}}, & X < \bar{z} \\ V_{\mathrm{H}}, & X \geqslant \bar{z} \end{cases} \tag{8-22}$$

$$\pi_{mn}^* = cV_{\mathrm{L}}F(\bar{z}) + V_{\mathrm{H}}\int_{\bar{z}}^{c-w}(x+w)\mathrm{d}F(x) + cV_{\mathrm{H}}\bar{F}(c-w) \tag{8-23}$$

式中，$\bar{z} = \dfrac{V_{\mathrm{L}}}{V_{\mathrm{H}}}(c-w) - \dfrac{\Delta}{V_{\mathrm{H}}}w_2^*$。

风险敏感的销售商所选择的 $\bar{\sigma}$ 值较小，因为策略转移量变化与风险变化同

向，价格变化又与策略转移量变化同向，所以风险敏感的销售商定价一般趋于保守。

若取 $\bar{\sigma}=\sigma_n$，表明销售商追求既定最大风险的期望收益最大化。由于价格 p_1 升到 p_n 后，继续提高价格不再增加期望收益，价格 $p_1=p_n$ 和 $p_1=p_{\mathrm{H}}$ 时的期望收益相同，于是销售商风险中性的最优跨期定价策略和相应最大期望收益值分别为

$$p_1^*=V_{\mathrm{H}} \tag{8-24}$$

$$\tilde{p}_2^*=\begin{cases}V_{\mathrm{L}}, & X<z_2\\ V_{\mathrm{H}}, & X\geqslant z_2\end{cases} \tag{8-25}$$

$$\pi_{mn}^*=E\pi_n=cV_{\mathrm{L}}F(z_2)+V_{\mathrm{H}}\int_{z_2}^{c-w}(x+w)\mathrm{d}F(x)+cV_{\mathrm{H}}\bar{F}(c-w) \tag{8-26}$$

式中，$z_2=\dfrac{V_{\mathrm{L}}}{V_{\mathrm{H}}}c-w$。

实际上这一策略及其期望收益也是风险中性假设下，销售商追求期望收益最大化的策略和相应期望收益。由此可知,（期望收益最大的）风险中性状态恰是风险最大状态，销售商风险中性情况仅是销售商风险敏感情况的一个特例。

由销售商有限理性的决策过程可以发现，寻求定价策略过程其实也是寻求销量控制策略过程。由于在均衡状态下，$t=1$ 和 $t=2$ 阶段的策略型消费者量分别为 $w-w_2^*$ 和 w_2^*，于是可把两阶段间的均衡销量点作为调价参考时机，通过销量控制辅助跨期定价方式，以实现销售商要达到的预期目标。

上述研究基于参考点信息透明假设，这里考察该假设是否有存在的合理性。不妨从信息对行为激励的角度考虑，按“去购存等”（去掉购买的，余下都是等待的）思路分析，即按 $t=1$ 阶段购买者 $w-w_2$ 增加方向分析。实际在销售开始前，所有潜在消费者都可理解为 $t=2$ 阶段的等待购买者。假如期初售价 $p_1=\bar{p}$ 不高于（最高）预期价格 $E(\tilde{p}_2)=p_n$，则必有消费者转移至 $t=1$ 阶段购买，随着购买量的不断增加，$t=2$ 阶段的等待购买者 w_2 逐渐减少，预期价格 $E(\tilde{p}_2)$（参考点）不断降低，$E(\tilde{p}_2)-\bar{p}$（预期消费者剩余）不断减小，随着交易向 $\bar{p}=E(\tilde{p}_2)$ 均衡逼近，预期边际消费者剩余逐渐减小，购买越迟，所获预期效用越少，相应商品剩余逐渐减少，可得性风险逐渐增加，有参考点的消费者会提前购买，结果完成均衡量销售所需的时间缩短。因此透明必要的商品交易信息，不会激励消费者盲目等待购买，而缺乏信息未必能阻断策略购买，盲目等待购买使销售商既定目标难以实现，所以交易信息透明假设具有现实的合理性。

8.6 算例分析

本书结合管理背景进行数值分析。某公司要策划预售某场球赛门票，为表达简洁，本案例在表述时将省略场馆容量单位（人）、参赛人数单位（人）、票价单位（元）和消费者对门票的估价单位（元）。比赛场馆容量 $c = 20\,000$。调查及资料显示，高收入人群购票保留价 $V_{\rm H} = 600$，相应确定购票球迷（策略型消费者）$w = 12\,000$，视比赛日情况（如天气阴晴、有无时间）随意购票者（随机型消费者）量 $X \sim U(0,10\,000)$；低收入人群购票保留价：① $V_{\rm L} = 420$；② $V_{\rm L} = 360$；③ $V_{\rm L} = 300$。注：①、②和③分别属于 $\frac{w}{c} < \frac{V_{\rm L}}{V_{\rm H}}$、$\frac{w}{c} = \frac{V_{\rm L}}{V_{\rm H}}$ 和 $\frac{w}{c} > \frac{V_{\rm L}}{V_{\rm H}}$ 三种互斥情况，图表中以相应序号标记。

当 $V_{\rm L} = 420$ 或 $V_{\rm L} = 360$ 时，策略转移需求 $w_2 \in [0,12\,000]$；当 $V_{\rm L} = 300$ 时，策略转移需求 $w_2 \in [0,8000]$。在策略转移需求变化范围内，据式（8-6）、式（8-11）和式（8-18）可得相应具体的行为价格、收益及风险函数（详见附录 A.4），于是根据各函数可得不同价格下的转移需求、期望收益及风险值（表 8-1）。

表 8-1　价格与转移需求、期望收益及风险关系数值表

p_1 不同取值			转移需求 w_2	期望收益 π_{mn}			风险 σ_{mn}		
①	②	③		①	②	③	①	②	③
499.2	484.8	480	0	9 811 200	9 388 800	9 120 000	606 854	807 922	999 200
504.6	494.4	495	1 000	9 873 300	9 499 200	9 292 500	683 047	905 141	1 111 190
510.0	504.0	510	2 000	9 930 000	9 600 000	9 450 000	758 353	999 200	1 215 525
515.4	513.6	525	3 000	9 981 300	9 691 200	9 592 500	832 483	1 089 353	1 310 513
520.8	523.2	540	4 000	10 027 200	9 772 800	9 720 000	905 141	1 174 814	1 394 274
526.2	532.8	555	5 000	10 067 700	9 844 800	9 832 500	976 021	1 254 742	1 464 665
531.6	542.4	570	6 000	10 102 800	9 907 200	9 930 000	1 044 813	1 328 227	1 519 177
537.0	552.0	585	7 000	10 132 500	9 960 000	10 012 500	1 111 190	1 394 274	1 554 781
542.4	561.6	600	8 000	10 156 800	10 003 200	10 080 000	1 174 814	1 451 771	1 567 673
547.8	571.2		9 000	10 175 700	10 036 800		1 235 327	1 499 458	
553.2	580.8		10 000	10 189 200	10 060 800		1 292 350	1 535 880	
558.6	590.4		11 000	10 197 300	10 075 200		1 345 478	1 559 316	
564.0	600.0		12 000	10 200 000	10 080 000		1 394 274	1 567 673	

由表 8-1 可以发现，在情况①下，p_1 刚刚升至 564，所有策略型消费者就已全部转移；在情况②下，p_1 刚好升至 600，所有策略型消费者恰好全部转移；在情况③下，p_1 即便升至 600，也有 4000 个策略型消费者不会转移。这一方面表明供求结构对策略购买行为有最终约束作用；另一方面也表明透明信息可引导合理的策略购买行为。因此，公司在短期不能改变供求结构的情况下，最好以透明信息引导合理策略购买，否则一旦球迷都盲目等待最后购票，整个跨期定价售票机制失效，公司将丧失低收入人群带来的增加收益的机会，当然球迷也会失去以低于保留价购票的机会。

若所有消费者都无策略购买行为能力或意识，且 $p_1 = 600$ 时，据式（8-10）右端项可得销售商最大潜在收益能力。结合表 8-1 中三种情况的最大期望收益值，可得相应策略行为导致的收益损失率分别为 7.45%、6.42%、4.9%。这表明策略购买行为降低了销售商的最大潜在收益能力。同时表中价格 p_1（均衡状态 $p_1 = E(\tilde{p}_2)$）与策略转移量 w_2 呈正向关系，伴随 $E(\tilde{p}_2)$ 升高的策略购买行为无疑增加了随机型消费者的高价购买机会，减少了低端消费者的购买机会。因此，在策略购买可改变各方收益或支付的情况下，公司适当调整第二阶段高价售票的概率，抑制第二阶段打折销售的概率，既可防止高收入人群最后购票的习惯，也可诱使低收入人群调高保留价。

从表 8-1 还可发现，在定义的均衡范围内，三种情况下的高收益都伴有相应的高风险，且它们都与价格 p_1 呈同向关系。表明可通过定价方式实现愿承担风险的相应收益，风险敏感的销售商可通过较低定价规避较高风险。所以，在高收益必伴有高风险的情况下，公司确定票价必须考虑自身风险承受能力，选择最适合自身的定价就是最优定价。

此外，根据各行为函数关系，可模拟策略转移需求变化与价格、期望收益及风险变化关系的路径，如图 8-3（a）、图 8-3（b）、图 8-3（c）所示，其中图 8-3（c）中纵轴截距为市场需求风险，三条曲线分别为①、②、③三种情况下对应的可规避的策略行为风险函数。销售商根据图可以直观选择某风险水平下的定价和收益。如在情况①下，若销售商选择图 8-3（c）中 C 点风险值（1 044 813）作为可接受的满意条件，则对应图 8-3（a）中 A 点价格值（531.6）即为 $t = 1$ 阶段所确定的价格，相应图 8-3（b）中 B 点期望收益值（10 102 800）即为既定风险下的期望收益，相应均衡销售量（6000）可作为调价参考时机。

上述算例结果与前面的理论结论相一致。理论解析反映抽象函数关系，数值表格显示出变量对应点数值，图示勾画出依存变量的变化路径。不同表达数量关系的方式各有优势，因此将三者有机结合使用，可基于有限理性选择预定目标下的定价策略。

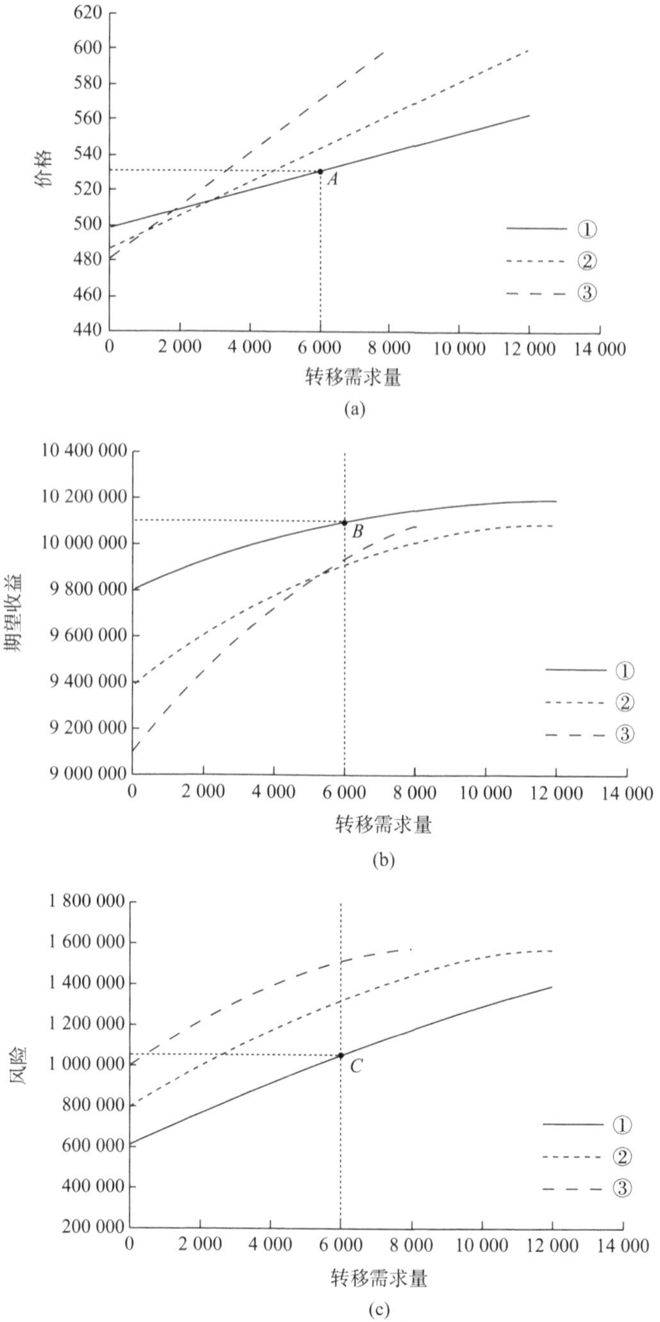

图 8-3　转移需求量与价格、期望收益及风险的关系组图

8.7 本章小结

在需求不确定的易逝品市场中，消费者购买行为越来越具有策略性，表现为试图等到价格最低时购买，实现购买商品的最小价格支付，这使销售商不得不考虑消费者行为影响。在网络时代获取信息较方便的情况下，本章考虑了基于参考价格购买的消费者策略购买行为，通过对销售商两期可变价销售和消费者择机购买模型的研究，找到一条经价格调控风险和收益目标的路径。

研究还表明，在时间上具有后发优势的策略型消费者，其策略等待购买需求量可通过定价调控，且最大策略等待购买规模最终为市场供求结构所约束；策略型消费者努力降低自我购买价格支付的策略行为，不仅使随机型消费者的高价购买机会增加（即预期价格支付增加），也使低端消费者购买消费商品的机会减少，从而改变了市场不同类消费者的价格支付和商品分配规则；销售商和策略型消费者之间存在博弈策略均衡，在均衡价格范围内，策略等待需求与期望收益及风险均呈正向关系（非因果关系），随期初待售商品价格的升高，消费者策略等待需求、销售商期望收益和风险都相应逐渐增加；策略购买行为使销售商最大潜在收益能力降低，收益不确定性风险增大；交易信息透明是销售商实现预定收益目标的引导条件，风险敏感的销售商定价趋于保守。

本章在容量不变和消费者策略购买的情况下，假定策略型消费者和随机型消费者分别于前后两阶段出现，策略型消费者参考期望价格安排购买时机。通过研究消费者策略等待需求与销售商定价、收益和风险的关系，找到了定量调控销售商收益和风险的价格路径，不仅为规避行为风险提供了方法，也为行为风险定价研究打开了缺口。

第9章　容量可变下的定价与风险分析

易逝品短期供给不变多因其市场价值易逝性所致，第3章对这种短期容量供给不变情形进行了研究。但从长期来看，多数易逝品的容量供给是可变的，当市场需求长期变化导致供求缺口达到一定程度时，销售商会在利益驱动下调整易逝品容量供给规模。本章将在前章研究的基础上，探讨容量可变情形的容量扩展和定价。

本章首先分析容量变化对策略购买行为和垄断定价能力的影响，探讨易逝品容量扩展线（最大收益随容量变化的轨迹）和市场有效供给及其影响因素，然后讨论随容量扩展线延伸最大收益风险的变化规律，最后研究有效容量供给下的易逝品定价曲线和易逝资产影子价格曲线，以及随容量和消费者等待需求变化的价格、收益和风险曲面。

9.1　问题描述与假设

在市场经济中常看到这类现象：酒店客房通常并没有占据整座楼宇，客运公司并非经常投入全部运力，展览活动往往只启用部分展厅面积，时尚品生产线也很少时间满负荷运转，总之现实中的经营者对商品供给是有节制的，而这种“节制”现象背后考虑的是长期容量储备，以便当市场需求增加到一定程度时，用储备容量来调整供给规模。

短期易逝品（客房、车票、入场券和时尚品）供给一旦给定，需求不确定下的商品供求匹配问题显现，销售商跨期定价引发消费者策略购买应对，结果销售商跨期定价收益能力降低，销售收益风险增大（李贺等，2012）。然而当不确定需求长期变化积累到一定程度，仅靠调价改善销售收益甚微时，销售商会在利益驱动下调整容量供给。

在长期易逝品供给可变的情况下，消费者策略购买行为参照（期望价格）有了新内容，即期望价格不仅随消费者等待需求量变化，还随容量供给多少变化。既然期望价格参照已发生了改变，那么策略购买下的供求时序结构也可能有变，而供求时序结构又与可变价对应，结果策略行为的收益影响会在容量变化中体现。供求时序结构变化首先反映为等待购买需求不同，这样，策略行为引发风险也会体现在容量变化中。因此，在易逝品定价和供给中需考虑消费者行为因素。

现有易逝品销售的研究中，在短期容量不变的情况下，有些考虑消费者行为收益影响（Cachon and Swinney，2009），有些考虑需求风险影响（Feng and Xiao，1999），但鲜有学者考虑行为风险影响。此外，也鲜有关于容量扩展的研究（随容量扩展最大收益的变化轨迹，即长期容量扩展线）。本章既考虑长期行为收益影响下的容量扩展，又考虑短期行为收益和行为风险影响下的定价，定价和扩容在消费者策略行为的可行域内得到统一。

现实销售商不限于寻求有效供给下的最大期望收益，更希望知晓任何供给下的最大期望收益，便于比较不同供给下最大期望收益的差距，为容量供给调整提供参考。而本章研究的长期容量扩展线可满足这种要求。此外，短期易逝品定价曲线和资产影子价格曲线也分别为销售商考虑行为风险下的零售交易和销售权转让提供了定价依据。

本章是在第 8 章相关问题基础上的继续研究，相应模型假设及其要素内容有许多相同之处。这里尽量避免不必要的重复，同时兼顾本章单独阅读的方便性，将本章市场主体属性、供求时序结构和模型假设简明给出。

9.1.1 市场主体

本章和第 8 章所研究问题的市场主体相同，均包括销售商、高端消费者和低端消费者（前者比后者的保留价高）。只是销售商和随机型消费者的部分属性有所变化，为避免内容的重复，以下只对市场主体属性做补充或引导性说明。

1. 销售商

销售商在销售前决定期初容量供给 c（第 8 章容量是给定的），其余描述与 8.2.2 节“销售商”部分相同。

2. 消费者

本章消费者类型与第 8 章相同，即包括策略型消费者、随机型消费者和低端消费者，但部分消费者属性已有不同。策略型消费者和随机型消费者分别在前后阶段到达。以下简述不同类消费者。

（1）策略型消费者。描述与 8.2.2 节“策略型消费者”部分相同。

（2）随机型消费者。构成随机需求部分 X，随机变量 X 的分布区间长度为 b（第 8 章无区间长度界定，原因可参见 8.3.2 节），其余描述与 8.2.2 节“随机型消费者”部分相同。

（3）低端消费者。描述内容与 8.2.2 节“低端消费者”部分相同。

9.1.2　行为时序

销售商扩容定价和消费者购买的时序结构见图 9-1。销售商先期确定供给量 c，$t=1$ 阶段初确定价格 p_1，策略型消费者根据 p_1 与 $E(\tilde{p}_2)$ 的比较结果选择购买时段。$t=2$ 阶段初随机型消费者出现，随机需求转变为可观察需求，此刻商品余量为 c_2，销售商视剩余供求状况选择价格 $\tilde{p}_2$ 为 V_{H} 或 V_{L}，销售剩余商品给各潜在购买者。

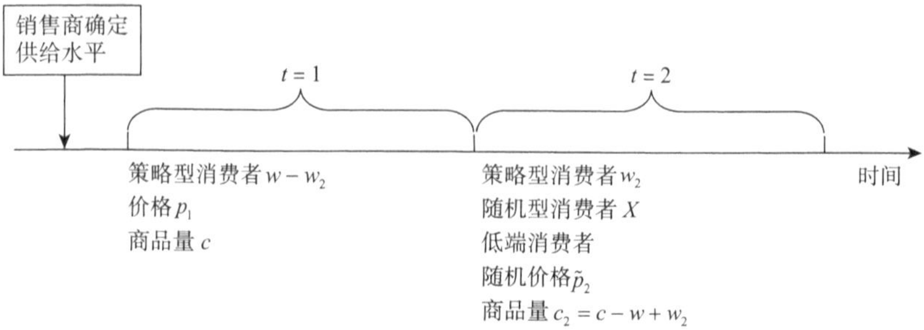

图 9-1　供求时序和量价结构

市场主体根据透明交易信息以及当时市场的供求状况，按照彼此定价和购买行为标准进行交易，相互行为策略之间最终实现均衡，据两阶段均衡关系分析消费者行为的价格依赖和容量依赖关系，确定容量扩展下最大行为收益和行为风险函数，在有效供给基础上确定行为易逝品定价曲线和易逝资产（把提供易逝品的资产作为投资品，如出租运营的汽车或飞机）影子价格。

9.1.3　模型假设

本章研究除需做第 8 章的假设 8.1 ~ 假设 8.7 外，还需做如下理论假设。

假设 9.1　销售商具有与垄断定价能力相适应的容量供给能力。

9.2 容量可变下的均衡价格

由于消费者行为依赖价格，期望参考价随容量和等待需求变化，在依赖价格策略行为的背后，实际是消费者对产品供给和其他等待需求量的依赖。一旦销售商售前确定了市场容量供给，在容量剩余（包括初始容量）可观察时，参照价格的购买行为在一定程度上变成依赖剩余容量的购买行为。从这种意义上说，消费者行为的价格依赖也是行为的容量依赖。

在销售商与策略型消费者的博弈中，销售商拥有定价和供给两个工具，策略型消费者仅拥有主动策略行为。本节首先研究博弈中销售商定价和消费者行为的价格反应，探讨消费者策略行为空间（等待需求变化范围）和销售商垄断定价能力空间（均衡价格变化范围）；其次研究价格、容量和等待需求的相互关系，分析三者之间如何相互影响，探讨销售商跨期定价下的垄断供给能力空间（跨期定价有效的容量变化范围）。

9.2.1 价格函数

在静态定价机制下，最优定价为高低两种保留价之一。由于价格能够分离开高、低端消费者，分别按对应保留价定价无疑可改善收益，但考虑到多级定价会带来消费者策略行为网络化，于是为简明问题，本章仍采用两阶段跨期定价方式研究。

供给量确定绕不开收益，收益大小与定价有关，定价受购买行为影响。现逆着这种内在逻辑顺序，先讨论价格与购买行为的关系。在销售期内，销售商 $t=1$ 阶段确定价格 p_1 后，消费者做出购买时机判断，因 $E(\tilde{p}_2)$ 是购买行为导向，所以先从 $t=2$ 阶段价格谈起。

在 $t=2$ 阶段开始，销售商根据剩余商品供求（包括 X 观察值）选择价格 $\tilde{p}_2$，具体选择标准依据判别式（9-1）（Su，2010）：

$$\tilde{p}_2=\begin{cases}V_{\mathrm{L}}, & X+w_2<\dfrac{V_{\mathrm{L}}}{V_{\mathrm{H}}}c_2\\ V_{\mathrm{H}}, & X+w_2\geqslant\dfrac{V_{\mathrm{L}}}{V_{\mathrm{H}}}c_2\end{cases}\tag{9-1}$$

式中，$c_2 = c - w + w_2$ 为 $t = 2$ 阶段初的商品剩余量。式（9-1）表明，若剩余商品供高端需求收益高，则选择售价 $\tilde{p}_2 = V_{\mathrm{H}}$；若剩余商品供低端需求收益高，则选择售价 $\tilde{p}_2 = V_{\mathrm{L}}$。根据 X 的分布规律和式（9-1）可知 $t = 2$ 阶段的期望价格：

$$E(\tilde{p}_2) = V_{\mathrm{L}} F(z) + V_{\mathrm{H}} \bar{F}(z) = V_{\mathrm{L}} + \Delta \bar{F}(z) \tag{9-2}$$

式中，$z = \dfrac{V_{\mathrm{L}}}{V_{\mathrm{H}}}(c - w) - \dfrac{\Delta}{V_{\mathrm{H}}} w_2 \geqslant 0$；$\Delta = V_{\mathrm{H}} - V_{\mathrm{L}} > 0$；$\bar{F}(z) = 1 - F(z)$。

式（9-2）表明，期望价格是等待购买量和供给量的函数。消费者参考期望价格安排购买，无疑销售商供给决策影响消费者行为，反之也影响自己的收益和风险。

根据 $z \geqslant 0$ 和 $w_2 \leqslant w$ 条件可知，转移至 $t = 2$ 阶段的策略型消费者量最多不超过：

$$\max w_2 = \min\left(w, \frac{V_{\mathrm{L}}}{\Delta}(c - w)\right)，\text{即} \max w_2 = \begin{cases} \dfrac{V_{\mathrm{L}}}{\Delta}(c - w), & c \leqslant w\dfrac{V_{\mathrm{H}}}{V_{\mathrm{L}}} \\ w, & c > w\dfrac{V_{\mathrm{H}}}{V_{\mathrm{L}}} \end{cases} \tag{9-3}$$

式（9-3）表明，无论消费者怎样安排策略购买，但最终策略购买规模为供求价值结构所约束。

销售商首先发布采用跨期定价策略进行销售，消费者随后主动安排购买时机，两者都各为自身利益相互博弈。彼此策略相互作用过程表现为：两阶段价格逐渐从 $p_1 \neq E(\tilde{p}_2)$ 过渡到 $p_1 = E(\tilde{p}_2)$ 状态。在均衡状态下，博弈结果体现为关于 w_2 和 c 的价格函数式（9-4）：

$$p_1 = V_{\mathrm{L}} + \Delta \bar{F}(z) \in [p_m, p_n] \tag{9-4}$$

式中，$z = \dfrac{V_{\mathrm{L}}}{V_{\mathrm{H}}}(c - w) - \dfrac{\Delta}{V_{\mathrm{H}}} w_2$；$p_m = V_{\mathrm{L}} + \Delta \bar{F}(z_1)$，$z_1 = \dfrac{V_{\mathrm{L}}}{V_{\mathrm{H}}}(c - w)$；$p_n = V_{\mathrm{L}} + \Delta \bar{F}(z_2)$，

$$z_2 = \max\left(0, \frac{V_{\mathrm{L}}}{V_{\mathrm{H}}} c - w\right)，\text{即} z_2 = \begin{cases} 0, & c \leqslant w\dfrac{V_{\mathrm{H}}}{V_{\mathrm{L}}} \\ \dfrac{V_{\mathrm{L}}}{V_{\mathrm{H}}} c - w, & c > w\dfrac{V_{\mathrm{H}}}{V_{\mathrm{L}}} \end{cases}。$$

由式（9-4）可发现，销售商定价不仅考虑消费者行为，还考虑到自身容量供给策略。

在式（9-4）中，p_m（对应 $w_2 = 0$）表示最低均衡价格函数；p_n（对应 $w_2 = \max w_2$）表示最高均衡价格函数，$[p_m, p_n]$ 代表均衡价格范围。由于仅随机需求就使 $t = 2$ 阶段预期价格高达 p_m，若策略型消费者在 $p_1 \leqslant p_m$ 下等至 $t = 2$ 阶段购买，不仅预期购买支付价不划算（$p_1 < E(\tilde{p}_2)$），而且 $t = 2$ 阶段还存在买不到商

品的风险，所以在满足 $p_1 \leqslant p_m$ 的条件下，策略型消费者没有转移需求。

在 $p_1 = p_n$ 价格均衡点，若供求结构表明 $c > w\dfrac{V_H}{V_L}$ ，则 $\max w_2 = w$ 且 $p_n < V_H$ ，因全部确定需求已转至 $t = 2$ 阶段，即使再提升价格 p_1 也不能增加收益；若供求结构表明 $c \leqslant w\dfrac{V_H}{V_L}$ ，则 $\max w_2 = \dfrac{V_L}{\varDelta}(c-w)$ ，且 $p_n = V_H$ ，因期望价格已高达策略型消费者保留价，策略转移过程全部结束（可能存在不等待购买的策略型消费者）。

式（9-4）隐含表明，等待购买需求是商品初始价格和供给量的函数。于是根据式（9-4）可得到策略型消费者应对销售商策略的反应函数，不妨简记为

$$w_2 = w_2(p_1, c) \tag{9-5}$$

9.2.2　价格特性

消费者策略购买依据是期望价格，而期望价格是容量 c 和策略等待需求量 w_2 的函数，因此期望价格既是消费者策略购买的行为导向和约束，也是销售商跨期定价的策略导向和约束。因为期望价格又是期初购买参照价，所以需要考察期初价格、容量和策略等待需求之间的相互关系。

在均衡价格范围内，据式（9-4）和式（9-5）可知，行为变量 w_2 关于价格 p_1 的偏导函数满足：

$$\frac{\partial w_2}{\partial p_1} = \frac{V_H}{\varDelta^2 f(z)} > 0 \tag{9-6}$$

式（9-6）表明，在容量供给不变的情况下，随着销售商提升期初价格 p_1 ，策略型消费者推迟购买的人数增加。因此在短期不能改变供给时，价格是遏制策略行为的有效工具。

在均衡价格范围内，据式（9-4）可知，在策略购买反应下，价格 p_1 关于容量 c 的偏导函数满足：

$$\frac{\partial p_1}{\partial c} = -\frac{\varDelta V_L}{V_H} f(z) < 0 \tag{9-7}$$

式（9-7）一方面表明，在推迟购买需求不变时，均衡价格 p_1 随容量增加而降低。也就是说，如果增加了市场供给容量，要想使推迟购买的消费者规模不变，只有降低第一期的产品价格，否则等待购买规模会增加；另一方面表明，销售商容量扩展客观上会降低自身垄断高价能力。

由式（9-4）和式（9-7）分析发现，若 $c = (w+b)\dfrac{V_H}{V_L} = c_0$ （ c_0 为常数），则最

高均衡价为 $p_1 = p_n = V_L$；若 $c > (w+b)\frac{V_H}{V_L}$，则仍有 $p_1 = p_n = V_L$，据式（9-1）发现，即便 $X = b$（假定 $X \in [0,b]$），仍是 $\tilde{p}_2 = V_L$ 收益高，即 $\tilde{p}_2 = V_L$ 的概率 $F(z) = \frac{V_H - p_1}{\varDelta} = 1$，跨期定价机制完全失效，显然 $c > c_0$ 的情况定低价即可。因此销售商没有不受约束的市场特权，跨期定价权最终受供求结构（包含容量规模因素）约束。下面讨论跨期定价机制有效的情况。

随着容量变化，最高、最低均衡价格也发生变化，对应变化趋势见图 9-2。结合式（9-4）和式（9-7）可知，当 $c < w\frac{V_H}{V_L}$ 时，$p_n = V_H$；当 $w\frac{V_H}{V_L} \leqslant c \leqslant (w+b)\frac{V_H}{V_L}$ 时，容量变化对应价格 $V_H \geqslant p_n \geqslant V_L$ 区间。当 $c > w + b\frac{V_H}{V_L}$ 时，$p_m = V_L$；当 $w \leqslant c \leqslant w + b\frac{V_H}{V_L}$ 时，容量变化对应价格 $V_H \geqslant p_m \geqslant V_L$ 区间。注意：图 9-2 中显示的是 $w + b\frac{V_H}{V_L}$ 大于 $w\frac{V_H}{V_L}$ 的情况，小于或等于的情况省略（不影响问题分析）。

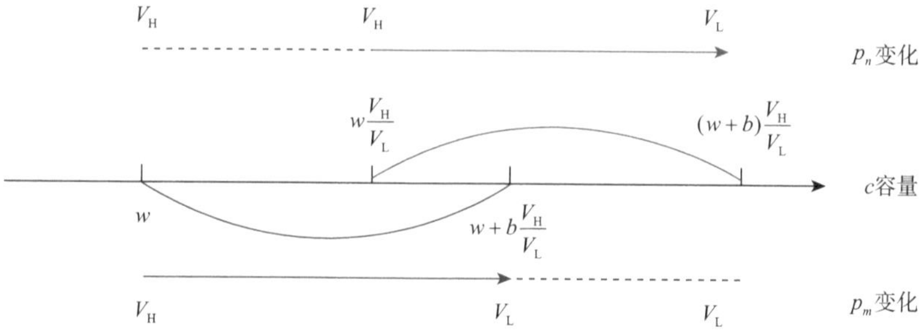

图 9-2　容量扩展与最高最低均衡价格变化趋势

综合以上分析可知，跨期定价机制可行容量范围为 $c \in [w, c_0]$。当高端需求上限趋于无穷时，相应容量供给也趋于无穷；当高端需求有限（更符合实际情况）时，因兼顾低端购买需求，故此容量供给超过高端需求上限值。

在均衡价格范围内，由式（9-4）可知，容量与推迟需求互为隐函数，因此 w_2 关于 c 的偏导函数满足：

$$\frac{\partial w_2}{\partial c} = -\frac{\partial p_1}{\partial c}\frac{\partial w_2}{\partial p_1} = \frac{V_L}{\varDelta} > 0 \tag{9-8}$$

式（9-8）表明，在均衡价格不变的情况下，策略等待需求随容量扩展而增加，即容量扩展会刺激消费者策略购买。因此在长期可改变供给的情况下，容量是调整策略购买行为的又一个工具。

结论 9.1　销售商没有不受市场约束的特权，跨期定价有效下的容量规模最终为供求结构所制约；在均衡价格范围内，容量扩展降低了销售商自身垄断高价能力，加剧了消费者策略等待行为程度。

9.3　容量扩展下的有效供给

容量扩展是在长期容量可变条件下进行的，因为涉及消费者行为，所以需要考虑短期消费者行为收益影响，在此基础上进行有效容量扩展。换句话说，长期首先考虑的是效率，只有长期有效市场容量供给确定后，短期考虑风险的定价才是有效的。

9.3.1　利润函数

在短期（假定容量给定）两阶段销售中，销售商期初确定价格 P_1 后，策略型消费者自动分配两阶段需求，根据两阶段价格变化规律可求出期望收益。

在 $t=2$ 阶段，消费者购买参考价是最大保留价，因此据式（9-1）可知 $t=2$ 阶段收益 $\tilde{\pi}_2=\min(\max(c_2V_{\mathrm{L}},(X+w_2)V_{\mathrm{H}}),c_2V_{\mathrm{H}})$，结合 X 的分布规律可得 $t=2$ 阶段期望收益（详见附录 B.1）：

$$E\left(\tilde{\pi}_2\right)=c_2V_{\mathrm{L}}F\left(z\right)+V_{\mathrm{H}}\int_z^{c_2-w_2}\left(x+w_2\right)\mathrm{d}F\left(x\right)+c_2V_{\mathrm{H}}\bar{F}\left(c_2-w_2\right)$$
$$=V_{\mathrm{H}}\left[c_2-\int_z^{c-w}F\left(x\right)\mathrm{d}x\right] \tag{9-9}$$

在均衡价格范围内，$t=2$ 阶段期望收益关于 w_2 的偏导函数为

$$\frac{\partial E(\tilde{\pi}_2)}{\partial w_2}=V_{\mathrm{L}}F(z)+V_{\mathrm{H}}\bar{F}(z)=p_1 \tag{9-10}$$

式（9-10）一方面表明，在价格均衡时，推迟购买预期支付和现购买支付相同，即策略型消费者推迟和不推迟购买的预期收益贡献一样；另一方面表明，策略购买行为削弱了跨期定价改善收益的作用（跨期定价原本试图在某阶段让高端消费者支付更多）。

在 $p_1\in[p_m,p_n]$ 范围内（对应 $w_2\in[0,\max w_2]$ 区间），两阶段短期总期望收益（简称期望收益）为行为变量 w_2 和容量供给 c 的函数（推导见附录 B.1）：

$$
\begin{aligned}
\pi_{mn} &= (w-w_2)p_1 + E(\tilde{\pi}_2) \\
&= cV_{\mathrm{L}}F(z) + V_{\mathrm{H}}\int_z^{c-w}(x+w)\mathrm{d}F(x) + cV_{\mathrm{H}}\bar{F}(c-w) \\
&= V_{\mathrm{H}}\left[c - \int_z^{c-w}F(x)\mathrm{d}x\right] - \Delta(w-w_2)F(z)
\end{aligned} \tag{9-11}
$$

因行为变量是价格和供给的函数，所以可简记为 $\pi_{mn} = G(w_2(p_1,c),c)$。

销售商在定价和供给上先发决策，策略型消费者随后选择购买时机。在短期容量供给不变时，期望收益关于 w_2 和 p_1 的偏导函数满足（推导见附录 B.1）：

$$
\frac{\partial \pi_{mn}}{\partial w_2} = \frac{\Delta^2}{V_{\mathrm{H}}}(w-w_2)f(z) \geqslant 0 \tag{9-12}
$$

$$
\frac{\partial \pi_{mn}}{\partial p_1} = \frac{\partial \pi_{mn}}{\partial w_2}\frac{\partial w_2}{\partial p_1} = w - w_2 \geqslant 0 \tag{9-13}
$$

$$
\frac{\partial^2 \pi_{mn}}{\partial p_1^2} = -\frac{V_{\mathrm{H}}}{\Delta^2 f(z)} < 0 \tag{9-14}
$$

由式（9-13）和式（9-14）可以发现，在均衡价格范围内，销售商期望收益随着初始定价提高而增加，但随着价位升高，单位价格升高所带来的期望收益增量递减；同时根据式（9-6）和式（9-12）可知，销售商期望收益增加必伴有价格升高，消费者策略等待需求量增加。特别注意，式（9-12）反映的是伴随现象，不表明等待购买行为是收益增加的原因，相反策略购买行为会降低最大潜在收益（详见 9.5 节）。

结论 9.2　在任何容量供给下或在容量扩展过程中，从市场效率（期望收益最大目标）的角度看，销售商在与策略型消费者的博弈中始终拥有占优定价策略，即 $p_1 = p_n$。

考虑到长期容量调整时间间隔往往较长，可变成本一般不应被忽略。现以 a 代表易逝品的平均可变成本（$a < V_{\mathrm{H}}$），于是短期期望利润函数为

$$
\Pi_{mn} = \pi_{mn} - ca \tag{9-15}
$$

在式（9-15）中，可变成本与策略购买行为无关，于是据式（9-12）可知，任何容量下的期望收益和期望利润都在最大等待需求边界 $\max w_2$ 处取得最大值。在容量扩展过程中，与边界 $\max w_2$（函数或常量）对应的最大期望收益和期望利润函数（扩展线）分别称为长期最大期望收益和长期最大期望利润函数（扩展线）；相应地，在容量给定情况下，价格升高过程中，与 w_2 从零增至 $\max w_2$ 的区间对应的期望收益和期望利润函数曲线分别称为短期期望收益和短期利润曲线。

9.3.2　有效供给

在任意容量下，期望收益是转移需求的非减函数，等待量是价格的非减函数。

因此在消费者参照产品第二阶段的期望价格进行购买的情形下，销售商期望收益最大目标下对消费者行为的反应函数即为占优定价策略 $p_1 = p_n$。

式（9-13）表明，在 $c \in [w, c_0]$ 范围内不论容量是多少，只有当 $p_1 = p_n$（对应 $w_2 = \max w_2$）时，即销售商选择占优定价策略时，期望收益才达到最高。根据式（9-11）可得销售商长期最大期望收益函数为

$$\pi_n = V_{\mathrm{H}}\left[c - \int_{z_2}^{c-w} F(x)\mathrm{d}x\right] \tag{9-16}$$

式（9-16）表明，在销售商选择占优策略下，长期期望收益是关于 c 的函数。在有效容量范围内，长期最大期望收益关于 c 的导函数满足：

$$\frac{\mathrm{d}\pi_n}{\mathrm{d}c} = V_{\mathrm{L}}F(z_2) + V_{\mathrm{H}}\bar{F}(c-w) > 0 \tag{9-17}$$

式（9-17）表明，若不考虑供给可变成本，在有效容量范围内，长期最大期望收益随供给增加而增大。

根据式（9-16）可得销售商长期最大期望利润函数：

$$\begin{aligned} \varPi_n &= \pi_n - ca \\ &= \begin{cases} V_{\mathrm{H}}\left[c - \int_0^{c-w} F(x)\mathrm{d}x\right] - ca, & w \leqslant c < w\dfrac{V_{\mathrm{H}}}{V_{\mathrm{L}}} \\ V_{\mathrm{H}}\left[c - \int_{\frac{V_{\mathrm{L}}}{V_{\mathrm{H}}}c-w}^{c-w} F(x)\mathrm{d}x\right] - ca, & w\dfrac{V_{\mathrm{H}}}{V_{\mathrm{L}}} \leqslant c \leqslant (w+b)\dfrac{V_{\mathrm{H}}}{V_{\mathrm{L}}} \end{cases} \end{aligned} \tag{9-18}$$

$\varPi_n$ 在 $c = w\dfrac{V_{\mathrm{H}}}{V_{\mathrm{L}}}$ 处连续且可导。当 $w \leqslant c < w\dfrac{V_{\mathrm{H}}}{V_{\mathrm{L}}}$ 时，$\dfrac{\mathrm{d}^2\varPi_n}{\mathrm{d}c^2} = -V_{\mathrm{H}}f(c-w) < 0$；当 $w\dfrac{V_{\mathrm{H}}}{V_{\mathrm{L}}} \leqslant c \leqslant (w+b)\dfrac{V_{\mathrm{H}}}{V_{\mathrm{L}}}$ 时，$\dfrac{\mathrm{d}^2\varPi_n}{\mathrm{d}c^2} = \dfrac{V_{\mathrm{L}}^2}{V_{\mathrm{H}}}\left[f\left(\dfrac{V_{\mathrm{L}}}{V_{\mathrm{H}}}c - w\right) - \left(\dfrac{V_{\mathrm{H}}}{V_{\mathrm{L}}}\right)^2 f(c-w)\right]$。因此 $\varPi_n$ 在 $c \in \left[w, w\dfrac{V_{\mathrm{H}}}{V_{\mathrm{L}}}\right]$ 区间上为先升后降的凹函数，在 $c \in \left[w\dfrac{V_{\mathrm{H}}}{V_{\mathrm{L}}}, (w+b)\dfrac{V_{\mathrm{H}}}{V_{\mathrm{L}}}\right]$ 区间上的凸凹性视分布率 $f(x)$ 判断（注意：若 X 服从均匀分布，则 $\varPi_n$ 在 $c \in [w, c_0]$ 区间上为凹函数）。

式（9-13）还表明，在 $c \in [w, c_0]$ 范围内，不论容量是多少，只要当 $p_1 = p_m$（对应 $w_2 = 0$）时，即当销售商选择最劣定价策略时，其期望收益 π_m 都是最低的。根据式（9-11）可得销售商长期最小期望收益函数和最小期望利润函数分别为

$$\pi_m = V_{\mathrm{H}}\left[c - \int_{z_1}^{c-w} F(x)\mathrm{d}x\right] - \varDelta wF(z_1) \tag{9-19}$$

$$\varPi_m = V_{\mathrm{H}}\left[c - \int_{z_1}^{c-w} F(x)\mathrm{d}x\right] - \varDelta wF(z_1) - ca \tag{9-20}$$

Π_m 和 Π_n 分别是最小和最大期望利润函数，据式（9-18）和式（9-20）可知长期最大和最小期望利润函数满足（推证详见附录 B.2）:

$$\Pi_n - \Pi_m = \Delta w[F(z_1) - F(\xi)] \geqslant 0 \tag{9-21}$$

式中，$\xi \in (z_2, z_1)$，当 $c = w$ 时不等式中的等号成立。式（9-21）一方面表明，最大和最小期望利润曲线之间为利润可行区域，所有定价和供给调控结果都在可行域内。同时式（9-21）还表明，最大期望利润位于可行域边界 Π_n 上，因可导有界函数必在驻点或端点取得最大值，于是长期最优（有效）供给为 $c^* \in \arg\max\limits_{c\in[w,c_0]} \Pi_n$，相应最大期望利润为 $\Pi_n(c^*)$。

9.4　有效供给的消费者因素

有效容量（最优供给）可据长期期望利润函数求得，而期望利润函数受消费者策略购买行为和支付意愿影响，显然有效容量与购买行为和保留价有关。因此需要探讨有效供给和收益的消费者因素。

9.4.1　策略行为因素

若消费者没有策略行为意识，策略型消费者都在 $t = 1$ 阶段购买，销售商选择 $p_1 = V_{\mathrm{H}}$ 无疑是最有利的，于是参照式（9-11）可得长期最大潜在期望利润函数（推导详见附录 B.2）:

$$\begin{aligned}\Pi_{\mathrm{H}} &= \pi_{\mathrm{H}} - ca = \Delta w F(z_1) + \pi_m - ca \\ &= V_{\mathrm{H}}\left[c - \int_{z_1}^{c-w} F(x)\mathrm{d}x\right] - ca\end{aligned} \tag{9-22}$$

根据式（9-18）和式（9-22）可知，消费者策略行为所引发的销售期望利润损失为

$$\Pi_{\mathrm{H}} - \Pi_n = V_{\mathrm{H}} \int_{z_2}^{z_1} F(x)\mathrm{d}x \geqslant 0 \tag{9-23}$$

式（9-23）中不等式中的等号在 $c = w$ 时成立。因此，只要销售商供给兼顾随机型消费者的需求，策略购买行为总会降低长期最大潜在期望利润。

因为函数式（9-22）是可导有界的，所以 Π_{H} 在驻点或端点取得最大值，即消

费者无策略行为意识下的长期有效供给为 $c^{**}\in\arg\max_{c\in[w,c_0]}\Pi_{\mathrm{H}}$ ，相应最大潜在期望利润为 $\Pi_{\mathrm{H}}(c^{**})$ 。

因为 $\dfrac{\mathrm{d}\Pi_{\mathrm{H}}}{\mathrm{d}c}\geqslant\dfrac{\mathrm{d}\Pi_n}{\mathrm{d}c}$（当 $c=w$ 时等号成立），Π_{H} 与 Π_n 一般驻点不相同，所以有和没有策略行为意识的有效供给通常不同（若 X 服从均匀分布，则有 $c^{**}\geqslant c^{*}$，当 $c^{*}=c_0$ 时等号成立）。

若忽视现有策略行为供给为 c^{**}，则最大期望利润为 $\Pi_n(c^{**})$，策略行为所致期望利润损失为 $\Pi_{\mathrm{H}}(c^{**})-\Pi_n(c^{**})$；若考虑现有策略行为供给为 c^{*}，则最大期望利润为 $\Pi_n(c^{*})$，策略行为导致的损失为 $\Pi_{\mathrm{H}}(c^{*})-\Pi_n(c^{*})$ 。因此考虑消费者行为确定供给，虽不能完全遏制策略购买行为，但与忽视消费者行为存在相比，最起码可减少期望利润损失为 $\Pi_n(c^{*})-\Pi_n(c^{**})$ 。

结论 9.3　销售商在考虑消费者行为而降低有效容量供给时，虽不能完全消除策略购买现象，但至少可降低策略行为所导致的损失。

9.4.2　支付意愿因素

有效供给和利润不仅受到策略行为影响，还受到消费者支付意愿影响。市场存在高、低两种价值的保留价，现从两个保留价差距的角度考察需求价值对供给和收益的影响。

假定两种互斥低端保留价为 V_{L2} 和 V_{L1} ，并且 $V_{\mathrm{L2}}>V_{\mathrm{L1}}$ ，两者分别与高端需求构成两互斥市场。根据式（9-16）可得两市场长期最大期望利润函数 Π_{n2} 和 Π_{n1} ，两者具体表达式合写为

$$\Pi_{nj}=V_{\mathrm{H}}\left[c-\int_{z_{2j}}^{c-w}F(x)\mathrm{d}x\right]-ca\tag{9-24}$$

式中，$j=1,2$ ；$z_{2j}=\max\left(0,\dfrac{V_{\mathrm{L}j}}{V_{\mathrm{H}}}c-w\right)$，即

$$z_{2j}=\begin{cases}0, & c<w\dfrac{V_{\mathrm{H}}}{V_{\mathrm{L}j}}\\[2ex] \dfrac{V_{\mathrm{L}j}}{V_{\mathrm{H}}}c-w, & c\geqslant w\dfrac{V_{\mathrm{H}}}{V_{\mathrm{L}j}}\end{cases}$$

在式（9-24）中 $z_{22}\geqslant z_{21}$ ，所以两种市场长期最大期望利润之差满足：

$$\Pi_{n2}-\Pi_{n1}=\int_{z_{21}}^{z_{22}}F(x)\mathrm{d}x\geqslant 0\tag{9-25}$$

式（9-25）中不等式中的等号在$c=w$时成立（因收益与价格和容量有关，两条曲线可能存在多点重合）。式（9-25）表明，高、低端消费者保留价差距越大，相应销售商长期最大销售期望利润越小。

结论 9.4　在跨期定价有效容量范围内，当高端消费者保留价不变时，同市场低端消费者保留价越低，销售商长期最大期望收益或期望利润越小。

凯恩斯的绝对收入消费理论表明，消费支出与收入水平正向相关，若假定消费支出与保留价一致，则销售期望利润因收入差距增大而减少，一旦收入差距为零（保留价相同），销售商按保留价定价销售利润最大。因此，跨期定价非天然垄断定价方式，只是支付意愿（背后反映收入差距）不同时降低损失的经营策略。

9.5　容量扩展下的收益风险

风险是指未来收益的不确定性（本书以收益标准差σ表示）。在短期供给不变的情况下，不确定需求产生需求风险，策略转移需求在跨期定价下引发行为风险，两者构成销售商收益风险，而后者可通过定价规避。长期容量扩展先基于效率，待容量确定之后，再根据短期目标控制风险。下面主要揭示短期定价和长期容量扩展引发的风险变化情况。

9.5.1　短期风险函数

一般长期容量扩展先考虑经济效率，在市场容量供给确定后，才根据短期目标定价控制风险。由于长期容量扩展基于短期最大收益目标，要考察容量扩展风险，就要先考察消费者行为下的短期风险变化规律。

尽管考虑平均可变成本降低了期望利润，但因假定了逾期易逝品价值为零，短期容量不变时，这些成本实为常量，因此平均可变成本存在不影响收益方差，即收益风险和利润风险相同。在均衡价格范围内，销售商短期期望利润或收益方差函数为（推导详见附录 B.3）

$$
\begin{aligned}
\sigma_{mn}^2 &= [(w-w_2)p_1 + c_2V_{\mathrm{L}} - \pi_{mn}]^2 F(z) \\
&\quad + \int_z^{c-w} [(w-w_2)p_1 + (x+w_2)V_{\mathrm{H}} - \pi_{mn}]^2 \mathrm{d}F(x) \\
&\quad + [(w-w_2)p_1 + c_2V_{\mathrm{H}} - \pi_{mn}]^2 \overline{F}(c-w) \qquad (9\text{-}26)
\end{aligned}
$$

根据式（9-26）可得关于 w_2 和 c 的短期利润风险函数为

$$\sigma_{mn} = \sqrt{\delta_1 - \delta_2} \tag{9-27}$$

式中

$$\delta_1 = c_2^2 V_{\mathrm{L}}^2 F(z) + V_{\mathrm{H}}^2 \int_z^{c-w} (x + w_2)^2 \mathrm{d}F(x) + c_2^2 V_{\mathrm{H}}^2 \overline{F}(c - w)$$

$$\delta_2 = \left[E(\tilde{\pi}_2)\right]^2$$

由于描述行为的变量 w_2 是价格 p_1 和容量 c 的函数，因此短期期望利润函数又可简记为 $\sigma_{mn} = H(w_2(p_1, c), c)$。

据式（9-27）可知，短期风险函数关于 w_2 的偏导函数满足（推导详见附录 B.3）：

$$\frac{\partial \sigma_{mn}}{\partial w_2} = \frac{\Delta}{\sigma_{mn}} [E(\tilde{\pi}_2) - c_2 V_{\mathrm{L}}] F(z) > 0 \tag{9-28}$$

根据式（9-6）和式（9-27）可知，短期风险函数关于价格 p_1 的偏导函数满足：

$$\frac{\partial \sigma_{mn}}{\partial p_1} = \frac{\partial \sigma_{mn}}{\partial w_2} \frac{\partial w_2}{\partial p_1} = \frac{V_{\mathrm{H}}[E(\tilde{\pi}_2) - c_2 V_{\mathrm{L}}] F(z)}{\Delta \sigma_{mn} f(z)} > 0 \tag{9-29}$$

式（9-28）和式（9-29）表明，在均衡价格范围内，随着价格 p_1 上升，等待至第二阶段购买的消费者数量增加，短期期望利润风险相应增加。

9.5.2 容量扩展风险

在均衡价格范围内，对产品的任一初始容量 $c \in [w, c_0]$，策略购买行为依赖于价格，而价格与风险呈正向关系，因此最大等待购买量与长期最大风险函数对应，即当销售商选择占优策略（$p_1 = p_n$，$w_2 = \max w_2$）时，期望利润风险达到最大。据式（9-27）可得关于容量 c 的长期期望利润风险（包括市场需求风险和策略行为风险）函数：

$$\sigma_n = \sqrt{\delta_1 |_{z=z_2} - \delta_2 |_{z=z_2}} = \begin{cases} \sqrt{\delta_{11} - \delta_{21}}, & c < w\dfrac{V_{\mathrm{H}}}{V_{\mathrm{L}}} \\ \sqrt{\delta_{12} - \delta_{22}}, & c \geqslant w\dfrac{V_{\mathrm{H}}}{V_{\mathrm{L}}} \end{cases} \tag{9-30}$$

式中，$\delta_{11} = \delta_1 |_{z=0, w_2 = \frac{V_{\mathrm{L}}}{\Delta}(c-w)}$；$\delta_{21} = \delta_2 |_{z=0, w_2 = \frac{V_{\mathrm{L}}}{\Delta}(c-w)}$；$\delta_{12} = \delta_1 |_{z = \frac{V_{\mathrm{L}}}{V_{\mathrm{H}}} c - w, w_2 = w}$；$\delta_{22} = \delta_2 |_{z = \frac{V_{\mathrm{L}}}{V_{\mathrm{H}}} c - w, w_2 = w}$（具体计算式见附录 B.4），长期期望利润风险函数在 $c = w\dfrac{V_{\mathrm{H}}}{V_{\mathrm{L}}}$ 处连续且可导。

式（9-29）表明，在均衡价格范围内，$c \in [w, c_0]$ 任一供给下，当销售商选择最劣价格策略（$p_1 = p_m$，$w_2 = 0$）时，期望利润风险达到最小。根据式（9-27）

可得与长期最小期望利润函数对应的长期最小风险（即市场需求风险）函数：

$$\sigma_m = \sqrt{\delta_1 |_{z=z_1} - \delta_2 |_{z=z_1}} \qquad (9\text{-}31)$$

σ_m 代表与购买行为无关的市场需求风险（证明见附录 B.5）。由于策略行为风险 $\sigma_n - \sigma_m \geqslant 0$（当 $c = w$ 时等号成立），期望利润函数和风险函数定义域相同，因此 σ_m 与 σ_n 函数间的风险域和 Π_m 与 Π_n 函数间的利润域对应。

有无消费者行为的有效供给 c^* 和 c^{**} 一般不等，考虑和不考虑消费者行为有效供给下的风险值 $\sigma_n(c^*)$ 和 $\sigma_n(c^{**})$ 往往不同。

若消费者没有策略行为意识，所有策略型消费者在 $t=1$ 阶段购买，则在 $p_1 \in [V_L, V_H]$ 范围内利润风险恒为 σ_m。因此市场需求风险 σ_m 不可通过 p_1 调控。

结论 9.5　忽视消费者策略购买行为，不仅会降低长期最大期望收益或利润，还有可能通过影响有效供给而增大收益风险。

9.6　易逝品定价公式

有效供给为实现短期期望利润最大提供了机会，而能否实现最大期望利润还与商品定价有关。一旦有效供给确定，价格越高则期望利润和风险也越高，因此定价受销售商风险态度影响。若销售商对风险不敏感，则可高价销售，若销售商对风险敏感，则应低价销售。此外，如果存在更偏爱风险的市场中介，那么销售商可让渡收益机会换取利润增长。无论何种方式销售，销售商都需确定不同风险下的易逝品销售（或易逝资产转让）价格。

根据式（9-18）确定有效供给后，销售商已拥有获得最大期望利润的容量条件。由于等待需求为期初售价的函数，即 $w_2 = w_2(p_1, c^*)$，策略行为风险为等待需求的函数，即 $\sigma_{mn} = H(w_2, c^*)$，于是均衡价格下的风险为价格 p_1 的函数（易逝品定价公式）：

$$\sigma_{mn} = H(w_2(p_1, c^*), c^*) \qquad (9\text{-}32)$$

因为风险是价格的增函数，所以不同价格下的风险不同。销售商可根据风险态度定价，若市场上存在愿冒更高风险的中间商，则可以更高价让渡销售定价权获得额外销售利润。由式（9-32）可得纵轴为价格的风险价格曲线，曲线上的点表示愿担的风险和所对应的价格，曲线之外上部表示可转让销售权的让渡定价区。

由于短期均衡价格范围内，期望利润 $\Pi_{mn} = \pi_{mn} - ca$ 为 w_2 的函数，等待需求为价格 p_1 的函数。于是有效供给下由价格 p_1 表示的期望利润（易逝资产影子价格）

函数为

$$\Pi_{mn} = \Pi(w_2(p_1, c^*), c^*) \tag{9-33}$$

由式（9-33）可得纵轴为价格的利润价格曲线，曲线上点的横坐标表示易逝资产（如待承包或租赁的车、船或飞机等）影子价格，等于销售商销售商品的利润。顺便说明，影子价格不等于易逝品价格与有效供给的乘积，因为即便有时剩余品卖高价比卖低价更赚钱，也并不表示剩余都可销售完，所以期望利润不等于价格与供给的乘积。

在有效供给确定的均衡价格范围内，由式（9-32）和式（9-33）可以发现，期望利润可表示为风险的函数形式（仅是伴随现象而非因果关系）。期望利润关于行为风险的导函数满足（推导详见附录 B.6）：

$$\frac{\mathrm{d}\Pi_{mn}}{\mathrm{d}\sigma_{mn}} = \frac{\Delta(w - w_2)\sigma_{mn} f(z)}{V_{\mathrm{H}}[E(\tilde{\pi}_2) - c_2 V_{\mathrm{L}}]F(z)} \geqslant 0 \tag{9-34}$$

式（9-34）的不等式中的等号在 $w_2 = w$ 时成立。式（9-34）还表明，短期内每增加一份利润都要付出相应的风险代价。

高利润和低风险不可兼得，在权衡风险和利润后，如果销售商选择可接受风险为 $\sigma_{mn} = \bar{\sigma}$，那么根据式（9-32）可确定期初售价 p_1^*，根据 $w_2 = w_2(p_1, c^*)$ 可确定推迟购买量 w_2^*，于是可把 $w - w_2^*$ 作为调价时机的销量参考点。至此有效供给和满意风险分别为 c^* 和 $\bar{\sigma}$，两阶段的价格和期望利润分别为

$$p_1^* = V_{\mathrm{L}} + \Delta\bar{F}(\bar{z})$$

$$\tilde{p}_2^* = \begin{cases} V_{\mathrm{L}}, & X < \bar{z} \\ V_{\mathrm{H}}, & X \geqslant \bar{z} \end{cases}; \quad \bar{z} = \frac{V_{\mathrm{L}}}{V_{\mathrm{H}}}(c^* - w) - \frac{\Delta}{V_{\mathrm{H}}} w_2^*$$

$$\Pi_{mn} = \Pi(w_2(p_1^*, c^*), c^*)$$

上述求解过程表明，通过消费者反应函数、风险价格函数（易逝品定价公式）和利润价格（易逝资产影子价格）函数，可构建等待需求、价格、期望利润和风险之间的单值对应关系，因此价格成为可同时调控其余三者定量变化的有效工具（注：若可方便地求出利润风险函数，则称其为影子价格函数更妥）。

9.7 算例分析

某游乐公司在配置游乐设施时，既要考虑长期游客需求增长，又要考虑短期

游客需求不确定性，现根据当前市场需求行情，重新确定设施容量供给和服务消费价格。每天上午按公布价格销售门票，下午根据需求随时调整价格，通过调控游客量实现供求较好地匹配。假定潜在高收入游客群体保留价为 $V_H = 600$，相应确定需求部分（策略型消费者）$w = 9000$，视天气和工作而定的随机型消费者量（随机需求量）$X \sim U(0,15\,000)$；低收入旅客群体保留价为：① $V_L = 450$；② $V_L = 360$；③ $V_L = 270$（列举三种互斥低端保留价，以便考察消费者支付意愿的供给影响，图表中以相应序号标记）；易逝品的长期平均可变成本 $a = 280$。

1. 容量扩展下的有效供给

现以情况②为例。根据式（9-18）可得容量扩展下的最大和最小期望利润函数，借此可得容量扩展与期望利润数值表（表 9-1）和有效供给量 $c^* = 18125$（计算见附录 B.7.1），以及容量扩展与期望利润变化走势即图 9-3，顺便说明：图和表中未列尽跨期定价有效范围内的全部容量。

表 9-1　容量扩展与期望利润变化数值表

容量 c	相应期望利润		
	Π_m	Π_n	备注
9 000	2 880 000	2 880 000	
10 000	3 100 800	3 180 000	
11 000	3 296 000	3 440 000	
12 000	3 465 600	3 660 000	
13 000	3 609 600	3 840 000	
14 000	3 728 000	3 980 000	
15 000	3 820 800	4 080 000	
16 000	3 888 000	4 147 200	
17 000	3 929 600	4 188 800	
18 125	3 945 800	4 205 000	最大期望利润
19 000	3 936 000	4 195 200	
20 000	3 900 800	4 160 000	
21 500	3 800 000	4 059 200	
22 000	3 753 600	4 012 800	
23 000	3 641 600	3 900 800	
24 000	3 504 000	3 763 200	

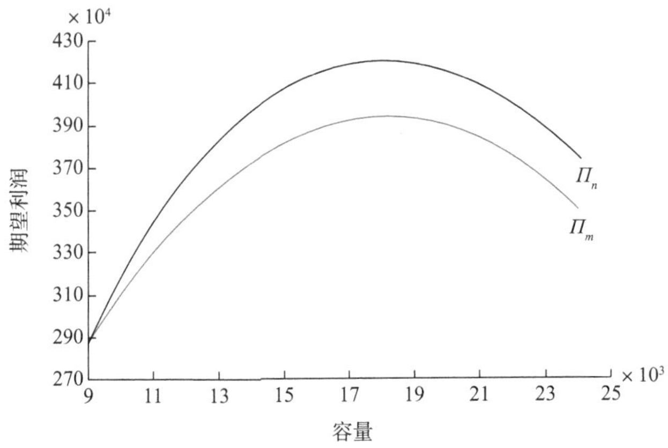

图 9-3　容量扩展与期望利润变化

观察表 9-1 可发现 $\Pi_n \geqslant \Pi_m$，当容量供给与固定需求部分量相等，即 $c = w = 9000$ 时，最大和最小期望利润函数的值相等（2 880 000）；最大期望利润随容量扩展而变化，当容量扩展为 $c^* = 18125$ 时，长期最大期望利润函数达到最大值（3 945 800）。图 9-3 的纵轴截距为无等待购买下的期望利润，Π_m 和 Π_n 曲线间的垂直距离为最大和最小期望利润差。

由于容量扩展过程中最大期望利润是不断变化的，从收益角度看，销售商应根据市场需求变化及时调整短期容量供给，而对于短期难以调整供给规模的情形（如时尚品生产线、油气管线等），可提前适当预留一定的容量储备，以方便需求增长下的供给增加。

2. 有效供给的策略行为影响

现以情况②为例。若消费者无策略购买行为意识，根据式（9-22）可得最大期望利润函数 Π_H 和有效供给 $c^{**} = 21500$，结合策略购买下的最大及最小期望利润函数 Π_n 和 Π_m，可得容量扩展与期望利润数值表，即表 9-2（计算见附录 B.7.2）和相应指标关系图，即图 9-4。

表 9-2　行为影响的容量扩展与期望利润数值

容量 c	相应期望利润		
	Π_m	Π_n	Π_H
9 000	2 880 000	2 880 000	2 880 000
10 000	3 100 800	3 180 000	3 187 200
11 000	3 296 000	3 440 000	3 468 800
12 000	3 465 600	3 660 000	3 724 800

续表

容量 c	相应期望利润		
	Π_m	Π_n	Π_{H}
13 000	3 609 600	3 840 000	3 955 200
14 000	3 728 000	3 980 000	4 160 000
15 000	3 820 800	4 080 000	4 339 200
16 000	3 888 000	4 147 200	4 492 800
17 000	3 929 600	4 188 800	4 620 800
18 125	3 945 800	4 205 000	4 734 200
19 000	3 936 000	4 195 200	4 800 000
20 000	3 900 800	4 160 000	4 851 200
21 500	3 800 000	4 059 200	4 880 000
22 000	3 753 600	4 012 800	4 876 800
23 000	3 641 600	3 900 800	4 851 200
24 000	3 504 000	3 763 200	4 800 000

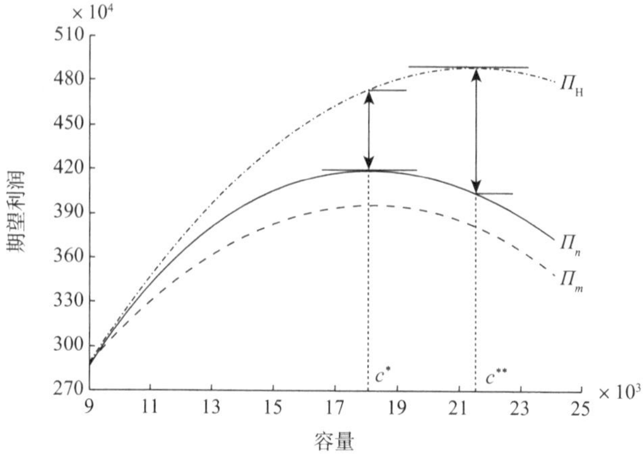

图 9-4　行为影响的容量扩展

从表 9-2 发现 $\Pi_{\mathrm{H}} \geqslant \Pi_n \geqslant \Pi_m$，当容量供给与固定需求相等，即 $c = w = 9000$ 时，有无策略行为意识下最大期望利润相同（2 880 000）；当容量供给为 $c^{**} = 21\,500$ 时，无策略行为意识下最大期望利润为 4 880 000。与无策略行为情形相比，考虑现有策略行为会减少供给约 15.70%；忽视现有策略行为供给为 c^{**} 时，策略购买引致损失约 16.82%；考虑现有策略行为供给为 c^{*} 时，策略购买引致损失约 11.18%；

与忽视策略购买行为存在相比，考虑购买行为存在增加期望利润约 3.59%。从图 9-4 可发现 $\Pi_{\mathrm{H}} \geqslant \Pi_n$，$c^{**} > c^{*}$，$\Pi_n(c^{**}) < \Pi_n(c^{*})$。

由于与消费者无策略行为意识情况相比，有策略行为情况下的最大期望利润低，且前者供给较大，而忽视存在的消费者行为，错误地提供过高的供给量会带来更多利润损失。因此，当市场存在消费者策略行为时，销售商可适当降低容量供给，以降低策略购买行为所导致的利润损失。

3. 有效供给的支付意愿影响

现比较情况①、②和③的有效供给和期望利润，观察有效供给的支付意愿影响。根据式（9-18）计算三种情况容量扩展下的最大期望利润函数，借此可得容量扩展与最大期望利润数值表（表 9-3）（计算见附录 B.7.3）和相应指标关系图（图 9-5）。从表 9-3 可以发现，若① ~ ③最大期望利润分别记为 Π_{n1}、Π_{n2} 和 Π_{n3}，则 $\Pi_{n1} \geqslant \Pi_{n2} \geqslant \Pi_{n3}$，当市场容量供给与固定需求部分相等，即 $c = w = 9000$ 时，三者最大期望利润相等（2 880 000）；三种情况的有效容量供给依次（约）为 23 429、18 125 和 17 000，相应最大期望利润分别（约）为 4.8×10^6、4.205×10^7 和 4.16×10^6。由图 9-5 可直观地看出，Π_{n1} 成为 Π_{n2} 和 Π_{n3} 的上外包络线。

表 9-3　支付意愿影响的容量扩展与期望利润数值

容量 c	相应期望利润		
	① Π_{n1}	② Π_{n2}	③ Π_{n3}
9 000	2 880 000	2 880 000	2 880 000
10 000	3 180 000	3 180 000	3 180 000
11 000	3 440 000	3 440 000	3 440 000
12 000	3 660 000	3 660 000	3 660 000
13 000	3 851 250	3 840 000	3 840 000
14 000	4 025 000	3 980 000	3 980 000
15 000	4 181 250	4 080 000	4 080 000
16 000	4 320 000	4 147 200	4 140 000
17 000	4 441 250	4 188 800	4 160 000
18 000	4 545 000	4 204 800	4 140 000
19 000	4 631 250	4 195 200	4 080 000
20 000	4 700 000	4 160 000	3 980 000
21 000	4 751 250	4 099 200	3 844 050

续表

容量 c	相应期望利润		
	① Π_{n1}	② Π_{n2}	③ Π_{n3}
22 000	4 785 000	4 012 800	3 676 200
23 000	4 801 250	3 900 800	3 476 450
24 000	4 800 000	3 763 200	3 244 800

鉴于高端消费者保留价不变，同市场低端消费者保留价越低，则销售商容量供给越少，最大期望利润越低。因此，销售商销售商品不仅要看潜在消费者数量，还要看消费者群体的价值构成。

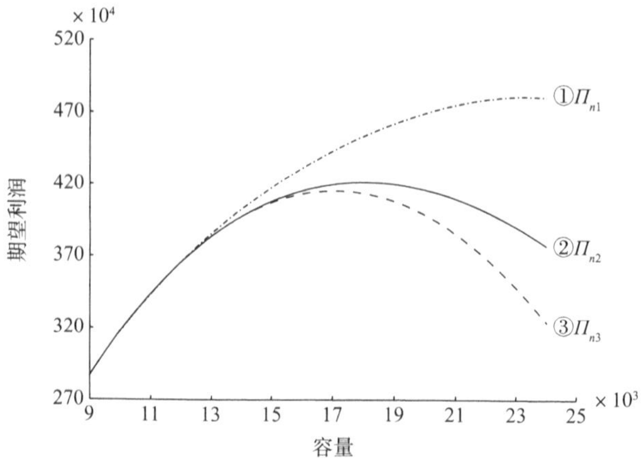

图 9-5　支付意愿影响的容量扩展

4. 容量扩展下的风险

现以情况②为例考察容量扩展下的风险变化。根据式（9-30）可得容量扩展下的风险函数，可得容量扩展与风险变化数值表（表 9-4）（计算见附录 B.7.4）和相应指标间关系图（图 9-6）。

表 9-4　容量扩展与风险变化数值表

容量 c	风险 σ_m	风险 σ_n	备注
9 000	0	0	
10 000	51 499	87 178	
11 000	141 091	240 000	
12 000	250 521	428 486	
13 000	371 861	640 000	

续表

容量 c	风险 σ_m	风险 σ_n	备注
14 000	499 600	866 025	
15 000	629 221	1 099 818	
16 000	756 643	1 319 332	
17 000	877 897	1 510 519	
18 125	1 001 830	1 694 082	有效供给
19 000	1 085 173	1 812 819	
20 000	1 161 600	1 920 000	
21 500	1 224 745	2 013 502	
22 000	1 227 729	2 023 311	
23 000	1 197 091	2 003 489	
24 000	1 099 818	1 918 463	

从表 9-4 可以发现 $\sigma_n - \sigma_m \geqslant 0$，当容量供给与固定需求相等，即 $c = w = 9000$ 时，最大和最小风险函数的值相等。

结合表 9-1 和表 9-4 可发现，忽视消费者策略行为不仅损失利润，而且可能增加风险（有效供给从 18 125 增加到 21 500，而最大期望利润从 4 205 000 降低到 4 059 200，最大风险从 1 694 082 增加到 2 013 502）。图 9-6 显示了最大风险函数最大值驻点比 $c^* = 18125$ 和 $c^{**} = 21500$ 都大。因此，销售商忽视消费者行为扩展容量，可能既降低利润又增加风险。

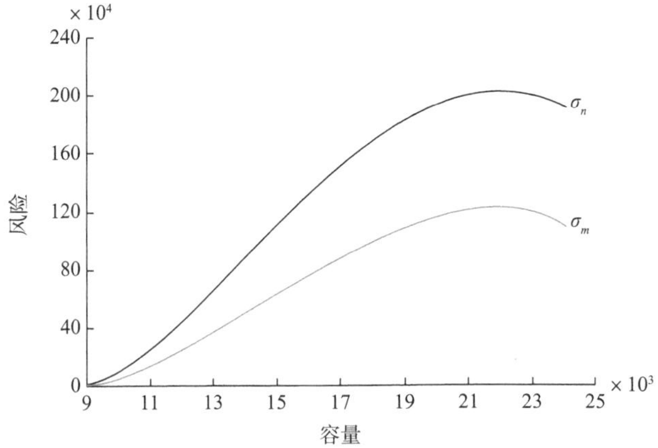

图 9-6　容量扩展与风险变化趋势

5. 有效供给下的定价曲线

现以情况②为例分析有效供给（ $c^*=18\,125$ ）下的定价。在有效容量供给确定后，短期可基于定价引导合理策略购买行为，按照预定目标定量调控利润和风险。在算例已知条件的基础上，根据式（9-4）的均衡价格条件求得消费者价格反应函数式（9-5）的表达式，该式与式（9-11）结合得到利润（易逝资产影子价格）价格函数，而与式（9-27）结合可得风险价格函数（易逝品定价公式），当然根据定价公式和影子价格函数也可得利润-风险函数（也称影子价格函数）。

根据具体函数表达式可得价格、利润和风险数值表（表 9-5）（计算见附录 B.7.5）和相应指标关系图（图 9-7）。从表 9-5 可发现，随着初始价格升高，期望利润、风险和等待需求都相应增加，且期望利润与风险也是同向相伴的。当最大等待需求 $w_2=9000$ 时，价格、期望利润和风险都达到最大值（ $p_1=570$ ， $\Pi_{mn}=\Pi_n=4\,205\,000$ ， $\sigma_{mn}=\sigma_n=1\,694\,082$ ）。由此来看，在任何容量供给下，没有所谓的最优定价，只有相对满意的定价。销售商通过价格信号引导消费者合理的策略购买行为，调控等待购买需求规模，可以实现既定容量下可达到的预定收益目标（既定风险下的预期利润）。

表 9-5　有效供给下价格与期望利润、风险及等待需求关系数值表

价格 p_1	期望利润 Π_{mn}	风险 σ_{mn}	等待需求 w_2	备注
512.4	3 945 800	1 001 830	0	最小值
515.6	3 973 800	1 050 535	500	
518.8	4 000 200	1 098 319	1 000	
522.0	4 025 000	1 145 136	1 500	
525.2	4 048 200	1 190 938	2 000	
528.4	4 069 800	1 235 676	2 500	
531.6	4 089 800	1 279 297	3 000	
534.8	4 108 200	1 321 750	3 500	
538.0	4 125 000	1 362 979	4 000	
541.2	4 140 200	1 402 928	4 500	
544.4	4 153 800	1 441 536	5 000	
547.6	4 165 800	1 478 743	5 500	
550.8	4 176 200	1 514 483	6 000	
554.0	4 185 000	1 548 689	6 500	
557.2	4 192 200	1 581 290	7 000	
560.4	4 197 800	1 612 210	7 500	
563.6	4 201 800	1 641 372	8 000	
566.8	4 204 200	1 668 692	8 500	
570.0	4 205 000	1 694 082	9 000	最大值

结合图 9-7 可看出，如果销售商把风险控制看作首要任务，在易逝品定价曲

线［图 9-7（d）曲线］上选择可接受风险 *D* 点（1 514 483），那么可选择相应定价 550.8，追求资产影子价格曲线［图 9-7（c）曲线］上期望利润 *E* 点（4 176 200）。如果市场上存在易逝资产中间经销商，那么只要其出价高于 *E* 点期望利润（即影子价格曲线 *E* 点右侧部分），销售商可短期转让运营或销售权。若中间商以 *B* 点（4 201 800）期望利润为价格获得经销权，则其销售定价不应低于 *A* 点（563.6），显然为发掘潜在利润空间 25 600（=4 201 800−4 176 200），要付出更加高的风险（1 641 372）代价，从图 9-7（a）的曲线可发现，中间商所冒风险的增量明显高于期望利润增量。

因此对于损失潜在利润空间为代价的风险规避者，最好的办法莫过于让渡经营销售权，在规避风险的同时又获得额外利润。对于更偏爱冒风险的中间商，在冒着更大风险的同时，获得了本不属于自己的赚取利润的机会。

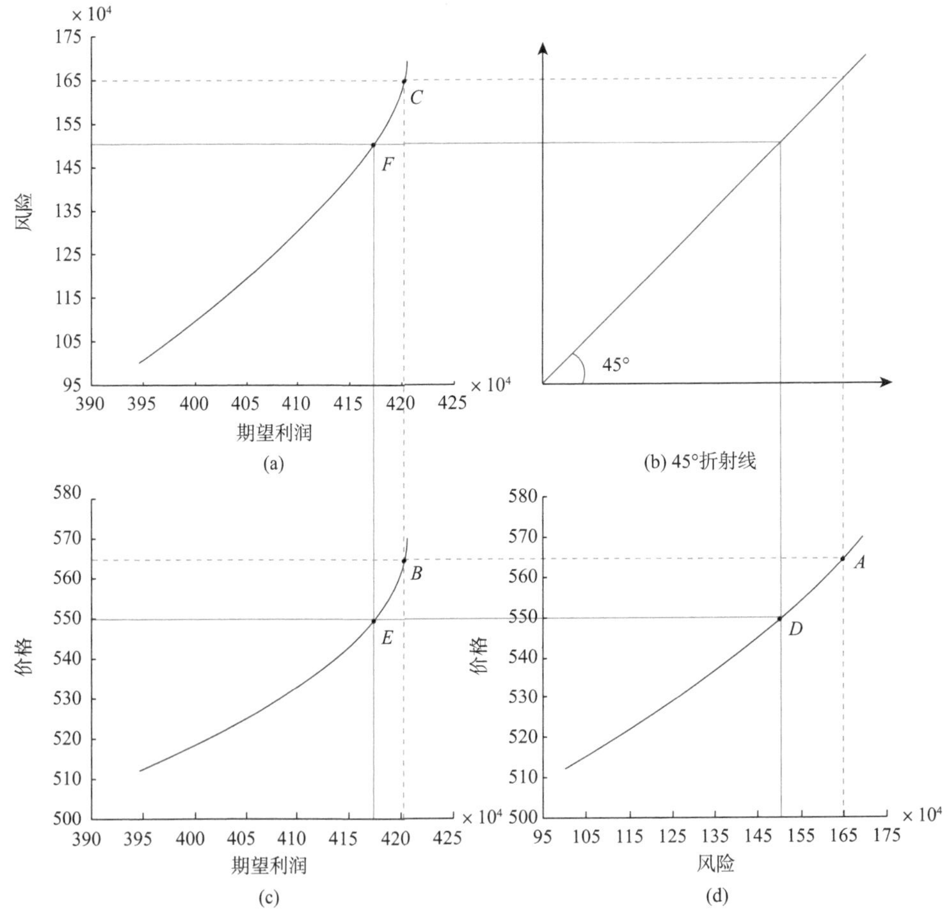

图 9-7　有效供给下的易逝品（资产）定价曲线组图

6. 容量扩展下的定价、期望利润及风险曲面

前面借助例子介绍了长期容量扩展和短期定价问题，但容量扩展中很少看到行为变量，短期定价中很少看到供给变量，尽管前面对该方法已有论证，但理论论证略微抽象。现借助算例②，说明为何确定有效供给的双变量期望利润函数可转化成单变量函数，价格、利润和风险随变量变化有怎样的路径以及长期容量扩展与短期定价有什么关系。

根据式（9-4）可得关于 w_2 和 c 的价格函数，据此函数可得二维变量价格数值表 B9-1（计算过程及表 B9-1 见附录 B.7.6）和相应空间价格曲面（图 9-8）。从表 B9-1 可以发现，若 $c = w = 9000$，则最高均衡价格为 $p_1 = V_H = 600$；若容量供给一定，则等待购买需求随价格升高而增加；若等待购买需求不变，则价格随容量供给增加而降低。等待需求、价格和供给之间的关系可从图 9-8 的价格曲面直观地看出，当容量为 $c^* = 18125$ 时，直线 AB 是随着行为变量 w_2 增加的价格变化路径（即 AB 是控制消费者推迟购买规模的定价曲线）。长期容量扩展一旦确定，相应容量便为短期固定容量，即短期容量是长期容量扩展的特定值，AB 仅是行为变量随价格变化众多路径中的一条。

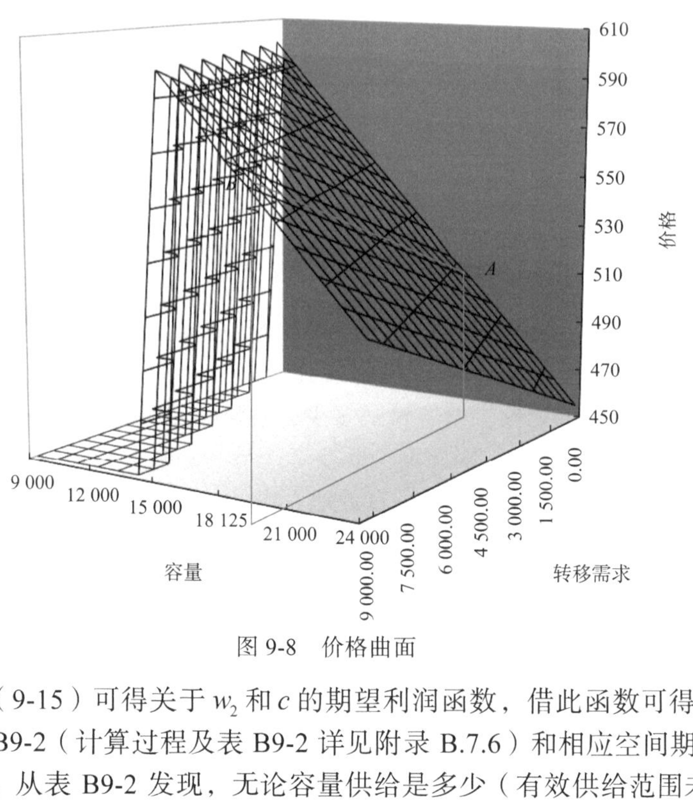

图 9-8　价格曲面

根据式（9-15）可得关于 w_2 和 c 的期望利润函数，借此函数可得二维变量利润数值表 B9-2（计算过程及表 B9-2 详见附录 B.7.6）和相应空间期望利润曲面（图 9-9）。从表 B9-2 发现，无论容量供给是多少（有效供给范围未列完），

期望利润升高都伴有等待需求增加。正基于等待需求、期望利润和价格之间互为正向关系，才在最高均衡价格状态下将双变量最大（最小）利润函数转化为仅含容量的单变量函数。从图 9-9 的利润曲面可直观地看出，当供给 $c^*=18125$ 时，最大期望利润对应 D 点（4 205 000），曲线 CD 是随行为变量 w_2 增加的期望利润升高路径；若将 C 和 D 所在曲面前后边缘一同后视投影，即可得到图 9-3 中容量扩展下的最大最小期望利润曲线（注：图 9-9 中的曲面右侧锯齿状边缘应为平滑曲线）。

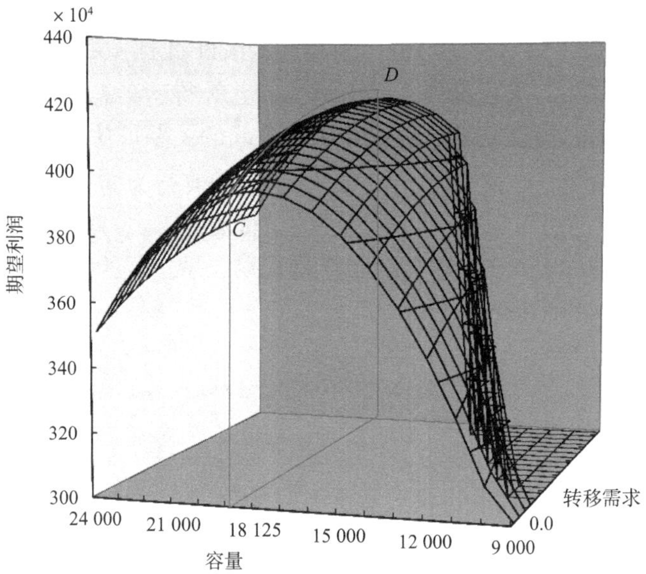

图 9-9　期望利润曲面

根据式（9-27）可得关于 w_2 和 c 的风险函数，借此函数可得二维变量风险数值表 B9-3（计算过程及表 B9-3 详见附录 B.7.6）和相应空间风险曲面（图 9-10）。从表 B9-3 可以发现，无论供给容量是多少，随等待需求增大，风险也会增加，即策略购买行为引发新风险。因此定价既要考虑行为的收益影响，还要考虑行为的风险影响。从图 9-10 的风险曲面可直观地看出，曲线 EF 是风险随行为变量 w_2 增大而上升变化的路径曲线；若将 E 和 F 所在曲面前后边缘一同后视投影，即可得到图 9-6 中容量扩展下的最大最小风险曲线（注：图 9-10 中的曲面右侧锯齿状边缘应为平滑曲线）。

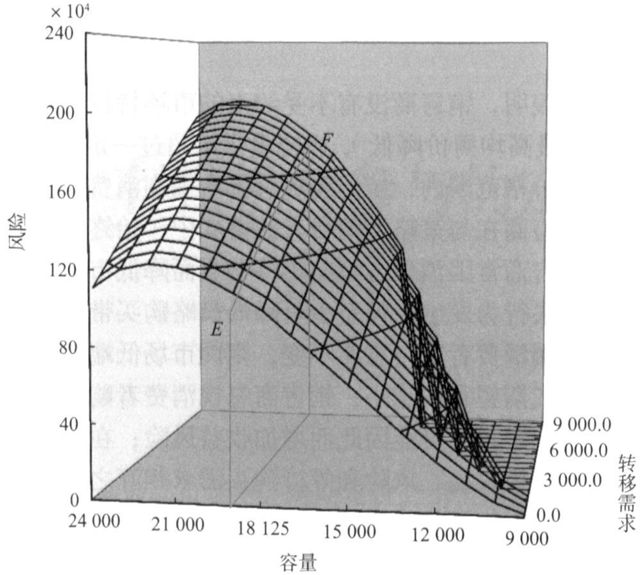

图 9-10　风险曲面

总之，之所以在有效供给时将双变量期望利润函数转化为单变量函数，是因为任意供给下期望利润都随等待需求增加而增大，最大期望利润值必在最大等待需求（是容量的函数）边界取得，于是搜寻范围从曲面缩小至边界线，即将二元利润函数转变为仅含容量的单变量函数。在跨期定价有效容量供给范围内，对任意给定容量，价格（利润/风险）随等待需求增加的变化路径，理论上是该容量纵向垂直切面与价格（利润/风险）曲面的相贯线。长期容量扩展线是无数个短期供给量点的集合（短期供给量点的轨迹）。

9.8　本 章 小 结

从长期来看，易逝品的供给规模是可以改变的。销售商在长期容量扩展过程中，需考虑短期容量不变时消费者行为的影响。策略行为常表现为试图在最低价时购买，以求购买价格支付最少。在网络时代获取信息较方便的情况下，本章基于与供给相关的期望价格，为消费者购买提供时机参考，通过对销售商容量扩展和跨期定价销售与消费者择机购买的模型进行研究，找到了依据容量扩展线和定

问题，甚至可能陷入债务危机。

供给确定而需求不确定这种市场特点，给销售商带来了收益风险，却给投机者带来了收益机会，因此易逝品市场常会出现赚取买卖差价的投机者。由于对投机行为的认识偏差，相关部门常采取打压方式治理投机，然而大量人力、财力的投入却收效甚微。于是管理者将目光转向市场引导，在市场上，销售商常根据市场需求变化，采取跨期定价排挤投机行为。而在销售商跨期定价排挤投机者的同时，消费者学会了择机购买以应对跨期定价。消费者策略购买不仅有弱化跨期定价的作用，还会引发新的收益风险（李贺等，2012）。此外，消费者所受的价格歧视感也会引起销售商价格信誉等无形资产的流失（Ho and Su，2009）。

尽管跨期定价环境可以降低策略行为风险，但这要以低价流失潜在收益为代价，且原有不确定需求风险并无减少。现实销售商在追求预期目标的前提下，既希望可控制市场不确定需求风险，又希望不增加新的策略行为风险。已有成果中鲜有文献研究此类问题。

跨期定价既有改善收益的利，也有损失价格信誉和引发行为风险的弊，而静态定价利弊之处恰与其相反。发挥动静态定价机制所长，规避两种机制所短虽太过理想，但构建两种机制组合至少可部分扬长避短。不同定价机制需要不同的市场组织环境，因动态和静态定价分别适用于垄断和竞争市场，初级垄断市场和次级竞争市场构成的混合市场，具备兼容跨期定价和静态定价的机制运行条件。

在现实易逝品市场中，初级市场不变价销售的情况下，常有不同背景的投机行为或隐或现于次级市场。由于投机者和消费者之间存在根本利益冲突，于是通过市场容量配给和定价遏制投机者过度投机，借助投机者投机定价平衡消费者策略购买，成为探讨易逝品销售中改善收益和分散风险的新途径。

本节首先介绍本章的模型主体要素及其属性，之后按交易时序叙述主体行为，即主体行为时序，最后给出本章研究所需的假设。

10.1.1　市场主体

本章模型描述的是策略购买与投机行为并存的情形下，在需求不确定的有限期内销售定量易逝商品。市场主体包括销售商品的销售商、买卖商品的投机者和购买商品的消费者三方。其中消费者包括保留价较高的高端消费者和保留价较低的低端消费者，高端消费者又包括需求确定的策略型消费者和需求随机的随机型消费者。不同市场主体因交易目的不同而市场行为各异。

1. 销售商

销售商为市场商品的最终供给者。销售商销售期内供给商品 c 单位，逾期商品市场价值为零。销售商确定销售期内不变销售价 p_1（ $p_1 \in [V_L, V_H]$ ，V_H 和 V_L 分别表示高、低端消费者保留价），基于有限理性追求预期满意目标，即既定收益下的风险最小或既定风险下的收益最大（注：收益最大与风险最小条件相容下的完全理性目标实为有限理性目标的特例）。

2. 投机者

投机者为追求买卖利润的交易者。在 $t=1$ 阶段，投机者基于参考点 $E(\tilde{p}_2)$（ $\tilde{p}_2$ 为 $t=2$ 阶段的随机价格，$E(\tilde{p}_2)$ 为价格 $\tilde{p}_2$ 的期望）安排购买时机，在两阶段价格满足 $E(\tilde{p}_2) > p_1$ 或 $E(\tilde{p}_2) = p_1 \neq V_H$ 的条件下，选择在 $t=1$ 阶段购入商品，否则等待或停止（继续）购入商品；在 $t=2$ 阶段，根据市场商品剩余供求状况相机择价，以竞争价 $\tilde{p}_2$ 售出全部所购商品。假设市场上有很多投机者，所有投机者的投机总量为 S ，其中每位投机者的投机量仅占 S 的很小一部分（即每个投机者个体的投机量都不足以影响次级竞争市场价格）。

3. 消费者

消费者为以消费为目的的购买者。按最高可支付保留价的高低，消费者大体可分为高、低端两类，其中高端消费者都具有策略购买能力，仅有确定购买和可能购买之分。在不影响问题实质性的研究下（见 10.2.3 节），假定策略型消费者 $t=1$ 阶段到达，随机型消费者 $t=2$ 阶段出现。每个消费者只需要一个单位商品，各类消费者因出现时机和保留价不同而购买行为不同。

1）策略型消费者

有策略行为能力和意愿的高端消费者，构成高端需求中的确定需求部分 w（ w 表示策略型消费者的数量，$w<c$ ），愿意支付商品的最高保留价为 V_H ，根据反映供求变化的期望价格 $E(\tilde{p}_2)$ 安排策略购买时机。若两阶段期望价格均衡满足 $E(\tilde{p}_2) \geqslant p_1$ 条件，则立即选择在 $t=1$ 阶段购买，否则会等待至 $t=2$ 阶段购买（ w_2 表示等至 $t=2$ 阶段的策略型消费者的数量，$w_2 \leqslant w$ ）。

2）随机型消费者

$t=2$ 阶段无等待时间购买的高端消费者，构成高端需求中的随机需求部分 X（ X 表示随机型消费者的数量，X 的概率密度函数为 $f(x)$ ，随机分布函数为 $F(x)$ ，记 $\bar{F}(x)=1-F(x)$ ），愿支付商品的最高保留价为 V_H ，只要商品价格 $\tilde{p}_2 \leqslant V_H$ ，随机型消费者就愿意购买商品。

3）低端消费者

无策略行为意愿的低端消费者，构成市场足够多的低端需求部分，愿支付商品的最高保留价为 V_L（ $V_L < V_H$ ），只要商品销售价格 $\tilde{p}_2 \leqslant V_L$ ，低端消费者可购完所有剩余商品。顺便说明，由于 $t=1$ 阶段随机型消费者的需求状况尚不明朗，两

阶段均衡价格满足 $p_1 = E(\tilde{p}_2) > V_L$ 条件（详见 10.3 节），所以低端消费者 $t=1$ 阶段仅潜伏于市场。

10.1.2　行为时序

消费者购买有先后顺序，在顺序中的位置不同，有可能决策行为不同，这是因为时序结构中的顺序位置影响判断行为依据，因此在分析和解决定价与配给问题之前，首先要明白交易主体出现先后和供求结构时序变化。

由于策略型消费者和随机型消费者的市场价值或保留价相同，因此在两阶段（预期）价格均衡下，如果 $t=1$ 阶段多出现一个（相应 $t=2$ 阶段少出现一个）随机型消费者，那么 $t=2$ 阶段高价销售的机会减少，期望价格降低。在 $t=1$ 阶段投机者不可退货的情况下，$t=2$ 阶段消费购买预期支付减少。作为策略型消费者的价格反应表现，将多一个策略型消费者为预期低价等至 $t=2$ 阶段，期望价格又回升至原均衡价位，两阶段相对供求状况恢复如前，各阶段所面临的需求价值结构没有变化。因此在不影响问题分析结果的情况下，可假定策略型消费者 $t=1$ 阶段到达，随机型消费者 $t=2$ 阶段出现。

销售商最先出现于市场中，销售期内提供商品总量为 c 。赚取买卖差价为目的的投机者 $t=1$ 阶段购买，$t=2$ 阶段竞价销售商品。具体各主体交易时序和量价结构见图 10-1。

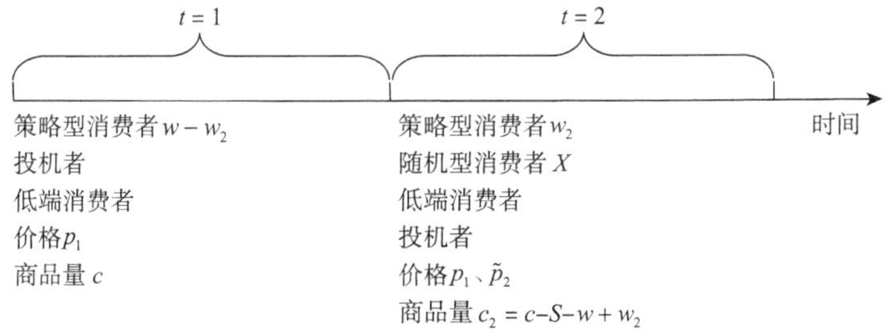

图 10-1　供求时序和量价结构

$t=1$ 阶段初始商品供给量为 c ，销售商确定商品两阶段销售价格 p_1 后，投机者根据价格 p_1 和供求做出投机购买量决定，策略型消费者根据价格和供求决定是否等至 $t=2$ 阶段购买。在两阶段之间（仅是理论上的抽象状态），随机型消费者出现在市场中，之前随机需求量 X 此刻已成为可观察需求量。$t=2$ 阶段初销售商持有的商品剩余量为 c_2（ $c_2 = c - S - w + w_2$ ），仍以 p_1 价格销售（如果尚有商品）；投机者根据剩余供求选择竞争销售价 $\tilde{p}_2$ ，将所购商品出售给潜在购买者。

10.1.3　模型假设

本章研究需做如下假设。

假设 10.1　市场需求不确定。

假设 10.2　产品未来价格升降趋势不明，期望价格是投机者和消费者的购买行为参考依据。

假设 10.3　高价出现剩余和高价买不到商品的情况都有可能出现。

假设 10.4　消费者购买商品有挑选习惯（如自选式购物），且商品属性越多，挑选习惯就越明显（如选靠窗车票）。

假设 10.5　销售商、投机者及消费者对随机需求部分 X 的分布规律和高低端消费者保留价认知一致，商品剩余量（包括第一阶段初供给量 c 和第二阶段初剩余量 c_2）、投机需求量 S 及固定需求部分 w 的信息透明。

10.2　投机者和消费者行为的价格依赖

价格是市场最为敏感的信号，投机者逐利体现为买卖差价，策略型消费者安排时机购买依据参考价，销售商即便考虑风险的收益也取决于商品定价，因此市场主体经济行为对价格有很大的依赖性。下面分析市场定价和投机者及策略型消费者的行为价格关系。

10.2.1　市场价格合成与分解

理论上存在两种极端的市场组织形式：垄断市场和完全竞争市场。寡头市场和垄断竞争市场实为两者之间的过渡市场状态，从竞争程度看，寡头市场更靠近垄断市场，垄断竞争市场更靠近完全竞争市场。现实市场居于中间状态居多，尽管现实这种市场无法重复复制，但理论上中间状态可由市场组合等价复制。

投机者和策略型消费者根据参考期望价格安排购买时机，自动实现两阶段预期价格均衡。由于投机者之间的充分竞争，价格均衡下的投机者预期收益为零（忽略投机者服务所获收益），同时销售商与投机者存在一定的竞争关系，市场竞价无疑直接影响销售商收益。现通过市场销售价合成和分解，直观反映投机行为在改善收益中的价格作用。

$$p_1 = V_L + \frac{\Delta\bar{F}(c-w)}{F(S-w_2)+\bar{F}(c-w)} \tag{10-3}$$

顺便说明，式（10-3）中的 S 与 w_2 并非相互独立的变量，相反，在一定范围内，两者变动有相互依赖关系。现在转向讨论投机限量下的均衡价格函数。

10.2.3　有投机限量价格函数

由于投机量和策略购买量有依赖关系，只有弄清楚两者的数量关系，才可能有效调控投机和策略购买行为，发挥有利之处，屏蔽不利之处。

由式（10-3）不难发现，初始价格关于 S 和 w_2 的偏导函数分别满足：

$$\frac{\partial p_1}{\partial S}<0,\quad \frac{\partial p_1}{\partial w_2}<0$$

显然，价格 p_1 随 S 增加有减小的趋势，随 w_2 增加有增大的趋势。结合购买行为依据可知，在价格均衡时，投机购买和策略等待购买相互激励。为了便于理解行为变量 S 和 w_2 的关联性，将式（10-3）中的行为价格关系表示为图 10-4 的形式（Op_1 轴表示商品价格，OS 或 Ow_2 轴表示商品数量）。

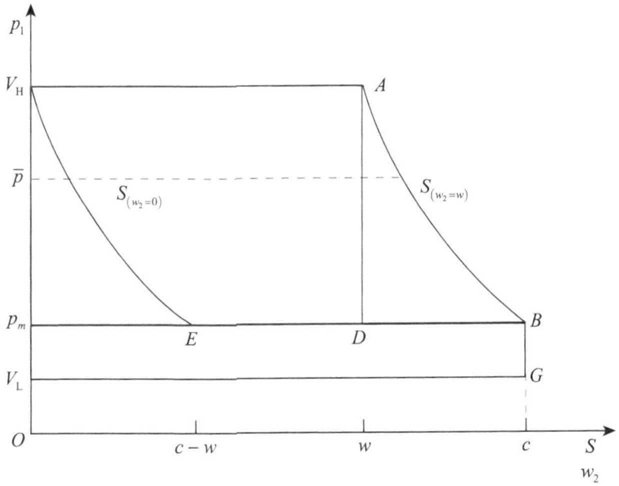

图 10-4　策略购买和投机需求随价格变化区域

图 10-4 中 V_HABp_m 曲边梯形区域为点（S，p_1）的变化范围；V_HADp_m 矩形区域为点（w_2，p_1）的变化范围；p_mBGV_L 矩形区域内的价格对投机者投机有利，而对策略型消费者等待购买极为不利。若价格 p_1 降至均衡下限 p_m，市场不确定需求将完全转给投机者，再降价只能减少损失，所以销售商定价不会低于 p_m。

在销售商选择 $p_1 = V_{\mathrm{H}}$ 的情况下，若初始 $S = 0$， $w_2 = 0$，则 $E(\tilde{p}_2) = p_1 = V_{\mathrm{H}}$。因投机前就表明无赢利机会，所以投机者无投机必要，相应消费者策略购买行为消失。

在销售商选择 $p_1 = \bar{p} \in (p_m, V_{\mathrm{H}})$ 的情况下，若初始 $S = 0$，$w_2 = 0$，则此刻 $E(\tilde{p}_2) > p_1$，继而投机量从 $S = 0$ 增至 $S = S_{(w_2=0)}$，达到 $E(\tilde{p}_2) = p_1 = \bar{p}$ 价格均衡。若 S（或 w_2）再持续（开始）增加，将会引致 w_2（或 S）等量增加，其结果 $E(\tilde{p}_2)$ 维持不变，仍保持价格均衡，并有 $S - w_2 = S_{(w_2=0)}$（简记为 $r = S - w_2$）。显然在既定价格下，由于投机和策略购买参考价格相同，w_2 在 $[0, w]$ 区间和 S 在 $\left[S_{(w_2=0)}, S_{(w_2=w)}\right]$ 区间的变化应相同（注：$S_{(w_2=0)} = r$，$S_{(w_2=w)} = r + w$），销售商因投机者已替策略型消费者提前购买，不会承担策略购买价格风险。

在销售商选择 $p_1 = p_m$ 的情况下，其他变化过程相同，只是此刻投机者投机购买全部由销售商供给，即 $S = c$，策略型消费者全部推迟购买商品，即 $w_2 = w$，相应变量 r 已变成具体常量 $r = c - w$。

综合上述分析过程可看出，在 $p_1 \in [p_m, V_{\mathrm{H}}]$ 区间，价格均衡下的投机量包括两部分（$S = r + w_2$），其中投机量 r 部分随价格 p_1 升降而变化，投机量 w_2 部分与策略等待量同步变化（表现为投机和策略购买互为激励）。于是可将式（10-3）的双变量行为价格函数转化为单变量行为价格函数：

$$p_1 = V_{\mathrm{L}} + \frac{\Delta \bar{F}(c-w)}{F(r) + \bar{F}(c-w)} \tag{10-4}$$

式（10-4）表明，投机者在不确定需求上的投机量 r（下称最小均衡投机量）影响定价，行为价格关系体现为供求结构（c，w，$F(\cdot)$，V_{H}，V_{L}）关系；消费者策略购买的价格影响被部分投机购买等量“对冲”。

根据式（10-4）可得最小均衡投机变量关于价格的导函数满足：

$$\frac{\mathrm{d}r}{\mathrm{d}p_1} = -\frac{\left[F(r) + \bar{F}(c-w)\right]^2}{\Delta f(r)\bar{F}(c-w)} < 0 \tag{10-5}$$

式（10-5）表明，最小均衡投机量 r 是价格 p_1 的减函数。

结论 10.1　在 $p_1 \in [p_m, V_{\mathrm{H}}]$ 区间，价格均衡（$E(\tilde{p}_2) = p_1$）时，投机者投机不确定需求部分受价格制约，最小均衡投机量 r 随价格 p_1 降低而增加；投机者将投机范围扩展到确定需求部分会激励消费者策略购买，策略购买的价格影响被投机者的部分投机等量“对冲”。

由此看来，投机量的控制需从定价和容量配给两个途径相结合解决。

10.3 投机和消费行为下的收益

前面的价格函数分析表明，投机和策略消费购买行为都依赖定价，并受到容量配给影响，而收益也直接与定价及容量配给相关，因此投机和策略购买行为必然影响销售收益。投机和策略购买行为集中反映在价格和投机量上，当然，收益的行为影响也会从价格和投机量变化中得以体现。下面从两个层次考虑行为收益关系，一是行为收益函数，即收益与相关变量的数量关系；二是行为收益函数变化的结构分析。

10.3.1 行为收益函数

从均衡价格形成过程分析可以看出，销售商在 $t=1$ 阶段初始确定价格 p_1 后，投机者和策略型消费者积极互动，自适应调整两阶段消费和投机购买需求，以达到两期价格均衡。根据两阶段定价标准和需求规律可得销售商期望收益。

与行为价格分析顺序相对应，现先从 $t=2$ 阶段收益进行分析。在 $t=2$ 阶段，对销售商来说，投机者已从购买合作者变成销售竞争者，销售量由投机者消费后的市场剩余需求决定，相应销售商收益表示为 $\tilde{\pi}_2 = p_1 \min(\max(0, X+w_2-S), c_2)$。于是，结合 X 的分布规律可得 $t=2$ 阶段期望收益：

$$E(\tilde{\pi}_2)=p_1\left[\int_0^{S-w_2} 0\mathrm{d}F(x)+\int_{S-w_2}^{c-w}(w_2+x-S)\mathrm{d}F(x)+c_2\bar{F}(c-w)\right] \quad (10\text{-}6)$$

在 $t=1$ 阶段，投机者成为与销售商合作的购买者，销售商销售量为投机和消费需求量之和，相应 $t=1$ 阶段销售商收益可表示为

$$\pi_1 = p_1(w-w_2+S) \quad (10\text{-}7)$$

根据两阶段需求均衡下的收益，可得不同均衡价格下的总期望收益（简称期望收益）。在 $p_1 \in [p_m, V_{\mathrm{H}}]$ 区间，由式（10-6）和式（10-7）可得销售商期望收益函数：

$$\pi_{(S,w_2)}=p_1\left[\int_0^{S-w_2}(w-w_2+S)\mathrm{d}F(x)+\int_{S-w_2}^{c-w}(w+x)\mathrm{d}F(x)+c\bar{F}(c-w)\right] \quad (10\text{-}8)$$

由于均衡价格下，$t=1$ 阶段投机购买与策略等待自适应调整，策略等待量“空缺”被新增投机购买量填补，$t=2$ 阶段投机购买商品又被竞争性售出，所以在均

衡价格下销售商所面临的购买需求（或剩余）不再改变。因此，式（10-8）等号右端期望销售量因子 w_2 为 r 的函数，在 $p_1 \in [p_m, V_H]$ 区间，投机行为和策略购买行为互动均衡下的销售商期望收益函数转化为式（10-9），不妨将此函数称为行为收益函数：

$$\pi_{(r)} = p_1\left[\int_0^r (w+r)\mathrm{d}F(x) + \int_r^{c-w}(w+x)\mathrm{d}F(x) + c\bar{F}(c-w)\right]$$
$$= \left[V_L + \frac{\Delta\bar{F}(c-w)}{F(r)+\bar{F}(c-w)}\right]\left[c - \int_r^{c-w}F(x)\mathrm{d}x\right] \qquad (10\text{-}9)$$

式（10-9）表明，期望收益等于期望价格乘以期望销售量，其中期望价格随 r 增加递减，期望销量随 r 增加递增；既定均衡价格下的投机和策略购买互动不影响期望收益。

10.3.2　收益效应分析

有了行为收益函数，只能表明期望收益可由最小均衡投机量表示，既不能显示函数有何特性，也不能表明投机者存在是否一定增加收益。因此需要对收益函数的特性进行进一步探析。

由中值定理可知 $\int_0^{c-w}F(x)\mathrm{d}x = (c-w)F(\xi) < c-w$，其中 $\xi \in (0, c-w)$。

因此期望收益函数在 $r=0$ 处的右导函数满足：

$$\lim_{r\to 0^+}\frac{\pi_{(r)}-\pi_{(0)}}{r} = -\frac{\Delta f(0)}{\bar{F}(c-w)}\left[c - \int_0^{c-w}F(x)\mathrm{d}x\right] < 0 \qquad (10\text{-}10)$$

式（10-10）表明，若价格 p_1 在低于 V_H 的一个极小范围内下降，r 会在 $r=0$ 的右邻域增加，导致期望收益减少。因此至少在 $r=0$ 右邻域内，行为收益函数是最小投机均衡量的减函数。这表明，投机可能不仅不能改善收益，还会降低收益。

实际上，投机行为能否改善收益取决于市场供求结构，取决于允许投机行为存在时，销售商所付出的代价和所能增加的收益。接下来，对行为收益变化的构成进行考察。

当销售商按高端消费者保留价定价，即 $p_1 = V_H$，$r=0$ 时，市场不会出现投机者投机行为的身影。为方便叙述，将此情形下得到的期望收益和销量分别记为 $\pi_{(0)}$ 和 $C_{(0)}$。当初始价格 p_1 降低后，销售 $C_{(0)}$ 部分可获得期望收益（相当于不存在投机者下的销售商收益）：

$$\pi = p_1\left[c - \int_0^{c-w} F(x)\mathrm{d}x\right] \tag{10-11}$$

对应 $C_{(0)}$ 部分的降价损失为价格收益效应，该损失也为允许投机行为存在的代价，其函数可表示为

$$\Pi_1 = \pi - \pi_{(0)} = (p_1 - V_{\mathrm{H}})\left[c - \int_0^{c-w} F(x)\mathrm{d}x\right] \tag{10-12}$$

事实上，随着价格 p_1 下降（对应 r 增加），销售商销量增加（超过 $C_{(0)}$），销量增加部分对应的收益为销量收益效应，该收益实为容许投机行为存在的回报（投机对销售商收益的贡献），其函数可表示为

$$\Pi_2 = \pi_{(r)} - \pi = p_1\int_0^{r} F(x)\mathrm{d}x \tag{10-13}$$

之所以能产生式（10-13）的销量收益效应，是因为在 $t=2$ 阶段投机者通过可变价格，一方面高价压缩高端消费者剩余，另一方面低价扩大低端消费群体，所赚利润以 $t=1$ 阶段投机购买增加销量方式回流给销售商（现实投机者因服务或交易成本可获收益）。

因为 $\dfrac{\mathrm{d}\Pi_1}{\mathrm{d}p_1} = c - \int_0^{c-w} F(x)\mathrm{d}x$ 恒为常量，$\dfrac{\mathrm{d}\Pi_2}{\mathrm{d}p_1} = \int_0^{r} F(x)\mathrm{d}x + p_1F(r)\dfrac{\mathrm{d}r}{\mathrm{d}p_1}$ 为关于 r 的函数，所以只有均衡价格范围内出现 $-\dfrac{\mathrm{d}\Pi_2}{\mathrm{d}p_1} \geqslant \dfrac{\mathrm{d}\Pi_1}{\mathrm{d}p_1}$ 的情形下，随价格降低收益下降的趋势才被遏制。显然，随着销量收益效应增加，销售收益有改善的趋势，但最终收益是恶化还是改善完全取决于受供求结构制约的收益效应。

价格与销量变化的总收益效应为两种效应的代数和，即总收益效应为 $\pi_{(r)} - \pi_{(0)}$。当 $\pi_{(r)} > \pi_{(0)}$，即销量收益效应大于价格收益效应时，销售商期望收益总量是增加的；当 $\pi_{(r)} = \pi_{(0)}$，即销量收益效应等于价格收益效应时，销售商期望收益总量是不变的；当 $\pi_{(r)} < \pi_{(0)}$，即销量收益效应小于价格收益效应时，销售商期望收益总量是减少的。因此，不是任何供求结构下都可利用投机行为改善收益状况。

结论 10.2　在 $r \in [0, c-w]$ 区间（反向对应 $p_1 \in [p_m, V_{\mathrm{H}}]$ 区间），期望价格随 r（最小均衡投机量）增加而递减，期望销量随 r 增加而递增，投机行为的改善收益效果受供求结构制约。

在均衡价格范围内，最大期望收益由市场供求结构决定，然而在考虑不确定风险因素的情况下，销售商不再纯粹追求期望收益最大化目标，因为高期望收益背后或许隐藏着更高的不确定风险，所以需要考虑策略购买和投机行为下的风险问题。

10.4　投机和消费行为下的风险

风险是指未来收益的不确定性，即未来收益与预期（期望）收益的偏离程度（本书以收益标准差 σ 度量风险）。随机型消费者的购买不确定性构成销售商收益不确定性风险的基础，这部分因市场需求变化产生的收益风险为可分散的市场需求风险，而投机售价不确定对应等待需求的收益不确定风险为投机者所承担（此处不讨论投机者承担的策略行为风险）。在上述行为价格和行为收益关系的基础上，现转向策略购买和投机行为下的风险分析。

10.4.1　行为风险函数

策略型消费者等待购买需求被投机者提前吸纳，不会给销售商带来新的策略行为风险，但销售商定价影响投机者投机量，部分投机量又靠低端需求吸纳，销售商初级市场定价越低，投机者开拓次级市场低端需求越多，因此定价和投机影响收益不确定性。

销售商根据策略购买和投机下的行为价格关系，将 $p_1 \in [p_m, V_{\mathrm{H}}]$ 均衡价格区间选为定价范围。在均衡价格范围内，根据式（10-1）所示定价状态的收益、期望收益及 X 的分布规律可知，销售商不确定收益的方差为

$$\begin{aligned}\sigma^2_{(S,w_2)} &= [p_1(w-w_2+S)-\pi_{(S,w_2)}]^2 F(S-w_2) \\ &\quad + \int_{S-w_2}^{c-w} [p_1(w-w_2+S)+P_1(w_2+x-S)-\pi_{(S,w_2)}]^2 \mathrm{d}F(x) \\ &\quad + [p_1(w-w_2+S)+p_1(c-S-w+w_2)-\pi_{(S,w_2)}]^2 \bar{F}(c-w) \end{aligned} \quad (10\text{-}14)$$

式（10-14）表明，方差是价格、期望收益及相互依赖变量 S 与 w_2 的函数，因为价格和期望收益都可表示为 r 的函数，所以销售商收益方差可表示为

$$\begin{aligned}\sigma^2_{(r)} &= [p_1(w+r)-\pi_{(r)}]^2 F(r) \\ &\quad + \int_{r}^{c-w} [p_1(w+r)+p_1(x-r)-\pi_{(r)}]^2 \mathrm{d}F(x) \\ &\quad + [p_1(w+r)+p_1(c-w-r)-\pi_{(r)}]^2 \bar{F}(c-w) \end{aligned} \quad (10\text{-}15)$$

因为方差是偏差的平方，容易产生偏差估计放大下的错觉，所以通常将收益方差转化为收益标准差。据式（10-15）可知，销售商收益标准差（风险）函数为

$$\sigma_{(r)} = p_1\delta = \delta\left(V_{\mathrm{L}} + \frac{\Delta\bar{F}(c-w)}{F(r)+\bar{F}(c-w)}\right) \tag{10-16}$$

式中，$\delta = \sqrt{2\int_r^{c-w}(c-w-x)F(x)\mathrm{d}x - \left[\int_r^{c-w}F(x)\mathrm{d}x\right]^2}$。

收益标准差是收益偏离收益均值的程度,（静态定价下）收益均值等于价格与期望销量的乘积，式（10-16）右侧第一个因子为（期望）价格，因此第二个因子 δ 是销量期望偏差。因风险是投机行为变量 r 的函数，所以称此函数为行为风险函数。

式（10-16）还表明，当 $r=c-w$，即初级市场确定价格 $p_1=p_m$ 时，销售商收益风险为 $\sigma_{(c-w)}=0$，市场需求不确定部分全转让给投机者，此刻价格均衡下的投机量可控范围为 $S\in[c-w,c]$。

10.4.2 行为风险特性

收益风险是最小均衡投机量或价格函数，仅表明变量间可相互表示，尚未表明其之间的变化关系。在考虑风险情况下收益最大不是唯一目标，多数情况下没有最完美的唯一解，经常在收益和风险间做适当取舍，因此需要考察风险随投机量和价格变化的特性（收益特性已讨论）。

由中值定理可知 $\int_r^{c-w}F(x)\mathrm{d}x=(c-w-r)F(\xi)<c-w-r$，其中 $\xi\in(0,c-w)$。

因此风险关于最小均衡投机量的导函数满足：

$$\frac{\mathrm{d}\sigma_{(r)}}{\mathrm{d}r} = -\frac{\Delta f(r)\bar{F}(c-w)}{\left[F(r)+\bar{F}(c-w)\right]^2}\delta - \frac{p_1\left[c-w-r-\int_r^{c-w}F(x)\mathrm{d}x\right]F(r)}{\delta} < 0 \tag{10-17}$$

式（10-17）表明，风险与 r 的变化呈反向关系，即最小均衡投机量越大，销售商承担的风险越小（相应转移出去的风险越多）；当 $r=0$（$p_1=V_{\mathrm{H}}$），即投机量为零（按最高均衡价上限定价）时，销售商收益风险达到最大值 $\sigma_{(0)}$。由式（10-4）和式（10-16）可知，风险 σ 与价格 p_1 为复合函数关系；由式（10-5）和式（10-17）可知，最小均衡投机量 r 与价格和风险的变化均呈反向关系，因此风险关于价格的导函数满足：

$$\frac{\mathrm{d}\sigma}{\mathrm{d}p_1} = \frac{\mathrm{d}\sigma_{(r)}}{\mathrm{d}r}\frac{\mathrm{d}r}{\mathrm{d}p_1} > 0 \tag{10-18}$$

式（10-18）表明，价格与风险的变化呈正向关系。因此销售商通过定价可降低所承担的风险。

结论 10.3　在 $r \in [0, c-w]$ 区间，销售商面临的收益风险随 r 的增加而减少，随价格的下降而降低，利用对不确定需求的投机可分散风险。

在均衡价格范围内，最小均衡投机量 r 与价格单值反向对应，投机者和策略型消费者均衡互动不影响期望收益。销售商通过静态定价辅以容量控制（设置投机量水平），既可控制预期收益和风险目标，又可遏制不增加收益的过度投机，降低“容许”投机行为存在的负面影响。

10.5　定价策略与市场容量配给

销售商的理想目标是高收益、低风险，但现实是高收益大多伴有高风险。如何在分散或转移风险的同时收益更大一直是销售商所追求的。风险厌恶型销售商追求高收益、低风险目标，而市场组合定价机制下的收益与风险间的关系，既有与所追求目标相矛盾的情况，也有与所追求目标完全一致的情况。现在行为价格、行为收益和行为风险关系已确定的基础上，销售商可基于函数特性选择有限（或完全）理性目标。

10.5.1　满意目标下的定价与配给

销售商风险厌恶时，往往考虑风险规避问题。在价格 $p_1 \in [p_m, V_H]$ 区间（反向对应 $r \in [0, c-w]$ 区间，两端点期望收益分别以 $\pi_{(0)}$ 和 $\pi_{(c-w)}$ 表示），随着初级市场价格降低（r 相应增加），价格收益效应（损失）逐渐递增，销量收益效应（收益）增幅受供求结构约束变化。在均衡价格变化范围内，行为收益函数曲线形状呈三种情形：①价格收益效应增速一直高于销量收益效应增速，行为收益函数曲线呈单调下降状态；②销量收益效应增速有时高于价格收益效应增速，但 $\pi_{(0)}$ 点始终为最大期望收益点；③销量收益效应超过价格收益效应，行为收益函数在驻点或右端点处最大。而与期望收益变化不同，风险随 r 增加而逐渐递减。因由收益和风险构成目标函数存在问题，于是以有限理性决策方式，针对收益和风险关系随供求结构变化的情形，采取相应定价和配给策略实现预期目标。

销售商所追求的目标常常表现为两种形式：在高收益伴有高风险情况下追求既定收益下的风险最小，在高收益伴有低风险情况下追求收益最大（风险最小）。而后者仅仅是前者的特殊情形而已。于是销售商可追求既定收益下的风险最小有

限理性目标，相应目标函数可表示为

$$\min \sigma_{(r)} = p_1\delta$$
$$\text{s.t.} \quad \begin{cases} \pi_{(r)} = \bar{\pi} \\ p_1 = E(\tilde{p}_2) \end{cases} \tag{10-19}$$

式中，$\bar{\pi} \in [\min \pi_{(r)}, \max \pi_{(r)}]$。

式（10-19）表明，在$[\min \pi_{(r)}, \max \pi_{(r)}]$范围有效区间上（注意：在两点收益相同时,对应风险小的收益点更有效;低风险高收益点比高风险低收益点更有效），销售商选择既定收益$\bar{\pi}$，可得对应最小均衡投机量r^*（即满足$\pi_{(r^*)} = \bar{\pi}$）及相应最优价格p_1^*和最小风险$\sigma_{(r^*)}$：

$$p_1^* = V_{\mathrm{L}} + \frac{\Delta \bar{F}(c-w)}{F(r^*) + \bar{F}(c-w)}, \quad \sigma_{(r^*)} = p_1^* \delta_{(r^*)}$$

投机者$t=2$销售商品的竞价策略为

$$\tilde{p}_2^* = \begin{cases} V_{\mathrm{L}}, & X < r^* \\ p_1, & r^* \leqslant X < c-w \\ V_{\mathrm{H}}, & X \geqslant c-w \end{cases}$$

式中，$r^* \in \arg\min\limits_{\pi_{(r)}=\bar{\pi}} \sigma_{(r)}$。

商品价格与需求（包括投机）时序结构相对应。销售商初级市场确定价格p_1^*的情况下，$t=1$阶段预期销量为$w - w_2 + S = w + r^*$（相应余量为$c_2 = c - w - r^*$），$t=2$阶段仍按原价销售商品（若有商品），最终商品预期余量为$\int_{r^*}^{c-w} F(x)\mathrm{d}x$；在销售商设置投机购量水平为$\bar{S} \in [r^*, r^* + w]$时，投机者$t=1$阶段总购量为$S = \bar{S}$，$t=2$阶段次级市场按竞争价$\tilde{p}_2^*$售完所购商品。策略型消费者$t=1$阶段初级市场总购量为$w - w_2 = w - \bar{S} + r^*$，$t=2$阶段次级市场预购量为$w_2 = \bar{S} - r^*$。在$[r^*, r^* + w]$范围设置投机购量水平$\bar{S}$，仅为限制诱发策略购买的投机量$w_2$，控制投机行为负面影响范围，相应$\bar{S}$值高低并不改变商品预期销量$c - \int_{r^*}^{c-w} F(x)\mathrm{d}x$，但会改变销售商直销和投机者分销的配给比例，即会改变销售商静态定价和投机定价的市场组合配给比$(c-\bar{S}):\bar{S}$。当设置投机购量水平$\bar{S} = r^*$时，市场组合配给比为$(c-\bar{S}):\bar{S} = (c-r^*):r^*$，所有策略型消费者将不会再等待购买。销售商有限理性下的容量配给和时段交易的更多内容参见表 10-1。

表 10-1　满意目标下的容量配给和时段交易量

时段	交易主体	购买量	预售量	剩余量
$t=1$	销售商	—	$w-w_2+S=w+r^*$	$c_2=c-w-r^*$
	投机者	$S=\bar{S}$	—	—
	策略型消费者	$w-w_2=w-\bar{S}+r^*$	—	—
$t=2$	销售商	—	$c-w-r^*-\int_{r^*}^{c-w}F(x)\mathrm{d}x$	$\int_{r^*}^{c-w}F(x)\mathrm{d}x$
	投机者	—	$S=\bar{S}$	0
	策略型消费者	$w_2=\bar{S}-r^*$	—	—
投机出售-策略购买点		$c_2=c-w-r^*$		
销售商与投机者配给比		$(c-\bar{S}):\bar{S}$		

注：投机设置水平 $\bar{S}\in[r^*,r^*+w]$；

当设置投机购量水平 $\bar{S}=r^*$ 时，$(c-\bar{S}):\bar{S}=(c-r^*):r^*$，$w_2=0$。

10.5.2　最优目标下的定价与配给

考虑风险时，销售商最优（完全理性）目标是指要追求收益最大且风险最小的目标。通常情况下，考虑风险的完全理性目标很难实现，能否实现完全理性目标，不仅取决于决策者的主观愿望，还与收益和风险函数特性有关。

由收益和风险函数特性可知，如果最大期望收益于行为收益曲线右端点取得（上述情况③），那么可追求高收益、低风险完全理性目标。在此情况下只需取既定收益 $\bar{\pi}=E(\pi_{(c-w)})$，$t=2$ 阶段投机价格 $\tilde{p}_2^*$ 就不再受初始价格 p_1^* 影响，销售商最优定价、最大期望收益和最小风险分别为

$$p_1^*=p_m=V_\mathrm{L}+\Delta\bar{F}(c-w)$$

$$\pi_{(r^*)}=c\left[V_\mathrm{L}+\Delta\bar{F}(c-w)\right]$$

$$\sigma_{(r^*)}=0$$

式中，$r^*\in\arg\min\sigma_{(r)}\bigcap\arg\max\pi_{(r)}$，即 $r^*=c-w$。

投机者 $t=2$ 阶段销售商品的竞价策略为

$$\tilde{p}_2^*=\begin{cases}V_\mathrm{L}, & X<c-w\\ V_\mathrm{H}, & X\geqslant c-w\end{cases}$$

最优价格决定相应需求时序结构。销售商初级市场选择价格 $p_1^*=p_m$ 的情况下，$t=1$ 阶段预销量为 $w-w_2+S=c$，$t=2$ 阶段无商品可售（$c_2=0$）。在销售商设置投机购量水平 $\bar{S}\in[c-w,c]$ 下，投机者 $t=1$ 阶段总购量为 $S=\bar{S}$，$t=2$ 阶段次级市场按竞争价 $\tilde{p}_2^*$ 售完所购商品。策略型消费者 $t=1$ 阶段初级市场总购量为 $w-w_2=c-\bar{S}$，$t=2$ 阶段次级市场预购量为 $w_2=\bar{S}-c+w$。当设置投机购量水平

$\bar{S}=c-w$时，销售商静态定价和投机定价的市场组合配给比为$(c-\bar{S}):\bar{S}=w:(c-w)$，所有策略型消费者将不会再等待购买。销售商完全理性下的容量配给和时段交易的更多内容参见表 10-2。

表 10-2　最优目标下的容量配给和时段交易量

时段	交易主体	购买量	预售量	剩余量
$t=1$	销售商	—	$w-w_2+S=c$	$c_2=0$
	投机者	$S=\bar{S}$	—	—
	策略型消费者	$w-w_2=c-\bar{S}$	—	—
$t=2$	销售商	—	0	0
	投机者	—	$S=\bar{S}$	0
	策略型消费者	$w_2=\bar{S}-c+w$	—	—
投机出售-策略购买点		$c_2=0$		
销售商与投机者配给比		$(c-\bar{S}):\bar{S}=w:(c-w)$		

注：投机设置水平 $\bar{S}\in[c-w,c]$；
当投机购量水平为 $\bar{S}=c-w$ 时，$(c-\bar{S}):\bar{S}=w:(c-w)$，$w_2=0$。

由上述比较分析过程不难发现，追求完全理性目标实际上是追求满意（有限理性）目标的一个特例。

10.6　算 例 分 析

某经营客运高速专线的垄断公司，已通过票价将需求调整在合理范围（剩票或缺票情况均有可能发生）。若公司单纯固守市场静态票价，一来失去利用票价改善收益的机会，二来蒙受本不该的投机退票损失。实名制购票虽然可防止投机退票，但既无法阻止预订倒票行为（有偿代预订人购票），又将给需求不确定的旅行社和酒店带来订票上的不便。若公司实行动态票价，虽可阻断倒票并改善收益，但随机调价不仅操作受限，还会损失价格信誉等无形资产。鉴于上述情况，现对车票功能和销售机制进行重新设计。

根据交易条件和消费者需求差异，公司推出两种车票：一种为可退回的实名制票（遗失补票只需交挂失费）；另一种为不可退的可转让（旅游）票。公司采用静态定价网络销售系统，随时更新两种车票的量价信息；购票者可自选票种和票量（有一次购量上限），所购可转让票可投机出售（其实投机行为一直存在）。默认初级市场上首选购买可转让票的为投机行为。假定公司预售同时段同目的地车票量为 $c = 20\,000$；策略型消费者量为 $w = 10\,000$，随机型消费者量 $X \sim U(0,15\,000)$，相应保留价为 $V_H = 1000$；低端消费者数量足够多，在其保留价 V_L 下可购完剩余车票，现取：① $V_L = 250$；② $V_L = 600$；③ $V_L = 800$ 三种情况（图表中以相应序号标记）。

根据式（10-4）、式（10-9）和式（10-16）可得三种情况的具体行为价格、收益、风险函数（省略），基于具体行为函数可得不同价格下的最小（最大）投机量、期望收益和风险的数值（表 10-3）以及变量间关系的直观变化路径（图 10-5）。

表 10-3　价格与最小（最大）均衡投机量、收益及风险关系数值表

价格 p_1			均衡投机量		期望收益 $\pi_{(r)}$			风险 $\sigma_{(r)}$		
①	②	③	下限 r	上限	①	②	③	①	②	③
1 000	1 000	1 000	0	0	16 666 667	16 666 667	16 666 667	3 333 333	3 333 333	3 333 333
932	964	982	500	10 500	15 538 068	16 068 636	16 371 818	3 091 262	3 196 817	3 257 134
875	933	967	1 000	11 000	14 612 500	15 586 667	16 143 333	2 863 537	3 054 439	3 163 527
827	908	954	1 500	11 500	13 844 071	15 196 282	15 968 974	2 648 154	2 906 811	3 054 615
786	886	943	2 000	12 000	13 200 000	14 880 000	15 840 000	2 443 447	2 754 431	2 932 136
750	867	933	2 500	12 500	12 656 250	14 625 000	15 750 000	2 248 046	2 597 742	2 797 568
719	850	925	3 000	13 000	12 194 792	14 421 667	15 694 167	2 060 835	2 437 161	2 652 204
691	835	918	3 500	13 500	11 801 838	14 262 647	15 668 824	1 880 900	2 273 088	2 497 195
667	822	911	4 000	14 000	11 466 667	14 142 222	15 671 111	1 707 500	2 105 916	2 333 583
645	811	905	4 500	14 500	11 180 811	14 055 877	15 698 772	1 540 029	1 936 036	2 162 326
625	800	900	5 000	15 000	10 937 500	14 000 000	15 750 000	1 377 995	1 763 834	1 984 313
607	790	895	5 500	15 500	10 731 250	13 971 667	15 823 333	1 221 003	1 589 698	1 800 380
591	782	891	6 000	16 000	10 557 576	13 968 485	15 917 576	1 068 731	1 414 013	1 611 317
576	774	887	6 500	16 500	10 412 772	13 988 478	16 031 739	920 926	1 237 169	1 417 879
563	767	883	7 000	17 000	10 293 750	14 030 000	16 165 000	777 390	1 059 554	1 220 791
550	760	880	7 500	17 500	10 197 917	14 091 667	16 316 667	637 973	881 563	1 020 757
538	754	877	8 000	18 000	10 123 077	14 172 308	16 486 154	502 564	703 590	818 462
528	748	874	8 500	18 500	10 067 361	14 270 926	16 672 963	371 090	526 036	614 577
518	743	871	9 000	19 000	10 029 167	14 386 667	16 876 667	243 509	349 310	409 767
509	738	869	9 500	19 500	10 007 112	14 518 793	17 096 897	119 808	173 823	204 689
500	733	867	10 000	20 000	10 000 000	14 666 667	17 333 333	0	0	0

注：$p_1 = 1\,000$ 时，不存在投机者赢利机会，投机量上下限都为 0。

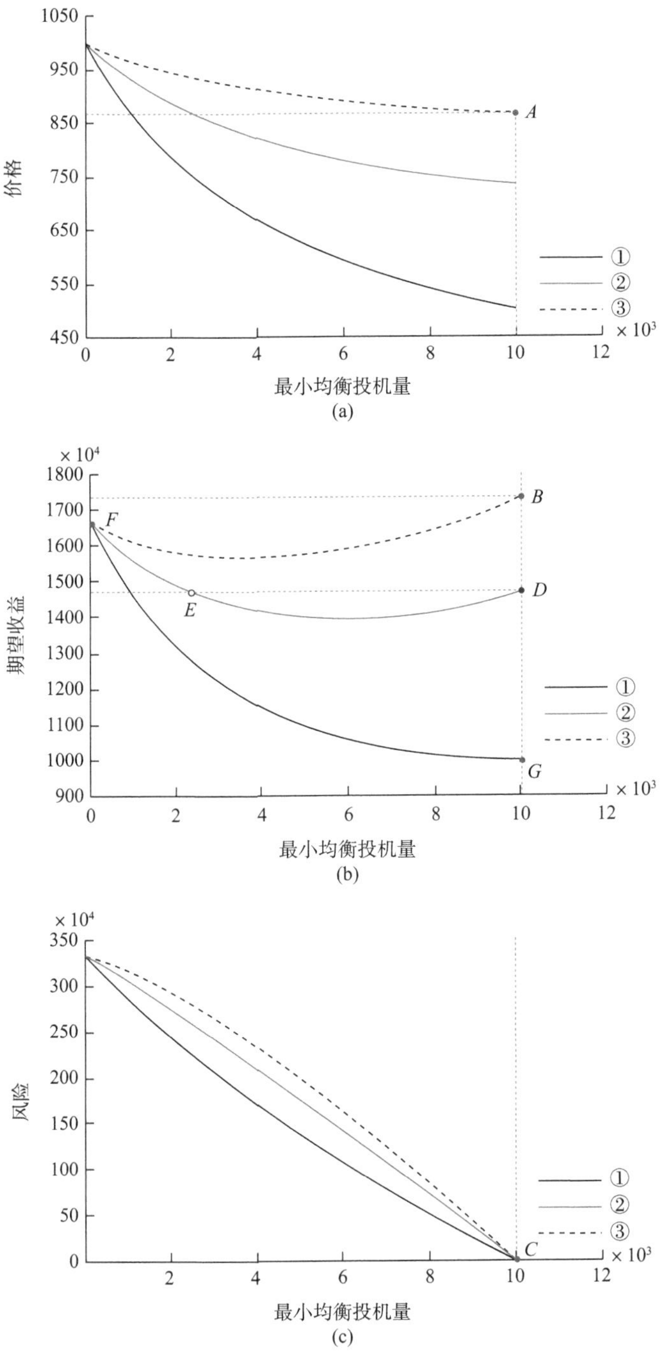

图 10-5　最小均衡投机量与价格、收益及风险关系组图

由表 10-3 可以发现，在均衡价格范围内（ $p_1 \in [p_m, V_H]$ ），最小（最大）均衡

投机量随价格降低而增加，风险随最小（最大）均衡投机量增加而减小，价格与风险呈同向变化关系。随价格和最小均衡投机量变化，期望收益受供求结构约束呈三种走势：在情况①下（旅客最高保留价相差较大），期望收益随价格降低而不断减少；在情况③下（旅客最高保留价相差较小），期望收益随价格降低而先降后升，最终比无投机时（$r=0$）期望收益值提高约 4%；在情况②下（旅客保留价相差适中），期望收益也随价格降低而先降后升，但终不及无投机下的期望收益值高。

上述情况表明，公司通过票价定位和两种票的数量配给，可按预期转移定量风险。只是在情况③下，最小风险和最大收益相容，降低风险可不必损失收益。而在情况①和②下，在可选的预期收益目标范围内［①收益曲线 FG，②收益曲线 FE（不含 E 点）段和 D 点，见图 10-5（b）］，降低风险要以损失收益为代价。上述情况也启示，如果公司交通服务票价可分级，那么不同级别间的价差不宜过大，否则浮动票价也难改善收益。

此外，据各行为函数关系可模拟最小均衡投机量变化与价格、期望收益及风险变化关系的路径，如图 10-5 所示，其中图 10-5（a）的纵截距值为无投机行为下的相应价格，相应期望收益和最高风险分为图 10-5（b）和图 10-5（c）的纵截距值。公司据图可直观选择最优（或合意收益）票价，如在情况③，将图 10-5（b）中 B 点期望收益（17 333 333）和图 10-5（c）中 C 点风险（0）结合看，发现图 10-5（a）中 A 点价格（867）最优，相应最小均衡投机量为 10 000，若可转让票配给量定为 10 000，则销售商直销和投机者分销的容量配给比为 1∶1，消费者策略等待购买量为 0。注意：在情况②下，可选收益范围对应图 10-5（b）中的线段 FE（不含 E 点）和 D 点。

总之，公司一价销售实名制票和可转让票，既方便各种机构和个人购票需求，又可利用投机市场转移风险，甚至可分享投机动态票价的收益。同时控制两种票的配给数量，既可遏制过度投机，又可平衡策略购买。

10.7　本 章 小 结

在交易信息透明而需求不定的易逝品市场中，销售商降价销售常遇到策略购买行为的挑战，表现为消费者试图等到最低价时购买，力求购买价格支付最小。销售商一价制销售又被投机行为所困，表现为投机者提前囤积以赚取买卖利润最大。在投机者和策略型消费者并存的市场中，二者行为互为激励和制约。本章在投机者和策略型消费者购买产品时会对产品未来价格进行预期的情形下，通过研究销售商不变价销售及投机者和消费者择机购买模型，找到一条经投机市场分散风险，甚至改善收益的价格调控路径和遏制市场过度投机（不改善收益的投机）的容量配给方法。

本章具体研究表明,一个混合市场的价格结构可等价为两个市场的价格组合；销售商和投机者及消费者的行为策略间存在博弈均衡；在均衡价格范围内，投机者投机不确定需求部分受价格制约，最小均衡投机量（既定均衡价格下无策略等待的最小投机量）随初级市场价格降低而增加；投机者投机扩展到确定需求部分会激励消费者策略购买，策略购买的价格影响被投机者的部分投机等量“对冲”；投机行为是增加还是降低销售商的收益，完全取决于市场供求价值结构（表现为价格和销量变化的收益效应）；销售商面临的风险随最小均衡投机量增加而降低，随初级市场价格的下降而减少，投机者投机不确定需求必分担相应风险。

本章将个人或机构的投机活动抽象为投机者的投机行为，把投机量分解为投机确定需求和不确定需求两部分。通过对投机和策略购买下的两级市场组合研究，找到了既可遏制过度投机又可平衡策略购买，既降低风险，甚至又改善收益的方法。这不仅为销售商改善收益提供了新途径，还为定价机制理论研究提供了新视角。

第 11 章　总结与展望

11.1　研 究 结 论

本书分别在考虑和不考虑消费者行为风险的情况下，基于不同的参与方行为，在垄断或竞争环境下对单产品和替代品的跨期定价进行了深入而系统的研究，并对网络收益管理中的跨期定价进行了初步研究。本书研究得到的主要结论如下。

1. 不考虑行为风险的单产品跨期定价方面的结论

1）关于多种类型的消费者并存于市场时的垄断商最优定价

通过第 2 章对短视型消费者与策略型消费者并存时的销售商最优定价与最优订货策略的研究发现，当市场上存在较多的短视型消费者时，销售商应采取高价策略，而当市场上策略型消费者较多时，销售商应采取低价策略，高价策略下销售商的最优订货量并不总是低于低价策略下的订货量。研究还发现，在销售商具备快速反应能力的条件下，快速反应降低了产品缺货的风险，减少了销售商的初次订货量，相应地减少了第二阶段剩余产品打折的机会，增加了销售商的利润。快速反应下销售商初次订货量的减少，有利于降低策略型消费者对以低价获得产品的预期概率，促使策略型消费者提前购买，当第一阶段销售商考虑同时卖给两类消费者时，快速反应带来的绩效更大。

2）关于同时考虑消费者行为和销售商行为的供应链协调与销售商定价

通过第 3 章对基于策略型消费者与短视型消费者并存且销售商具有公平关切行为的供应链协调与销售商定价问题的研究发现，在由单一供应商与单一销售商组成的供应链中，批发价契约无法实现供应链的协调，而收益共享契约可以实现供应链的完美协调，使供应链的利润在供应商与销售商之间得到任意分配，并给出了收益共享契约的参数。研究还发现，由于公平关切，销售商有提高产品价格和压低订货量的倾向，并且销售商越关注公平，产品价格提升与订货量减少的幅度也越大；收益共享契约可以实现供应链的协调，并且给出了收益共享契约下公平关切销售商利润分享比例的取值范围。在收益共享契约下，当销售商的利润分享比例确定时，销售商的效用与供应链的效用均关于销售商的公平关切系数单调递减；而当销售商的公平关切系数确定时，销售商的效用与供应链的效用均关于销售商的利润分享比例单调递增。

3）关于考虑消费者行为及时尚设计的供应链协调与销售商定价

通过第 4 章对只存在炫耀型消费者以及供应商具备时尚设计能力下的供应链协调与销售商定价问题的研究，发现在由单一供应商与单一销售商组成的供应链系统中，由于时尚设计成本以及消费者对商品价值感受增量的不确定性，商品时尚设计不一定会增加供应链的利润，但是消费者的炫耀性程度以及消费者对商品的价值感受增量均有助于供应链利润的增加。研究还发现，当供应链分散决策时，销售商会提高商品价格，降低订货量，不利于激励供应商加强对商品的时尚设计。而收益共享契约可以实现供应链的完美协调，不仅使商品价格达到集中决策下的最优水平，而且实现供应链利润在供应商与销售商之间任意分配，有利于激励供应商加强对商品的设计，提高整个供应链的利润。

2. 不考虑行为风险的多产品跨期定价方面的结论

1）关于产品数量充足时提供替代品的垄断销售商的跨期定价

通过第 5 章对垄断销售商与策略型消费者之间的两阶段“定价-购买”博弈模型的研究，找到了销售商的最优跨期定价。研究发现，策略型消费者所占比例越大，两产品的两期定价越低，产品的价格折扣幅度也越小。策略型消费者对销售商利润的影响取决于产品质量、消费者估价折扣因子以及策略型消费者所占比例等参数的取值。策略消费行为对销售商利润的影响并非是绝对负面的，一定参数取值下可以增加销售商收益。

2）关于产品数量充足时提供新产品与提供模仿产品的销售商间的竞争定价

当模仿产品开始销售前质量不可被推知时，通过第 6 章对新产品销售商、模仿产品销售商与策略型消费者之间“定价-购买”博弈模型的研究，找到了新产品的最优价格路径和模仿产品的最优价格。分析发现，并非模仿产品质量越高其销售商利润越大。随着模仿产品质量的提高，新产品第一阶段价格不变，第二阶段价格及新产品销售商的利润均减小；模仿产品的价格及其销售商利润则呈先增大后减小趋势，特别地，当模仿产品与新产品质量趋于相同时，两产品的单位利润及模仿产品销售商利润趋于 0。分析还发现，新产品销售商凭借先动优势获得比模仿产品销售商更高的利润。

3）关于网络收益管理中的多资源产品定价

通过第 7 章对提供产品 1、产品 2 的销售商 1 和提供产品 3（产品 1+产品 2

的替代品）的销售商 2 之间的两阶段定价博弈模型的研究，得到了两销售商各自产品的最优跨期价格。研究发现，三种产品中任一产品初始数量的增加，都将导致三种产品的两期价格均减小。数值模拟结果还表明，随着任一销售商的产品初始数量增加，其竞争销售商收益递减，而自身收益先增大后减小。当只需要产品 1 的消费者所占比例递增时，产品 1 的两阶段价格递增，产品 2 和产品 3 的两阶段价格均递减，销售商 1 的收益递增，销售商 2 的收益递减。当只需要产品 2 的消费者所占比例递增时，产品 2 的两阶段价格递增，产品 1 和产品 3 的两阶段价格均递减，销售商 1 和销售商 2 的收益也均递减。

3. 考虑行为风险的跨期定价方面的结论

1）关于考虑消费者行为风险且产品容量给定时的跨期定价

通过第 8 章对垄断销售商两期可变价销售和策略型消费者择机购买模型的研究，找到一条经价格调控风险和收益目标的路径。研究同时表明，销售商跨期定价与消费者策略购买的行为策略间存在博弈均衡。策略型消费者购买行为影响各交易主体，其中销售商的最大潜在收益能力降低，随机型消费者的高价购买机会增加，低端消费者的购买机会减少。销售商期初定价与期望收益、风险和消费者推迟购买量均呈正向关系。策略购买行为使销售商的收益风险增大，风险敏感的销售商定价趋于保守。消费者策略购买行为（推迟购买规模）最终受市场供求结构所制约。

2）关于考虑消费者行为且产品容量可变的跨期定价

通过第 9 章对消费者策略购买和销售商长期基于效率扩容及短期考虑风险的定价研究，成功将长期容量扩展和短期跨期定价结合起来，描绘出了有效供给下的易逝品定价曲线和易逝资产影子价格曲线。研究结果表明销售商和消费者一样没有不受市场约束的特权，跨期定价最终受市场供求结构（含容量规模因素）制约。容量扩展和价格升高都会刺激消费者等待购买，容量扩展会降低销售商跨期定价能力（最高均衡价降低）。在均衡价格范围内，期望收益与期初定价呈正向关系，但随着价格升高，单位价格升高带来的收益增量递减，即期望收益满足边际价格收益递减规律。在跨期定价有效的容量范围内，任何容量下的期初价格、期望收益、风险和等待购买需求两两互呈正向关系。从基于市场效率的扩容角度看，销售商在与消费者的博弈中拥有占优定价策略。研究还发现，销售商考虑消费者行为而降低有效供给，虽不能完全消除策略购买现象，但至少可降低策略购买行为所导致的损失。在高端消费者保留价不变时，同市场低端消费者保留价越低，销售商最大期望利润越低。忽视消费者购买行为不仅会降低收益，还常常会增大有效供给下的最大收益风险。

3）关于两级易逝品市场的组合定价

第 10 章基于产品设计思想，将容量控制和市场定价结合起来，建立初级市场和次级市场组合，找到一条既可遏制投机者过度投机，又可平衡消费者策略购买，分散市场不确定收益风险，甚至有些情况下还可改善收益的途径。研究结果表明，两市场价格结构可等价合成为单市场价格结构，单市场价格结构也可等价分解成两个市场的定价组合。投机者投机不确定需求部分受价格制约，最小均衡投机量（既定均衡价格下无策略购买的最小投机量）随初级市场价格降低而增加。投机者投机扩展到确定需求部分会激励消费者策略购买，策略购买的价格影响被投机者的部分投机等量“对冲”，研究还认为，在均衡价格范围内，初级市场价格与最小均衡投机量呈反向关系，期望销量与最小均衡投机量呈正向关系，投机行为是改善还是恶化收益状况取决于市场供求结构。在均衡价格范围内，销售商面临的风险随最小均衡投机量增加而降低，随初级市场价格下降而降低，投机者投机不确定需求必分担市场风险。

11.2　本书创新

本书在吸收相关学科领域现有成果的基础上，将市场参与方的多种行为考虑到跨期定价研究中，获得了一些具有重要理论价值和现实意义的成果。下面从几方面对本书研究的创新之处予以说明。

1. *在不考虑行为风险的单产品跨期定价方面的创新*

（1）在不同类型消费者并存情况下研究了易逝品跨期定价问题。现有文献较少考虑不同消费者并存下的易逝品跨期定价问题，并且尚未在销售商具备快速反应能力的条件下研究易逝品跨期定价问题。本书分别在短视型与策略型消费者、策略型与炫耀型消费者并存的情况下研究了销售商最优决策，认为当市场上可以接受高价的消费者数量占优时，销售商在第一阶段应该定高价；当市场上只可以接受低价的消费者数量占优时，销售商在第一阶段应该定低价。接着在销售商具备快速反应能力的情况下研究了相同的问题，并且具体分析了销售商可以实施快速反应的条件，研究了快速反应对销售商最优决策与利润的影响。

（2）在销售商公平关切的条件下研究了短视型与策略型消费者并存时易逝品供应链协调问题。现有文献关于供应链成员公平关切的研究，只考虑了短视型消费者，没有对短视型与策略型消费者并存的情况进行研究。本书考虑由一个公平中性的供应商、一个公平关切的销售商与短视型消费者和策略型消费者组成的1-1

型供应链，研究了批发价契约下公平关切销售商的最优定价与订货量策略，分析了公平关切对销售商最优决策的影响，接着考虑采取收益共享契约，实现了供应链的协调，并且给出了销售商的利润分配比例，分析了销售商的利润分配比例与公平关切程度之间的关系。

（3）在考虑消费者炫耀性与策略性的条件下研究了产品时尚设计下的供应链协调问题。现有文献关于时尚设计吸引消费者提前购买的研究，仅在市场上只存在一个销售商的情况下进行，并且只考虑了消费者的策略性，没有考虑消费者的炫耀性。本书将时尚设计与消费者的策略性、炫耀性消费结合，研究了易逝品的供应链协调问题。首先在供应链集中决策的条件下，研究了销售商的最优定价与订货量策略，分析了时尚设计对销售商最优决策的影响，接着通过设计合适的收益共享契约使供应链的利润在供应商与销售商之间得到任意分配，并且有效地激励了供应商加强产品的时尚设计。

2. 在不考虑行为风险的替代品跨期定价方面的创新

（1）在短视型和策略型消费者并存的情形下研究了替代品跨期定价。在已有考虑消费者策略行为的替代品跨期定价研究中，考虑多种消费者类型并存的成果不多。然而不同类型消费者的购买行为直接影响着销售商的定价决策，本书在研究跨期定价时，综合考虑了短视型和策略型消费者的购买行为，还分析了不同的消费者构成比例对销售商收益及其跨期定价的影响。

（2）在存在产品质量不确定的情形下，研究了考虑消费者策略行为的替代品跨期定价。已有考虑消费者策略行为的替代品跨期定价成果中，无论垄断环境下还是竞争环境下，大多假设产品质量是已知的，没有考虑产品质量不确定的情形。本书研究了提供创新产品的销售商与之后提供质量不确定的模仿产品的销售商间的竞争性定价。对模仿产品的各种质量可能，不仅给出了相应的最优跨期价格，还考察了模仿产品的不同质量水平对模仿产品和创新产品的定价影响。

（3）在产品初始数量有限的情形下，基于消费者策略行为，在竞争环境下研究了网络收益管理中的多产品跨期定价。在已有考虑消费者策略行为的替代品跨期定价研究中，大多没有在网络收益管理背景下进行研究。本书考虑了网络收益管理中的替代品跨期定价，求出了两竞争销售商各自的产品跨期价格，考察了各产品不同的初始数量取值对销售商收益和两阶段定价的影响。还借助数值模拟考察了不同的消费者构成比例对销售商定价和收益的影响。

3. 在考虑行为风险跨期定价方面的创新

（1）揭示定价与策略行为风险之间的关系。收益管理问题先是源于市场实践活动，而后引起学者的广泛关注和研究。早期研究主要关注容量控制和跨期定价方法，研究目标只有一个，即追求收益目标最大化。后来学者注意到跨期定价本身是解决需求不确定情况下的较难匹配问题，而需求不确定无疑会产生风险，于是有学者考虑不确定需求风险的收益管理研究。再后来有学者发现早期成果应用中存在问题，这些问题主要表现为在研究中忽略了消费者的购买行为因素。最近不少学者在考虑消费者行为的条件下研究收益管理问题。然而至今罕有同时考虑消费者行为和风险的收益管理问题研究，本书正是在此背景下，将消费者行为和风险结合于行为风险中，研究揭示出定价与收益及行为风险之间的关系，即价格、期望收益和行为风险两两之间互为正向关系，这表明收益管理定价遵循高收益伴有高风险的一般原理，从而丰富了收益管理定价理论。

（2）将考虑消费者行为的长期容量扩展和短期跨期定价相统一。在传统收益管理研究中，一般假设短期供给确定，这很容易让人联想，到底固定供给多少最合适。虽有研究存在消费者行为的定价和供给问题，但多是基于优化或仿真的最大收益（点）问题，不考虑消费者行为风险，既不能考察基于效率的容量扩展与收益关系，也不能发现考虑风险下的等待需求与风险变化路径。本书在短期容量不变的情况下发现，均衡价格范围内价格与等待需求及收益间存在正向关系，借此在最大等待需求边界获得随容量扩展的长期最大收益扩展线，同时获得短期任何容量下等待需求与风险（收益）变化路径，于是将考虑消费者行为的长期容量扩展和短期跨期定价统一于收益（风险、价格）函数曲面之中。

（3）找到了消费者行为下的易逝品定价曲线和易逝资产影子价格曲线。定价是收益管理研究的核心问题，长期以来主要围绕收益最大的目标定价，尽管有少量考虑风险研究定价，但未能揭示定价、收益和风险一致关系，同时这些研究也不考虑消费者行为，更谈不上消费者行为风险。本书在任意容量下证明价格、等待需求、收益和风险具有正向关系，据此确立了消费者行为下的易逝品价格与风险的函数关系线，即易逝品定价曲线。同样可确立消费者行为下的易逝品价格与利润或收益的函数关系，若易逝品（资产）被整体转让出售，这个利润或收益就是全部易逝品的支付价格（如飞机出租或代理商承包全部机票总价格），即易逝资产影子价格，易逝品价格与利润或收益的函数关系线即为影子价格曲线（也可称易逝品总支付价格与风险函数关系线为影子价格曲线）。定价曲线和影子价格曲线分别为不同偏好下自售商品和转让销售权提供了定价理论依据。

（4）提出了存在投机的两级市场组合定价方法。市场分类依据是价格形成机制差异，即不同市场类型价格的形成机制不同，每种价格形成机制各具优势，如果想拥有两种定价机制的优势，那么就需寻找这两种机制可兼容的市场环境。本书正是考虑到静态定价和跨期定价的各具优势，找到一级垄断和二级投机市场与之匹配，实现销售商静态定价和不确定投机定价相配合的市场效果。

11.3 研究展望

传统收益管理中对跨期定价的研究已有不少，考虑消费者行为的跨期定价成果也逐渐增多。但对考虑消费者行为的跨期定价研究仍待系统化，考虑销售商行为及同时考虑多种参与者行为的研究急需深入，网络收益管理中的跨期定价问题亟待解决，很多有重要理论和实践意义的研究也亟须进行。本书研究虽然都涉及上述内容，但由于作者知识结构与研究能力所限，肯定存在不足，恳请读者批评指正。另外，在本书研究的基础上，还有很多问题值得进一步研究，以下分三个方面进行阐述。

1. 不考虑行为风险的单产品跨期定价方面

（1）在供应链分散决策的条件下研究销售商的公平关切行为时，只考虑了销售商的公平诉求，并没有考虑供应商的公平诉求，事实上每个供应商都存在公平诉求，未来可以在供应商与销售商都存在公平诉求的条件下，研究供应链的协调问题。

（2）考虑市场上消费者行为对销售商最优决策的影响时，没有考虑产品的质量设计问题，未来可以将消费者行为与产品的质量设计结合起来，探讨这两种因素对销售商最优决策的影响，进一步在供应链的条件下研究供应链的协调问题。

（3）在市场垄断以及供应链分散决策的条件下研究销售商最优决策时，没有考虑市场上销售商之间的横向竞争。事实上在同一种产品的市场上，不同销售商之间的竞争是异常激烈的，如何在竞争的条件下研究消费者行为对销售商最优决策的影响也是我们未来研究的方向。

2. 不考虑行为风险的替产品跨期定价方面

（1）所有研究都假设市场需求是确定的，没有考虑需求不确定的情况，但实际销售中很多时候市场需求是随机的、不确定的。因此，将不确定市场需求考虑到替代品跨期定价研究中更接近实际情况。

（2）只考虑了短视型和策略型消费者。但从行为学的角度来看，由于性格和购买习惯等因素的差异，市场中常同时存在着多种类型的消费者，如炫耀型消费者、讨价还价型消费者、后悔型消费者等。另外，很多消费者所属类型不是单一的，如策略型消费者可能又是炫耀型的。因此，在市场中多种类型消费者并存的情况下研究替代品跨期定价也有着较强的现实和理论意义。

（3）所有研究都假设替代品质量是外生给定的，没有考虑销售商的质量选择或质量设计决策。Cachon 和 Swinney（2011）对于单产品的研究表明，质量设计可以促使策略型消费者尽早购买，增加销售商收益。而对于替代品，自主选择产品质量将会对替代品的跨期价格和销售商收益产生什么样的影响？销售商如何选择最优质量水平？这都是后续有待研究的问题。

（4）只在竞争环境下对网络收益管理中的跨期定价进行了初步研究，关于网络收益管理中的跨期定价尚有许多问题有待于进一步研究，如垄断环境下的网络跨期定价问题、市场需求不确定下的网络跨期定价问题等，这都是后续非常值得研究的问题。

3. 考虑行为风险跨期定价方面

（1）研究涉及的消费者行为过于单一。贯穿本书研究的消费者行为是策略购买行为，这种行为含有博弈对抗和时间纵向等属性。现实市场中消费者行为有多种表现形式，如从众或羊群行为，即一个消费者看到别人购买往往也会加入购买队伍；比较选择行为，消费者购买产品之前，常货比三家后才做购买决定；趋利避险行为，消费者购买商品常常既考虑价格风险，又考虑质量风险。因此本书研究内容可拓展到相关行为下进行进一步探讨。

（2）消费者行为下的市场竞争问题。垄断市场一般较少，易逝品市场更多是寡头竞争市场，市场上商品可能为一种或多种，消费者既可以基于价格在销售商之间选择，也可基于商品性价比在产品之间和（或）销售商之间选择。销售商之间的竞争策略多而复杂，现有研究基于博弈论模型几乎已成惯例，如何开拓新方法有效解决竞争问题需要思考。销售商之间的竞争是一种市场力量在相互作用，如何将力量建模思想引入销售商竞争环境是今后要考虑的问题之一。

（3）考虑选择权的易逝品定价问题。网络订票给旅客出行带来了方便，但因退票成本过低，诸多出行可能性不大的潜在旅客，往往会做出对自己有利的备选订票，这种行为引发了大量集中退票现象。例如，一个车站有时一天就有数万张退票，这无疑影响车票供求有效配给，同时退票成本过低又助长投机现象。但退票费过高又让退票可能性低的旅客不满。因此设计出一个既可改善销售收益，又可遏制出行可能性很小的订票，又不打击退票可能性很小订票的合理价格，是未来要研究的问题之一。

（4）考虑消费者行为的跨市场容量配给和定价。在运营管理中，众所周知，资源配给会影响收益。本书在研究单个市场收益管理问题时发现，策略型消费者行为改变了所有市场参与者收益（或支付）及市场有效供给。该结论不禁让人联想，消费者行为是否影响多个市场间的资源有效配给，假如消费者行为改变不同市场间的资源配给，那么在多市场资源配置过程中，收益和风险是否同样配给各市场，即在市场之间是否存在高收益伴有高风险现象，如果一般情况下不成立，那么成立的条件是什么？这些跨市场资源配给问题也是需要考虑的。

参 考 文 献

毕功兵，王怡璇，丁晶晶. 2013. 存在替代品情况下考虑消费者策略行为的跨期定价[J]. 系统工程学报，28（1）：47-54.

毕文杰，刘承飞，刘海英. 2018. 考虑需求替代与社会学习的易逝品动态定价策略[J]. 系统工程，36（1）：53-62.

曹海娜. 2015. 基于 MNL 模型的平行航班舱位控制与动态定价研究[D]. 北京：北京理工大学.

陈雯. 2012. 基于策略消费者行为的供应链运作与协调研究[D]. 武汉：华中科技大学.

陈晓红，谭运强. 2015. 考虑策略型消费者双层因素的多销售商动态博弈定价[J]. 管理工程学报，29（4）：178-185.

陈紫薇，张茜，邓帅. 2018. 考虑消费者行为的易逝品动态定价研究[J]. 科技和产业，18（5）：92-99，108.

杜洪礼，刘瑞生. 2011. 基于供应链管理的物流快速反应系统研究[J]. 物流科技，（2）：5-8.

杜少甫，杜婵，梁樑，等. 2010. 考虑公平关切的供应链契约与协调[J]. 管理科学学报，13（8）：41-48.

方钦榕. 2014. 考虑消费者策略行为的易逝品供应链定价与协调机制研究[D]. 沈阳：东北大学.

冯健，刘斌，刘振锋. 2019. 基于策略型消费者购买习惯的产品动态定价决策研究[J]. 数学的实践与认识，49（13）：18-29.

耿阳，张玉林. 2018. 考虑商户广告投资的网上交易平台定价[J]. 系统工程理论与实践，28（4）：910-919.

官振中，李伟. 2015. 存在投机商和策略型消费者的销售商定价研究[J]. 系统工程理论与实践，35（2）：308-314.

官振中，刘广宁，王桦. 2001. 考虑模仿产品竞争的定价策略选择[J/OL]. 工业工程与管理：1-20[2019-12-29]. http://kns.cnki.net/kcms/detail/31.1738.T.20191217.1632.006.html.

官振中，任建标. 2013. 价格和库存驱动替代的两产品动态定价策略[J]. 系统管理学报，22（2）：177-184.

官振中，任建标. 2014. 存在策略消费者的动态定价策略[J]. 系统工程理论与实践，34（8）：

2018-2024.
胡玉生，李金林，冉伦，等. 2016. 基于顾客分类的多等级产品动态定价[J]. 系统管理学报，25（5）：965-975.
黄河，徐鸿雁，王旭. 2007. 短生命周期产品动态定价下供应链协调问题分析[J]. 重庆大学学报（自然科学版），（6）：150-154.
黄松，杨超. 2014. 基于战略顾客行为的最优定价与容量选择模型[J]. 运筹与管理，23（3）：16-24.
计国君，杨光勇. 2010. 策略消费者下最惠消费者保证退提前购买的价值[J]. 管理科学学报，13（7）：16-25.
计国君，杨光勇. 2011. 基于异质性顾客的随机配给策略研究[J]. 中国管理科学，19（2）：161-168.
季伟伟. 2015. 基于消费者策略行为的易逝品动态定价研究[D]. 南京：南京理工大学.
孔瑞晓. 2011. 双渠道环境下考虑策略消费者的动态定价研究[D]. 成都：西南交通大学.
李贝贝. 2019. 考虑策略型消费者的网上商城动态定价研究[D]. 大连：大连大学.
李根道，熊中楷，李薇. 2010. 双渠道环境下考虑策略消费者的动态定价研究[J]. 管理评论，22（4）：97-108.
李豪，高祥，杨茜. 2019. 需求不确定下考虑顾客策略行为的易逝品定价策略[J]. 工业工程，22（2）：10-18.
李豪，彭庆. 2016. 竞争环境下基于乘客分类的航空客运机票控制和动态定价综合模型[J]. 数学的实践与认识，46（22）：1-12.
李豪，熊中楷. 2009. 竞争环境下的航空公司动态定价特性[J]. 工业工程，12（3）：43-47.
李豪，熊中楷，彭庆. 2010. 基于乘客选择行为的双航班竞争动态定价模型[J]. 工业工程，13（2）：86-90.
李豪，熊中楷，彭志强. 2011. 竞争环境下基于顾客策略行为的易逝品动态定价研究[J]. 中国管理科学，19（2）：88-98.
李豪，许浩楠，高祥. 2019. 产品质量差异下考虑进入威胁的易逝品定价策略[J]. 统计与决策，35（11）：39-43.
李贺. 2014. 考虑消费者行为和风险的易逝品定价研究[D]. 南京：东南大学.
李贺，张玉林. 2013. 基于行业板块的投资组合方法研究[J]. 电子科技大学学报，15（3）：42-49.
李贺，张玉林. 2014. 考虑顾客行为和风险因素的定价及配给研究[J]. 管理工程学报，28（2）：151-159.
李贺，张玉林，仲伟俊. 2012. 考虑战略消费者行为风险的动态定价策略[J]. 管理科学学报，15（10）：11-25.
李金林，徐丽萍. 2007. 收益管理的研究现状及发展趋势[J]. 北京工商大学学报（自然科学版），（2）：56-61.
李金林，赵天，冉伦. 2014. 竞争环境下不同顾客选择行为的可替代产品动态定价[J]. 北京理工大学学报，34（10）：1069-1072.

李娟，濮阳小娟. 2017. 具有折扣销售期的网络销售商定价策略分析[J]. 管理科学与工程，31（3）：149-154.

李乐池. 2015. 考虑消费者策略行为的双寡头垄断厂商替代品跨期动态定价[D]. 合肥：中国科学技术大学.

李小翠. 2012. 需求不确定与消费者策略行为下的易逝品定价研究[D]. 南京：东南大学.

李小翠，张玉林. 2012. 消费者策略行为与贝叶斯需求学习下的易逝品定价[J]. 东南大学学报（自然科学版），42（5）：1021-1026.

李宗活，杨文胜，司银元，等. 2019. 短视型与策略型消费者并存的双渠道两阶段动态定价策略[J]. 系统工程理论与实践，39（8）：2080-2090.

刘婵，张玉林. 2015. 新浪V类型微博中娱乐明星的社交网络分析[J]. 信息资源管理学报，（1）：31-37.

刘晓峰. 2008. 策略型消费者的跨期定价机制与返还合同设计[J]. 中南财经政法大学学报，（3）：128-133.

刘晓峰，黄沛. 2009. 基于策略型消费者的最优动态定价与库存决策[J]. 管理科学学报，12（5）：18-26.

刘晓峰，徐贤浩. 2011. 消费者策略行为视角下短生命周期产品的定价机制研究[J]. 中国管理科学，19（4）：152-158.

吕加伦，张玉林. 2017. 加工时间具有似然关系的单机调度[J]. 工业工程与管理，22（1）：102-114.

罗利，彭际华. 2007. 竞争环境下的民航客运收益管理动态定价模型[J]. 系统工程理论与实践，27（11）：15-25.

罗利，萧柏春. 2012. 航空客运平行航班动态定价模型[J]. 中国管理科学，20（3）：104-111.

满月明. 2016. 竞争中考虑消费者炫耀行为的动态定价[J]. 价格月刊，（1）：44-49.

毛照昉，王方圆. 2017. 基于消费者行为和估价折扣差异的易逝品两期定价决策研究[J]. 管理学报，14（3）：441-450.

彭庆，李豪. 2011. 考虑乘客策略行为的航空客运收益管理模型[J]. 工业工程，14（4）：160-165.

彭志强，熊中楷，李根道. 2010. 考虑策略性消费者的跨期定价和差价返还机制[J]. 管理工程学报，24（4）：53-57.

全雄文，李世昌，陈秋双. 2014. 原产品和更新产品的动态定价研究[C]. 第33届中国控制会议，南京：6494-6499.

申成霖，张新鑫. 2011. 混合型消费者的短生命周期产品动态定价[J]. 工业工程，14（1）：38-52.

申成霖，张新鑫. 2016. 考虑消费者策略行为的再制造模式及动态定价决策[J]. 系统工程，34（6）：38-42.

谭美容. 2018. 短视和策略乘客并存的航空机票定价研究[J]. 工业工程与管理，23（3）：107-115.

唐瑄，郑晓娜. 2016. 动态定价还是天天平价?——感知价值变化与策略行为视角[J]. 商业研究，（8）：1-7.

田林，徐以汎. 2015. 基于顾客行为的企业动态渠道选择与定价策略[J]. 管理科学学报，18（8）：39-51.
田圣炳，陈森，洪立寅. 2011. 如何应对更聪明的消费者[J]. 销售与市场（管理版），（2）：55-57.
王大飞，张旭梅，周茂森，等. 2017. 考虑消费者策略行为的产品服务供应链动态定价与协调[J]. 系统工程理论与实践，37（12）：3052-3065.
王平，张玉林. 2013. 广告主异质下的关键词拍卖的最优保留价研究[J]. 武汉理工大学学报（信息与管理工程版），35（4）：608-612.
王廷华. 2013. 基于消费者策略行为的新产品预售动态定价研究[D]. 长沙：中南大学.
王宣涛. 2015. 考虑顾客行为的易逝品跨期定价及供应链协调研究[D]. 南京：东南大学.
王宣涛，李贺. 2012. 策略型顾客与时变批发价下零售商的最优决策[J]. 软科学，26（10）：131-134.
王宣涛，张玉林. 2013. 基于决策者自信不足下的垄断模型及供应链的协调研究[J]. 软科学，27（3）：13-36.
王宣涛，张玉林. 2015. 考虑顾客行为与零售商公平关切的易逝品定价与供应链协调研究[J]. 管理工程学报，29（1）：89-97.
王宣涛，张玉林，储九志. 2016. 考虑炫耀性与策略性消费行为的具有两次订货能力的零售商决策研究[J]. 管理工程学报，30（4）：85-92.
王宣涛，张玉林，黄星寿. 2017. 时尚设计下考虑顾客行为的供应链协调研究[J]. 统计与决策，（3）：47-51.
肖斌. 2017. 考虑参考价格影响的易逝品两阶段定价研究[D]. 南京：东南大学.
肖胜昔. 2017. 短视型和策略型消费者的商场服装动态定价研究[J]. 湖州师范学院学报，39（2）：88-93.
肖勇波，陈剑，刘晓玲. 2008. 基于乘客选择行为的双航班机票联合动态定价模型[J]. 系统工程理论与实践，（1）：46-55.
谢林林. 2008. 两种定价策略下的供应链收益分享合同研究[D]. 重庆：重庆大学.
徐君燕. 2009. 基于消费者行为的易逝品动态定价研究[D]. 沈阳：东北大学.
徐贤浩，陈雯，彭红霞. 2012. 基于策略消费者行为和市场细分的联合定价库存策略[J]. 中国管理科学，20（6）：78-86.
徐贤浩，陈雯，沈古文. 2011. 天天平价还是动态定价？——基于策略消费者行为的视角[J]. 系统科学与数学，31（10）：1163-1173.
许明辉，孙康泰. 2019. 考虑战略顾客行为的制造商成本消减及定价策略[J]. 系统工程学报，34（2）：238-251.
阳文玲，张旭梅，王大飞. 2017. 考虑消费者策略行为的再制造模式及动态定价决策[J]. 系统工程，35（1）：145-150.
杨慧，周晶，宋华明. 2010. 考虑消费者短视和策略行为的动态定价研究[J]. 管理工程学报，

24（4）：133-137.
杨熠荷. 2017. 考虑自有品牌的供应链定价策略研究[D]. 福州：福州大学.
于晓慧. 2009. 两阶段动态定价的短生命周期产品供应链协调问题研究[D]. 济南：山东大学.
虞先玉，张玉林. 2016. 时间可变的运作调度模型与算法[M]. 北京：清华大学出版社.
曾贺奇. 2018. 考虑消费者策略行为的替代品跨期定价研究[D]. 南京：东南大学.
曾贺奇，张玉林. 2015. 短视型和策略型消费者并存下的替代性产品的跨期定价研究[J]. 系统工程，33（5）：33-39.
曾贺奇，张玉林. 2017. 考虑消费者策略行为及产品具有替代性的多厂商定价[J]. 系统工程，35（1）：130-137.
曾贺奇，张玉林. 2019. 考虑策略消费者行为及模仿产品质量不确定的两竞争商定价[J]. 管理工程学报，33（1）：214-221.
翟硕. 2016. 考虑战略消费者估值不确定性的预售策略研究[D]. 北京：北京交通大学.
张爱凤，鲜春兰，官振中. 2019. 基于策略性消费者受社交影响的双渠道定价策略[J]. 系统工程，37（1）：76-85.
张洪见. 2014. 考虑消费者策略行为的易逝品定价策略研究[D]. 上海：东华大学.
张露. 2019. 考虑参考价格效应和策略型消费者行为的定价策略研究[D]. 合肥：中国科学技术大学.
张顺亮. 2013. 考虑炫耀型消费的定价模型研究[D]. 长沙：中南大学.
张新鑫，申成霖，侯文华. 2016. 考虑竞争者进入威胁的易逝品动态定价机制[J]. 管理科学学报，19（10）：34-47.
张旭梅，阳文玲，高华丽，等. 2016. 面向策略型消费者和短视型消费者的产品服务系统定价策略研究[J]. 预测，35（5）：37-54.
赵菊，邱菊，胡小健，等. 2017. 基于策略消费者的差异化产品推出及定价研究[J]. 系统工程理论与实践，37（12）：3098-3108.
赵藜. 2012. 考虑消费者有限理性行为的动态定价研究[D]. 上海：上海交通大学.
周木生，张玉林. 2014. 基于非线性边际支付意愿的信息产品定价策略研究[J]. 系统工程理论与实践，34（3）：710-716.
周振红. 2013. 基于混合型消费者的动态定价策略[J]. 预测与决策，9：184-186.
朱悦，张玉林，宋旼珊. 2015. 考虑手术间及医疗团队间准备时间的手术排程[J]. 东南大学学报（自然科学版），45（6）：1218-1222.
朱荣景. 2019. 基于炫耀性消费的供应链定价决策研究[D]. 天津：天津师范大学.
朱志愚，王宗玉，刘燕，等. 2016. 竞争环境下多价格等级的平行航班动态定价模型研究[J]. 科技和产业，16（9）：106-112.
庄品，王宁生. 2004. 供应链协调机制研究[J]. 工业技术经济，（3）：71-73.
Arifoglu K, Deo S, Iravani S M R. 2014. Intertemporal pricing and strategic rationing when selling to

snobbish consumers[D]. Evanston：Northwestern University.

Akcay Y，Natarajan H P，Xu S H. 2010. Joint dynamic pricing of multiple perishable products under consumer choice[J]. Management Science，56（8）：1345-1361.

Aviv Y，Cheng W，Zhang F. 2019. Responsive pricing of fashion products：The effects of demand learning and strategic consumer behavior[J]. Management Science，65（7）：2982-3000.

Aviv Y，Pazgal A. 2008. Optimal pricing of seasonal products in the presence of forward-looking customers[J]. Manufacturing Service Operations Management，10（3）：339-359.

Bao L，Zhang Y，Ribeiro V M. 2018. Observability of incentive contract and platform competition[J]. Australian Economic Papers，57（2）：154-180.

Barz C，Waldmann K H. 2007. Risk-sensitive capacity control in revenue management[J]. Mathematical Methods of Operations Research，65（3）：565-579.

Besbes O，Lobel I. 2015. Intertemporal price discrimination：Structure and computation of optimal policies[J]. Management Science，61（1）：92-110.

Bitran G，Caldentey R，Mondschein S. 1998. Coordinating clearance markdown sales of seasonal products in retail chains[J]. Operations Research，46（5）：609-624.

Bitran G，Caldentey R，Vial R. 2006. Pricing policies for perishable products with demand substitution[D]. Cambridge：MIT.

Bitran G，Mondschein S. 1997. Periodic pricing of seasonal products in retailing[J]. Management Science，43（1）：64-79.

Borgs C，Candogan O，Chayes J，et al. 2014. Optimal multi-period pricing with service guarantees[J]. Management Science，60（7）：1792-1811.

Briceño-Arias L，Correa J R，Perlroth A. 2017. Optimal continuous pricing with strategic consumers[J]. Management Science，63（8）：2741-2755.

Bulow J I. 1982. Durable-goods monopolists[J]. Journal of Political Economics，90（2）：314-332.

Cachon G P，Feldman P. 2015. Price commitments with strategic consumers：Why it can be optimal to discount more frequently…than optimal[J]. Manufacturing Service Operations Management，17（3）：1526-5498.

Cachon G P，Feldman P. 2017. Is advance selling desirable with competition?[J]. Marketing Science，36（2）：214-231.

Cachon G P，Swinney R. 2009. Purchasing，pricing，and quick response in the presence of strategic consumers[J]. Management Science，55（3）：497-511.

Cachon G P，Swinney R. 2011. The value of fast fashion：Quick response，enhanced design，and strategic consumers behavior[J]. Management Science，57（4）：778-795.

Caldentey R，Liu Y，Lobel I. 2017. Intertemporal pricing under minimax regret[J]. Journal of Experimental Social Psychology，65（1）：104-129.

Ceryan O，Sahin O，Duenyas I. 2013. Dynamic pricing of substitutable products in the presence of capacity flexibility[J]. Manufacturing Service Operations Management，15（1）：86-101.

Chatwin R E. 2000. Optimal dynamic pricing of perishable products with stochastic demand and a finite set of prices[J]. European Journal of Operational Research，125：149-174.

Chen M，Chen Z. 2015. Recent developments in dynamic pricing research：Multiple products，competition，and limited demand information[J]. Production and Operations Management，5(24)：704-731.

Chen M，Chen Z. 2018. Robust dynamic pricing with two substitutable products[J]. Manufacturing Service Operations Management，20（2）：161-388.

Coase R H. 1972. Durability and monopoly[J]. Journal of Law and Economics，15（1）：143-149.

Conlisk J，Gerstner E，Sobel J. 1984. Cyclic pricing by a durable goods monopolist[J]. Quarterly Journal of Economics，993：489-505.

Correa J，Montoya R，Thraves C. 2016. Contingent preannounced pricing policies with strategic consumers[J]. Operations Research，64（1）：251-272.

Cross R G. 1997. Revenue Management：Hard-core Tactics for Market Domination[M]. New York：Broadway Books：99-130.

Dasci A，Karakul M. 2009. Two-period dynamic versus fixed-ratio pricing in a capacity constrained duopoly[J]. European Journal of Operational Research，197（3）：945-968.

Dasu S，Tong C. 2010. Dynamic pricing when consumers are strategic：Analysis of posted and contingent pricing schemes[J]. European Journal of Operational Research，204：662-671.

Dong L，Kouvelis P，Tian Z. 2009. Dynamic pricing and inventory control of substitute products[J]. Manufacturing Service Operations Management，11（2）：317-339.

Drezner Z，Gurnani H，Pasternack B. 1995. An EOQ model with substitutions between products[J]. Journal of Operations Research，46：887-891.

Du P，Chen Q，Zhao H. 2013. Pricing competition between innovator and imitator facing strategic customers[C]. 25th Chinese Control and Decision Conference（CCDC）：1806-1811.

Elmaghraby W，Gülcü A，Keskinocak P. 2008. Designing optimal preannounced markdowns in the presence of rational customers with multiunit demands[J]. Manufacturing and Service Operations Management，10（1）：126-148.

Fehr E，Schmidt K M. 1999. A theory of fairness，competition，and cooperation[J]. The Quarterly Journal of Economics，114（3）：817-868.

Feng Y，Gallego G. 1995. Optimal starting times for end-of-season sales and optimal stopping times for promotional fares[J]. Management Science，41（8）：1371-1391.

Feng Y，Gallego G. 2000. Perishable asset revenue management with markovian time dependent demand intensities[J]. Management Science，46（7）：941-956.

Feng Y, Xiao B. 1999. Maximizing revenues of perishable assets with a risk factor[J]. Operations Research, 47 (2): 337-341.

Feng Y, Xiao B. 2000a. Optimal policies of yield management with multiple predetermined prices[J]. Operations Research, 48 (2): 332-343.

Feng Y, Xiao B. 2000b. A continuous-time yield management model with multiple prices and reversible price changes[J]. Management Science, 46 (5): 644-657.

Feng Y, Xiao B. 2008. A risk-sensitive model for managing perishable products[J]. Operations Research, 56 (5): 1305-1311.

Gallego G, Hu M. 2014. Dynamic pricing of perishable assets under competition[J]. CMS, 60 (5): 1241-1259.

Gallego G, Phillips R, Sahin O. 2008. Strategic management of distressed inventory[J]. Production and Operations Management, 17 (4): 402-415.

Gallego G, van Ryzin G. 1994. Optimal dynamic pricing of inventories with stochastic demand over finite horizons[J]. Management Science, 40 (8): 999-1020.

Gallego G, van Ryzin G. 1997. A multiproduct dynamic pricing problem and its applications to network yield management[J]. Operations Research, 45 (1): 24-41.

Geng Y, Zhang Y. 2020. Pricing on monopoly online trading platform with heterogeneous trading behavior and the long tail [J]. Kybernetes, 49 (3) : 852-875.

Geraghty M, Johnson E. 1997. Revenue management saves national car rental[J]. Interfaces, 27(1): 107-127.

Gershkov A, Moldovanu B, Strack P. 2018. Revenue-Maximizing mechanisms with strategic customers and unknown, Markovian demand[J]. Management Science, 64 (5): 1975-2471.

Gonsch J, Klein R, Neugebauer M, et al. 2013. Dynamic pricing with strategic customers[J]. Journal of Business Economics, 83 (5): 505-549.

Gul F, Sonneenschein H, Wilson R. 1986. Foundations of dynamic monopoly and the coase conjecture[J]. Journal for Economic Theory, 39: 155-190.

Ho T, Su X. 2009. Peer-induced fairness in games[J]. American Economic Review, 99 (5): 2022-2049.

Hu P, Shum S, Yu M. 2016. Joint inventory and markdown management for perishable goods with strategic consumer behavior[J]. Operations Research, 64 (1): 118-134.

Hu X, Wan Z, Murthy N N. 2019. Dynamic pricing of limited inventories with product returns[J]. Manufacturing and Service Operations Management, 21 (3): 501-518.

Huang K, Chang K. 2011. A model for airline seat control considering revenue uncertainty and risk[J]. Journal of Revenue and Pricing Management, 10 (2): 161-171.

Jing B. 2017. Behavior-Based pricing, production efficiency, and quality differentiation[J].

Management Science，63（7）：2365-2376.
Kabul M O，Parlaktürk A K. 2019. The value of commitments when selling to strategic consumers：A supply chain perspective[J]. Management Science，65（10）：4754-4770.
Kincaid W M，Darling D A. 1963. An inventory pricing problem[J]. Journal of Mathematical Analysis and Applications，7：183-208.
Koenig M，Meissner J. 2010. List pricing versus dynamic pricing：Impact on the revenue risk[J]. European Journal of Operational Research，204：505-512.
Kremer M，Mantin B，Ovchinnikov A. 2017. Dynamic pricing in the presence of myopic and strategic consumers：Theory and experiment[J]. Production and Operations Management，26（1）：116-133.
Lai G，Debo L G，Sycara K. 2010. Buy now and match later：Impact of posterior price matching on profit with strategic consumers[J]. Manufacturing Service Operations Management，12（1）：33-55.
Lancaster J. 2003. The financial risk of airline revenue management[J]. Journal of Revenue and Pricing Management，2（2）：158-165.
Levin Y，McGill J，Nediak M. 2008. Risk in revenue management and dynamic pricing[J]. Operations Research，56（2）：326-343.
Levin Y，McGill J，Nediak M. 2009. Dynamic pricing in the presence of strategic consumers and oligopolistic competition[J]. Management Science，55（1）：32-46.
Levina T，Levin Y，McGill J，et al. 2009. Dynamic pricing with online learning and strategic consumers：An application of the aggregating algorithm[J]. Operations Research，57（2）：327-341.
Li C，Zhang F. 2013. Advance demand information，price discrimination，and preorder strategies[J]. Manufacturing Service Operations Management，15（1）：57-71.
Li H，Graves S C. 2012. Pricing decisions during inter-generational product transition[J]. Production and Operations Management，21（1）：14-28.
Li M Z F，Zhuang W. 2009. Risk-sensitive dynamic pricing for a single perishable product[J]. Operations Research Letters，37（5）：327-332.
Liang C，Çakanyıldırım M，Sethi S P. 2014. Analysis of product rollover strategies in the presence of strategic customers[J]. Management Science，60（4）：1033-1056.
Lim A E G，Shanthikumar J G. 2007. Relative entropy，exponential utility，and robust dynamic pricing[J]. Operations Research，55（2）：198-214.
Lin K Y，Sibdari S Y. 2009. Dynamic price competition with discrete customer choices[J]. European Journal of Operational Research，197：969-980.
Lin Y T，Parlaktürk A K，Swaminathan J M. 2018. Are strategic customers bad for a supply chain?[J]. Manufacturing and Service Operations Management，20（3）：3481-3497.

Liu B，Milner J. 2006. Multiple-item dynamic pricing under a common pricing constraint[D]. Toronto：University of Toronto.

Liu Q，van Ryzin G. 2008. Strategic capacity rationing to induce early purchases[J]. Management Science，54（6）：1115-1131.

Liu Q，Zhang D. 2013. Dynamic pricing competition with strategic customers under vertical product differentiation[J]. Management Science，59（1）：84-101.

Mak V. 2008. Disclosing inventory to mitigate the impact of strategic waiting on profits[D]. Working paper. Hong Kong：The Hong Kong University of Science and Technology.

Mersereau A J，Zhang D. 2012. Markdown pricing with unknown fraction of strategic customers[J]. Manufacturing Service Operations Management，14（3）：355-370.

Mitra D，Wang Q. 2005. Stochastic traffic engineering for demand uncertainty and risk-aware network revenue management[J]. IEEE/ACM Transactions on Networking（TON），13（2）：221-233.

Moon K，Bimpikis K，Mendelson H. 2018. Randomized Markdowns and online monitoring[J]. Management Science，64（3）：1271-1290.

Ovchinnikov A，Milner J. 2012. Revenue management with end-of-period discounts in the presence of consumer learning[J]. Production and Operations Management，21（1）：69-84.

Papanastasiou Y，Savva N. 2017. Dynamic pricing in the presence of social learning and strategic consumers[J]. Management Science，63（4）：919-939.

Parlaktürk A K. 2012. The value of product variety when selling to strategic consumers[J]. Manufacturing Service Operations Management，14（3）：371-385.

Pasternack B A. 1985. Optimal pricing and return policies for perishable commodities[J]. Marketing Science，14（2）：166-176.

Popescu I，Wu Y. 2007. Dynamic pricing strategies with reference effects[J]. Operations Research，55（3）：413-429.

Prasad A，Kathryn E S，Zhao X. 2011. Advance selling by a newsvendor retailer[J]. Production and Operations Management，20（1）：129-142.

Pun H，Gregory D，De Y. 2017. Competing with copycats when customers are strategic[J]. Manufacturing Service Operations Management，19（3）：403-418.

Rao R S，Schaefer R. 2013. Conspicuous consumption and dynamic pricing[J]. Marketing Science，32（5）：679-826.

Rhee K E，Thomadsen R. 2017. Behavior-based pricing in vertically differentiated industries[J]. Management Science，63（8）：2729-2740.

Salop C S. 1986. Practices That（Credibly）Facilitate Oligopoly Coordination[M]. Cambridge：MIT Press.

Shum S，Tong S，Xiao T. 2017. On the impact of uncertain cost reduction when selling to strategic customers[J]. Management Science，63（3）：843-860.

Simon H A. 1955. A behavioral model of rational choice[J]. The Quarterly Journal of Economics，69（1）：99-118.

Stokey N L. 1979. Intertemporal price discrimination[J]. Quarterly Journal of Economics，933：355-371.

Stokey N L. 1981. Rational expectations and durable goods pricing[J]. Bell Journal of Economics，121：112-128.

Su X. 2007. Intertemporal pricing with strategic customer behavior[J]. Management Science，53（5）：726-741.

Su X. 2010. Optimal pricing with speculators and strategic consumers[J]. Management Science，56（1）：25-40.

Su X，Zhang F. 2008. Strategic customer behavior，commitment and supply chain performance[J]. Management Science，54（10）：1759-1773.

Suh M，Aydin G. 2011. Dynamic pricing of substitutable products with limited inventories under logit demand[J]. IIE Transactions，43（5）：323-331.

Sun D，Liu W，Zhang J. 2016. Dynamic pricing of LED components based on strategic consumer behaviour within a competitive environment[J]. Light & Engineering，24（3）：136-140.

Talluri K T，van Ryzin G J. 2004. The Theory and Practice of Revenue Management[M]. Boston：Kluwer Academic Publishers.

Tereyagoglu N，Veeraraghavan S. 2012. Selling to conspicuous consumers：Pricing，production，and sourcing decisions[J]. Management Science，58（12）：2168-2189.

Weatherford L R. 2004. EMSR versus EMSU：Revenue or utility?[J]. Journal of Revenue and Pricing Management，3（3）：277-284.

Whang S. 2015. Demand uncertainty and the Bayesian effect in Markdown pricing with strategic customers[J]. Manufacturing Service Operations Management，17（1）：66-77.

Wu S，Liu Q，Zhang R Q. 2015. The reference effects on a Retailer's dynamic pricing and inventory strategies with strategic consumers[J]. Operations Research，63（6）：1320-1335.

Xie J，Shugan S M. 2001. Electronic tickets，smart cards，and online prepayments：When and how to advance sell[J]. Marketing Science，20（3）：219-243.

Xiong H，Xie J，Deng X. 2011. Risk-averse decision making in overbooking problem[J]. Journal of the Operational Research Society，62（9）：1655-1665.

Yu M，Debo L，Kapuscinski R. 2016. Strategic waiting for consumer-generated quality information：Dynamic pricing of new experience goods[J]. Management Science，62（2）：410-435.

Yu X，Zhang Y，Huang K. 2013. Minimizing the makespan for scheduling problems with general deterioration effects[J]. Mathematical Problems in Engineering，16：1-8.

Yu X, Zhang Y, Huang K. 2014. Multi-machine scheduling with general position-based deterioration to minimize total load revisited[J]. Information Processing Letters, 114: 399-404.

Yu X, Zhang Y, Steiner G. 2014. Single-machine scheduling with periodic maintenance to minimize makespan revisited[J]. Journal of Scheduling, 17: 263-270.

Yu Y, Liu J, Han X, et al. 2017. Optimal decisions for sellers considering valuation bias and strategic consumer reactions[J]. European Journal of Operational Research, 259: 599-613.

Zeng H, Zhang Y. 2014. Multi-generation product optimal pricing with strategic customer behavior[C]. 2014 11th International Conference on Service Systems and Service Management (ICSSSM): 321-324.

Zhang D, Cooper W L. 2009. Pricing substitutable flights in airline revenue management[J]. European Journal of Operational Research, 197: 848-861.

Zhang Y, Zhang J, Xue J. 2012. Service delivery time guarantee decisions with consideration of the time and price sensitive customer[J]. Journal of Southeast University, 28 (1): 119-124.

附录 A　第 8 章相关推导及证明

A.1 收益及其特性

结论 8.2　在均衡价格状态下（ $p_1 \in [p_m, p_n]$ ），销售商的期望收益随策略型消费者转移需求的增加而增大，但在策略型消费者保留价范围内，策略购买行为通常使销售商最大期望收益能力降低。

证明： 因为 $E(\tilde{p}_2) = V_{\rm L}F(z) + V_{\rm H}\bar{F}(z) = V_{\rm L} + \varDelta\bar{F}(z)$ ，两阶段价格均衡下 $p_1 = E(\tilde{p}_2)$ 。所以在均衡价格范围内期望收益为

$$
\begin{aligned}
\pi_{mn} &= \pi_1 + E(\tilde{\pi}_2) \\
&= (w - w_2)p_1 + c_2V_{\rm L}F(z) + V_{\rm H}\int_z^{c_2-w_2}(x+w_2){\rm d}F(x) + c_2V_{\rm H}\bar{F}(c_2-w_2) \\
&= (w-w_2)\left[V_{\rm L}F(z) + V_{\rm H}\bar{F}(z)\right] + c_2V_{\rm L}F(z) + V_{\rm H}\int_z^{c-w}(x+w_2){\rm d}F(x) + c_2V_{\rm H}\bar{F}(c-w) \\
&= [(w-w_2)V_{\rm L}F(z) + c_2V_{\rm L}F(z)] + (w-w_2)V_{\rm H}\bar{F}(z) + V_{\rm H}\int_z^{c-w}(x+w_2){\rm d}F(x) \\
&\quad + c_2V_{\rm H}\bar{F}(c-w) \\
&= cV_{\rm L}F(z) + (w-w_2)V_{\rm H}\left[\int_z^{c-w}{\rm d}F(x) + \bar{F}(c-w)\right] + V_{\rm H}\int_z^{c-w}(x+w_2){\rm d}F(x) \\
&\quad + c_2V_{\rm H}\bar{F}(c-w) \\
&= cV_{\rm L}F(z) + V_{\rm H}\int_z^{c-w}(x+w){\rm d}F(x) + cV_{\rm H}\bar{F}(c-w)
\end{aligned}
\tag{A-1}
$$

行为收益函数关于等待需求量 w_2 的导函数满足：

$$\begin{aligned}\frac{\mathrm{d}\pi_{mn}}{\mathrm{d}w_2}&=\frac{\mathrm{d}}{\mathrm{d}w_2}\left[cV_{\mathrm{L}}F(z)+V_{\mathrm{H}}\int_z^{c-w}(x+w)\mathrm{d}F(x)+cV_{\mathrm{H}}\bar{F}(c-w)\right]\\&=\frac{\mathrm{d}}{\mathrm{d}w_2}\left[cV_{\mathrm{H}}-\Delta cF(z)-V_{\mathrm{H}}\int_z^{c-w}(c-w-x)\mathrm{d}F(x)\right]\\&=\frac{\Delta^2}{V_{\mathrm{H}}}cf(z)-\Delta(c-w-z)f(z)\\&=\frac{\Delta^2}{V_{\mathrm{H}}}(w-w_2)f(z)\geqslant 0\end{aligned}\tag{A-2}$$

行为收益函数关于价格 p_1 的导函数满足：

$$\frac{\mathrm{d}\pi_{mn}}{\mathrm{d}p_1}=\frac{\mathrm{d}\pi_{mn}}{\mathrm{d}w_2}\frac{\mathrm{d}w_2}{\mathrm{d}p_1}=w-w_2\geqslant 0\tag{A-3}$$

由于在转移临界终点 $p_1=p_n$ 和消费者保留价 $p_1=V_{\mathrm{H}}$ 时的期望收益相同，价格差 $V_{\mathrm{H}}-p_n\geqslant 0$ 是策略购买行为导致的直接损失，因此有策略型消费者时的销售商收益往往要比没有策略型消费者时的销售商收益少。（证毕）

A.2 风险及其特性

结论 8.3　在均衡价格状态下（ $p_1\in[p_m,p_n]$ ），策略购买行为扩大了收益不确定性风险，销售商所面临的风险随着策略型消费者转移需求的增加而增大。

证明：因为 $E(\tilde{p}_2)=V_{\mathrm{L}}F(z)+V_{\mathrm{H}}\bar{F}(z)=V_{\mathrm{L}}+\Delta\bar{F}(z)$，两阶段价格均衡下 $p_1=E(\tilde{p}_2)$。所以在均衡价格范围内收益方差为

$$\begin{aligned}\sigma_{mn}^2&=[(w-w_2)p_1+c_2V_{\mathrm{L}}-\pi_{mn}]^2F(z)+\int_z^{c-w}[(w-w_2)p_1+(x+w_2)\\&\quad\cdot V_{\mathrm{H}}-\pi_{mn}]^2\mathrm{d}F(x)+[(w-w_2)p_1+c_2V_{\mathrm{H}}-\pi_{mn}]^2\bar{F}(c-w)\\&=g_1+g_2+g_3\end{aligned}\tag{A-4}$$

式中

$$\begin{aligned}g_1&=\left\{(w-w_2)\left[V_{\mathrm{L}}+\Delta\bar{F}(z)\right]+c_2V_{\mathrm{L}}-\pi_{mn}\right\}^2F(z)\\&=\left\{(w-w_2)\left[V_{\mathrm{L}}F(z)+V_{\mathrm{H}}\bar{F}(z)\right]+c_2V_{\mathrm{L}}-cV_{\mathrm{L}}F(z)-V_{\mathrm{H}}\int_z^{c-w}(x+w)\mathrm{d}F(x)\right.\\&\quad\left.-cV_{\mathrm{H}}\bar{F}(c-w)\right\}^2F(z)\\&=\left\{c_2V_{\mathrm{L}}-c_2V_{\mathrm{L}}F(z)-V_{\mathrm{H}}\int_z^{c-w}(x+w_2)\mathrm{d}F(x)-c_2V_{\mathrm{H}}\bar{F}(c-w)\right\}^2F(z)\\&=\left\{E(\tilde{\pi}_2)-c_2V_{\mathrm{L}}\right\}^2F(z)\end{aligned}\tag{A-5}$$

$$g_2=\int_z^{c-w}\left\{(w-w_2)\left[V_{\mathrm{L}}+\Delta\bar{F}(z)\right]+(x+w_2)V_{\mathrm{H}}-\pi_{mn}\right\}^2\mathrm{d}F(x)$$
$$=\int_z^{c-w}\left\{(x+w_2)V_{\mathrm{H}}-c_2V_{\mathrm{L}}F(z)-V_{\mathrm{H}}\int_z^{c-w}(x+w_2)\mathrm{d}F(x)-c_2V_{\mathrm{H}}\bar{F}(c-w)\right\}^2\mathrm{d}F(x)$$
$$=\int_z^{c-w}\left\{E(\tilde{\pi}_2)-(x+w_2)V_{\mathrm{H}}\right\}^2\mathrm{d}F(x)$$

（A-6）

$$g_3=\left\{(w-w_2)\left[V_{\mathrm{L}}+\Delta\bar{F}(z)\right]+c_2V_{\mathrm{H}}-\pi_{mn}\right\}^2\bar{F}(c-w)$$
$$=\left\{c_2V_{\mathrm{H}}-\left[c_2V_{\mathrm{L}}F(z)+V_{\mathrm{H}}\int_z^{c-w}(x+w_2)\mathrm{d}F(x)+c_2V_{\mathrm{H}}\bar{F}(c-w)\right]\right\}^2\bar{F}(c-w)$$
$$=\left\{c_2V_{\mathrm{H}}-E(\tilde{\pi}_2)\right\}^2\bar{F}(c-w)\tag{A-7}$$

于是收益方差简化为

$$\sigma_{mn}^2=g_1+g_2+g_3$$
$$=[E(\tilde{\pi}_2)-c_2V_{\mathrm{L}}]^2F(z)+\int_z^{c-w}[E(\tilde{\pi}_2)-(x+w_2)V_{\mathrm{H}}]^2\mathrm{d}F(x)+[c_2V_{\mathrm{H}}-E(\tilde{\pi}_2)]^2\bar{F}(c-w)$$
$$=c_2^2V_{\mathrm{L}}^2F(z)-2c_2V_{\mathrm{L}}E(\tilde{\pi}_2)F(z)+V_{\mathrm{H}}^2\int_z^{c-w}(x+w_2)^2\mathrm{d}F(x)-2V_{\mathrm{H}}E(\tilde{\pi}_2)\int_z^{c-w}(x+w_2)\mathrm{d}F(x)$$
$$+\left[E(\tilde{\pi}_2)\right]^2+c_2^2V_{\mathrm{H}}^2\bar{F}(c-w)-2c_2V_{\mathrm{H}}E(\tilde{\pi}_2)\bar{F}(c-w)$$
$$=c_2^2V_{\mathrm{L}}^2F(z)+V_{\mathrm{H}}^2\int_z^{c-w}(x+w_2)^2\mathrm{d}F(x)+c_2^2V_{\mathrm{H}}^2\bar{F}(c-w)-\left[E(\tilde{\pi}_2)\right]^2$$
$$=\delta_1-\delta_2$$

（A-8）

式中

$$\delta_1=c_2^2V_{\mathrm{L}}^2F(z)+V_{\mathrm{H}}^2\int_z^{c-w}(x+w_2)^2\mathrm{d}F(x)+c_2^2V_{\mathrm{H}}^2\bar{F}(c-w)$$
$$\delta_2=\left[c_2V_{\mathrm{L}}F(z)+V_{\mathrm{H}}\int_z^{c-w}(x+w_2)\mathrm{d}F(x)+c_2V_{\mathrm{H}}\bar{F}(c-w)\right]^2$$

行为风险函数为

$$\sigma_{mn}=\sqrt{\delta_1-\delta_2}$$

行为风险函数关于 w_2 的导函数为

$$
\begin{aligned}
2\sigma_{mn}\frac{\mathrm{d}\sigma_{mn}}{\mathrm{d}w_2} &= \frac{\mathrm{d}}{\mathrm{d}w_2}\left\{c_2^2V_\mathrm{L}^2F(z)+V_\mathrm{H}^2\int_z^{c-w}(x+w_2)^2\mathrm{d}F(x)+c_2^2V_\mathrm{H}^2\bar{F}(c-w)-\left[E(\tilde{\pi}_2)\right]^2\right\} \\
&= 2c_2V_\mathrm{L}^2F(z)-\frac{\varDelta}{V_\mathrm{H}}c_2^2V_\mathrm{L}^2f(z)+V_\mathrm{H}^2\left[2\int_z^{c-w}(x+w_2)\mathrm{d}F(x)+\frac{\varDelta}{V_\mathrm{H}}(z+w_2)^2f(z)\right] \\
&\quad +2c_2V_\mathrm{H}^2\bar{F}(c-w)-2E(\tilde{\pi}_2)\left[V_\mathrm{L}F(z)-\frac{\varDelta}{V_\mathrm{H}}c_2V_\mathrm{L}f(z)+V_\mathrm{H}\int_z^{c-w}\mathrm{d}F(x)\right. \\
&\quad \left.+\varDelta(z+w_2)f(z)+V_\mathrm{H}\bar{F}(c-w)\right] \\
&= 2c_2V_\mathrm{L}^2F(z)+2V_\mathrm{H}[E(\tilde{\pi}_2)-c_2V_\mathrm{L}F(z)]-2\left[V_\mathrm{H}-\varDelta F(z)\right]E(\tilde{\pi}_2) \\
&= 2\varDelta[E(\tilde{\pi}_2)-c_2V_\mathrm{L}]F(z)
\end{aligned}
\tag{A-9}
$$

因为 $E(\tilde{\pi}_2)$ 是 $t=2$ 阶段不同价格下的期望收益，而 c_2V_L 是 $t=2$ 阶段极端最低价下的收益，所以

$$\frac{\mathrm{d}\sigma_{mn}}{\mathrm{d}w_2}=\frac{\varDelta}{\sigma_{mn}}[E(\tilde{\pi}_2)-c_2V_\mathrm{L}]F(z)>0$$　（证毕）

注：

$$c_2=c-w+w_2 \tag{A-10}$$

$$z=\frac{V_\mathrm{L}}{V_\mathrm{H}}(c-w)-\frac{\varDelta}{V_\mathrm{H}}w_2 \tag{A-11}$$

$$
\begin{aligned}
E(\tilde{\pi}_2) &= E(\min(\max(c_2V_\mathrm{L},(X+w_2)V_\mathrm{H}),c_2V_\mathrm{H})) \\
&= c_2V_\mathrm{L}F(z)+V_\mathrm{H}\int_z^{c-w}(x+w_2)\mathrm{d}F(x)+c_2V_\mathrm{H}\bar{F}(c-w)
\end{aligned}
\tag{A-12}
$$

$$
\begin{aligned}
\frac{\mathrm{d}E(\tilde{\pi}_2)}{\mathrm{d}w_2} &= V_\mathrm{L}F(z)-\frac{\varDelta}{V_\mathrm{H}}c_2V_\mathrm{L}f(z)+V_\mathrm{H}\int_z^{c-w}\mathrm{d}F(x)+\varDelta(z+w_2)f(z)+V_\mathrm{H}\bar{F}(c-w) \\
&= V_\mathrm{L}F(z)+V_\mathrm{H}\int_z^{c-w}\mathrm{d}F(x)+V_\mathrm{H}\bar{F}(c-w) \\
&= V_\mathrm{L}F(z)+V_\mathrm{H}[F(c-w)-F(z)]+V_\mathrm{H}\bar{F}(c-w) \\
&= V_\mathrm{L}F(z)+V_\mathrm{H}\bar{F}(z) \\
&= V_\mathrm{L}+\varDelta\bar{F}(z) \\
&= E(\tilde{p}_2) \\
&= p_1
\end{aligned}
\tag{A-13}
$$

A.3 无消费者行为的风险

$$\sigma_{\mathrm{L}m}^2=[wp_1+(c-w)V_{\mathrm{L}}-\pi_{\mathrm{L}m}]^2F(z_1)+\int_{z_1}^{c-w}[wp_1+xV_{\mathrm{H}}-\pi_{\mathrm{L}m}]^2\mathrm{d}F(x)$$
$$+[wp_1+(c-w)V_{\mathrm{H}}-\pi_{\mathrm{L}m}]^2\bar{F}(c-w) \quad (\text{A-14})$$

对比 B.3 部分中 σ_{mn}^2 的表达式可看出，当 $w_2=0$，即 $p_1\in[V_{\mathrm{L}},p_m]$ 范围，没有策略型消费者转移至 $t=2$ 阶段时，σ_{mn}^2 表达式便转变成 $\sigma_{\mathrm{L}m}^2$ 的表达式，于是有相应价格范围的销售商风险函数：

$$\sigma_{\mathrm{L}m}=\sqrt{\gamma_1-\gamma_2} \quad (\text{A-15})$$

式中

$$\gamma_1=(c-w)^2V_{\mathrm{L}}^2F(z_1)+V_{\mathrm{H}}^2\int_{z_1}^{c-w}x^2\mathrm{d}F(x)+(c-w)^2V_{\mathrm{H}}^2\bar{F}(c-w)$$

$$\gamma_2=\left[(c-w)V_{\mathrm{L}}F(z_1)+V_{\mathrm{H}}\int_{z_1}^{c-w}x\mathrm{d}F(x)+(c-w)V_{\mathrm{H}}\bar{F}(c-w)\right]^2$$

其中，$z_1=\dfrac{V_{\mathrm{L}}}{V_{\mathrm{H}}}(c-w)$。

A.4 算例分析

①当 $V_{\mathrm{L}}=420$ 时，由 $\dfrac{w}{c}<\dfrac{V_{\mathrm{L}}}{V_{\mathrm{H}}}$ 知，$\max w_2=w$。于是在 $w_2\in[0,12\,000]$ 范围内有

$$p_1=499.2+0.0054w_2$$
$$\pi_{mn}=9.8112\times10^6+64.8w_2-0.0027w_2^2$$
$$\sigma_{mn}=(8000+w_2)\sqrt{5754.24+0.012\,96w_2-(0.0027w_2)^2}$$

若消费者都没有策略行为能力（或意识），$p_1=V_{\mathrm{H}}$ 时，则最大潜在期望收益为

$$\pi_{\mathrm{H}}=wp_1+(c-w)V_{\mathrm{L}}F(z_1)+V_{\mathrm{H}}\int_{z_1}^{c-w}x\mathrm{d}F(x)+(c-w)V_{\mathrm{H}}\bar{F}(c-w)$$
$$=1.102\,08\times10^7$$

上式与正文中式（8-10）的右边各项相同。

相应策略购买行为导致的损失率为

$$\frac{\pi_{\mathrm{H}}-\pi_n}{\pi_{\mathrm{H}}}\times100\%\approx7.45\%$$

②当 $V_{\mathrm{L}}=360$ 时，由 $\dfrac{w}{c}=\dfrac{V_{\mathrm{L}}}{V_{\mathrm{H}}}$ 知，$\max w_2=w$。于是在 $w_2\in[0,12\,000]$ 范围内有

$$p_1 = 484.8 + 0.0096w_2$$

$$\pi_{mn} = 9.3888 \times 10^6 + 115.2w_2 - 0.0048w_2^2$$

$$\sigma_{mn} = (8000 + w_2)\sqrt{10\,199.04 - 0.061\,44w_2 - (0.0048w_2)^2}$$

若消费者都没有策略行为能力（或意识），$p_1 = V_{\mathrm{H}}$ 时，则最大潜在期望收益为 $\pi_{\mathrm{H}} = 1.077\,12 \times 10^7$，相应策略购买行为导致的损失率约为6.42%。

③当 $V_{\mathrm{L}} = 300$ 时，由 $\dfrac{w}{c} > \dfrac{V_{\mathrm{L}}}{V_{\mathrm{H}}}$ 知，$\max w_2 = \dfrac{V_{\mathrm{L}}}{\varDelta}(c - w)$，于是在 $w_2 \in [0,8000]$ 范围内有

$$p_1 = 480 + 0.015w_2$$

$$\pi_{mn} = 9.12 \times 10^6 + 180w_2 - 0.0075w_2^2$$

$$\sigma_{mn} = (8000 + w_2)\sqrt{15\,600 - 0.3w_2 - (0.0075w_2)^2}$$

若消费者都没有策略行为能力（或意识），$p_1 = V_{\mathrm{H}}$ 时，则最大潜在期望收益为 $\pi_{\mathrm{H}} = 1.102\,08 \times 10^7$，相应策略购买行为导致的损失率约为4.9%。

附录B　第9章相关推证及数值表

B.1 收益及其特性

均衡价格：

$$p_1 = V_L F(z) + V_H \bar{F}(z) = V_L + \Delta \bar{F}(z) \tag{B-1}$$

在 $t=2$ 阶段，低价概率为 $F(z) = \dfrac{V_H - p_1}{\Delta}$ ，高价概率为 $\bar{F}(z) = \dfrac{p_1 - V_L}{\Delta}$ ，策略型消费者反应函数为

$$w_2 = w_2(p_1, c) \tag{B-2}$$

$$\frac{\partial w_2}{\partial P_1} = \frac{V_H}{\Delta^2 f(z)} > 0 \tag{B-3}$$

$$\begin{aligned} E(\tilde{\pi}_2) &= c_2 V_L F(z) + V_H \int_z^{c_2 - w_2} (x + w_2) \mathrm{d}F(x) + c_2 V_H \bar{F}(c_2 - w_2) \\ &= c_2 V_L F(z) + V_H \int_z^{c-w} (x + w_2) \mathrm{d}F(x) + c_2 V_H \bar{F}(c - w) \\ &= V_H \left[c_2 - \int_z^{c-w} F(x) \mathrm{d}x \right] \end{aligned} \tag{B-4}$$

$$\frac{\partial E(\tilde{\pi}_2)}{\partial w_2} = V_L F(z) + V_H \bar{F}(z) = p_1 \tag{B-5}$$

$$\begin{aligned} \pi_{mn} &= (w - w_2) p_1 + E(\tilde{\pi}_2) \\ &= (c - c_2)\left[V_H - \Delta F(z)\right] + V_H \left[c_2 - \int_z^{c-w} F(x) \mathrm{d}x \right] \\ &= V_H \left[c - \int_z^{c-w} F(x) \mathrm{d}x \right] - \Delta (w - w_2) F(z) \end{aligned} \tag{B-6}$$

或

$$
\begin{aligned}
\pi_{mn} &= (w - w_2)p_1 + E(\tilde{\pi}_2) \\
&= (c - c_2)\left[V_{\mathrm{L}}F(z) + V_{\mathrm{H}}\bar{F}(z)\right] + c_2V_{\mathrm{L}}F(z) + V_{\mathrm{H}}\int_z^{c-w}(x + w_2)\mathrm{d}F(x) + c_2V_{\mathrm{H}}\bar{F}(c - w) \\
&= cV_{\mathrm{L}}F(z) + (c - c_2)V_{\mathrm{H}}\left[\int_z^{c-w}\mathrm{d}F(x) + \bar{F}(c - w)\right] + V_{\mathrm{H}}\int_z^{c-w}(x + w_2)\mathrm{d}F(x) + c_2V_{\mathrm{H}}\bar{F}(c - w) \\
&= cV_{\mathrm{L}}F(z) + V_{\mathrm{H}}\int_z^{c-w}(x + w)\mathrm{d}F(x) + cV_{\mathrm{H}}\bar{F}(c - w) \\
&= V_{\mathrm{H}}\left[c - \int_z^{c-w}F(x)\mathrm{d}x\right] - \Delta(w - w_2)F(z)
\end{aligned}
\tag{B-7}
$$

简记为

$$\pi_{mn} = G(w_2(p_1, c), c) \tag{B-8}$$

$$
\begin{aligned}
\frac{\partial \pi_{mn}}{\partial w_2} &= \frac{\partial}{\partial w_2}[(w - w_2)p_1 + E(\tilde{\pi}_2)] \\
&= -p_1 + (w - w_2)\frac{\partial p_1}{\partial w_2} + \frac{\partial E(\tilde{\pi}_2)}{\partial w_2} \\
&= \frac{\Delta^2}{V_{\mathrm{H}}}(w - w_2)f(z) \geqslant 0
\end{aligned}
\tag{B-9}
$$

$$\frac{\partial \pi_{mn}}{\partial p_1} = \frac{\partial \pi_{mn}}{\partial w_2}\frac{\partial w_2}{\partial p_1} = w - w_2 \geqslant 0 \tag{B-10}$$

$$\frac{\partial^2 \pi_{mn}}{\partial p_1^2} = -\frac{\partial w_2}{\partial p_1} = -\frac{V_{\mathrm{H}}}{\Delta^2 f(z)} < 0 \tag{B-11}$$

B.2 供给的消费者因素

1）策略行为因素

最大最小利润之差：

$$
\begin{aligned}
\Pi_n - \Pi_m &= V_{\mathrm{H}}\left[\int_{z_1}^{c-w}F(x)\mathrm{d}x - \int_{z_2}^{c-w}F(x)\mathrm{d}x\right] + \Delta wF(z_1) \\
&= \Delta wF(z_1) - V_{\mathrm{H}}\int_{z_2}^{z_1}F(x)\mathrm{d}x \\
&= \Delta wF(z_1) - V_{\mathrm{H}}(z_1 - z_2)F(\xi)
\end{aligned}
\tag{B-12}
$$

在有效容量供给范围内，当 $c > w\dfrac{V_{\mathrm{H}}}{V_{\mathrm{L}}}$ 时，$z_1 - z_2 = \dfrac{V_{\mathrm{L}}}{V_{\mathrm{H}}}(c - w) - \left(\dfrac{V_{\mathrm{L}}}{V_{\mathrm{H}}}c - w\right) = w\dfrac{\Delta}{V_{\mathrm{H}}}$，

于是有

$$\begin{aligned}\Pi_n-\Pi_m&=\Delta wF(z_1)-V_{\mathrm{H}}(z_1-z_2)F(\xi)\\&=\Delta w[F(z_1)-F(\xi)]>0\end{aligned}\tag{B-13}$$

式中，$\xi\in(z_2,z_1)$。

当$c\leqslant w\dfrac{V_{\mathrm{H}}}{V_{\mathrm{L}}}$时，$z_1-z_2=\dfrac{V_{\mathrm{L}}}{V_{\mathrm{H}}}(c-w)-0\leqslant\dfrac{V_{\mathrm{L}}}{V_{\mathrm{H}}}\left(w\dfrac{V_{\mathrm{H}}}{V_{\mathrm{L}}}-w\right)=w\dfrac{\Delta}{V_{\mathrm{H}}}$，于是有

$$\begin{aligned}\Pi_n-\Pi_m&=\Delta wF(z_1)-V_{\mathrm{H}}(z_1-z_2)F(\xi)\\&\geqslant\Delta w[F(z_1)-F(\xi)]\geqslant 0\end{aligned}\tag{B-14}$$

式中，$\xi\in(z_2,z_1)$，在$c=w$时不等式中的等号成立。

总之，在有效容量范围内$\Pi_n-\Pi_m\geqslant 0$，其中$\xi\in(z_2,z_1)$，且在$c=w$时不等式中的等号成立。（证毕）

消费者无策略行为能力（或意识）下的利润为

$$\begin{aligned}\Pi_{\mathrm{H}}&=\pi_{\mathrm{H}}-ca\\&=wV_{\mathrm{H}}+(c-w)V_{\mathrm{L}}F(z_1)+V_{\mathrm{H}}\int_{z_1}^{c-w}x\mathrm{d}F(x)+(c-w)V_{\mathrm{H}}\bar{F}(c-w)-ca\\&=\Delta wF(z_1)+cV_{\mathrm{L}}F(z_1)+V_{\mathrm{H}}\int_{z_1}^{c-w}(x+w)\mathrm{d}F(x)+cV_{\mathrm{H}}\bar{F}(c-w)-ca\\&=\Delta wF(z_1)+\pi_m-ca=V_{\mathrm{H}}\left[c-\int_{z_1}^{c-w}F(x)\mathrm{d}x\right]-ca\end{aligned}\tag{B-15}$$

2）支付意愿因素

假定两种互斥低端保留价$V_{\mathrm{L}2}>V_{\mathrm{L}1}$，分别与高端需求构成市场，最大期望利润依次记为$\Pi_{n2}$和$\Pi_{n1}$。由于$\Pi_{nj}=V_{\mathrm{H}}\left[c-\int_{z_{2j}}^{c-w}F(x)\mathrm{d}x\right]-ca$，$z_{2j}=\max\left(0,\dfrac{V_{\mathrm{L}j}}{V_{\mathrm{H}}}c-w\right)$，即

$$z_{2j}=\begin{cases}0, & c\leqslant w\dfrac{V_{\mathrm{H}}}{V_{\mathrm{L}j}}\\ \dfrac{V_{\mathrm{L}j}}{V_{\mathrm{H}}}c-w, & c>w\dfrac{V_{\mathrm{H}}}{V_{\mathrm{L}j}}\end{cases}$$

式中，$j=1,2$；$z_{22}\geqslant z_{21}$。于是：

$$\Pi_{n2}-\Pi_{n1}=\int_{z_{21}}^{z_{22}}F(x)\mathrm{d}x\geqslant 0\tag{B-16}$$

当$c=w$时不等式中的等号成立。这表明高、低端消费者保留价相差越大，销售商最大期望收益（利润）越小。

B.3 风险及其特性

在均衡价格范围内，收益方差为

$$
\begin{aligned}
\sigma_{mn}^2 &= [(w-w_2)p_1+c_2V_{\mathrm{L}}-\pi_{mn}]^2F(z)+[(w-w_2)p_1+c_2V_{\mathrm{H}}-\pi_{mn}]^2\bar{F}(c-w)\\
&\quad+\int_z^{c-w}[(w-w_2)p_1+(x+w_2)V_{\mathrm{H}}-\pi_{mn}]^2\mathrm{d}F(x)\\
&=[E(\tilde{\pi}_2)-c_2V_{\mathrm{L}}]^2F(z)+\int_z^{c-w}[E(\tilde{\pi}_2)-(x+w_2)V_{\mathrm{H}}]^2\mathrm{d}F(x)+[c_2V_{\mathrm{H}}-E(\tilde{\pi}_2)]^2\bar{F}(c-w)\\
&=c_2^2V_{\mathrm{L}}^2F(z)+V_{\mathrm{H}}^2\int_z^{c-w}(x+w_2)^2\mathrm{d}F(x)+c_2^2V_{\mathrm{H}}^2\bar{F}(c-w)\\
&\quad+\left[E(\tilde{\pi}_2)\right]^2-2E(\tilde{\pi}_2)\left[c_2V_{\mathrm{L}}F(z)+V_{\mathrm{H}}\int_z^{c-w}(x+w_2)\mathrm{d}F(x)+c_2V_{\mathrm{H}}\bar{F}(c-w)\right]\\
&=c_2^2V_{\mathrm{L}}^2F(z)+V_{\mathrm{H}}^2\int_z^{c-w}(x+w_2)^2\mathrm{d}F(x)+c_2^2V_{\mathrm{H}}^2\bar{F}(c-w)-\left[E(\tilde{\pi}_2)\right]^2\\
&=\delta_1-\delta_2
\end{aligned}
\tag{B-17}
$$

式中

$$\delta_1=c_2^2V_{\mathrm{L}}^2F(z)+V_{\mathrm{H}}^2\int_z^{c-w}(x+w_2)^2\mathrm{d}F(x)+c_2^2V_{\mathrm{H}}^2\bar{F}(c-w)\text{，}\quad \delta_2=\left[E(\tilde{\pi}_2)\right]^2$$

标准差关于 w_2 的偏导函数为

$$
\begin{aligned}
2\sigma_{mn}\frac{\partial\sigma_{mn}}{\partial w_2}&=\frac{\partial}{\partial w_2}\left\{c_2^2V_{\mathrm{L}}^2F(z)+V_{\mathrm{H}}^2\int_z^{c-w}(x+w_2)^2\mathrm{d}F(x)+c_2^2V_{\mathrm{H}}^2\bar{F}(c-w)-\left[E(\tilde{\pi}_2)\right]^2\right\}\\
&=2c_2V_{\mathrm{L}}^2F(z)-\frac{\Delta}{V_{\mathrm{H}}}c_2^2V_{\mathrm{L}}^2f(z)+V_{\mathrm{H}}^2\left[2\int_z^{c-w}(x+w_2)\mathrm{d}F(x)+\frac{\Delta}{V_{\mathrm{H}}}(z+w_2)^2f(z)\right]\\
&\quad+2c_2V_{\mathrm{H}}^2\bar{F}(c-w)-2E(\tilde{\pi}_2)\frac{\partial E(\tilde{\pi}_2)}{\partial w_2}\\
&=2c_2V_{\mathrm{L}}^2F(z)+2V_{\mathrm{H}}[E(\tilde{\pi}_2)-c_2V_{\mathrm{L}}F(z)]-2\left[V_{\mathrm{H}}-\Delta F(z)\right]E(\tilde{\pi}_2)\\
&=2\Delta[E(\tilde{\pi}_2)-c_2V_{\mathrm{L}}]F(z)
\end{aligned}
\tag{B-18}
$$

$E(\tilde{\pi}_2)$ 为 $t=2$ 阶段不同价格下的期望收益，c_2V_{L} 是 $t=2$ 阶段极端最低价下的收益，因此：

$$\frac{\partial\sigma_{mn}}{\partial w_2}=\frac{\Delta}{\sigma_{mn}}[E(\tilde{\pi}_2)-c_2V_{\mathrm{L}}]F(z)>0 \tag{B-19}$$

$$\frac{\partial\sigma_{mn}}{\partial P_1}=\frac{\partial\sigma_{mn}}{\partial w_2}\frac{\partial w_2}{\partial P_1}=\frac{V_{\mathrm{H}}[E(\tilde{\pi}_2)-c_2V_{\mathrm{L}}]F(z)}{\Delta\sigma_{mn}f(z)}>0 \tag{B-20}$$

B.4 容量扩展风险的因子式

最大风险函数曲线 σ_n 的参数：在曲线的第一段，有

假定 $c \geqslant w\dfrac{V_H}{V_L}$（即 $c \geqslant 15\,000$），则容量扩展下第二段最大期望利润为

$$\Pi_n = V_H\left[c - \int_{\frac{V_L}{V_H}c-w}^{c-w} F(x)\mathrm{d}x\right] - ca = 600c - 0.02(c-9000)^2 + 0.02(0.6c-9000)^2 - 280c$$

$$= 464c - 0.0128c^2$$

令 $\dfrac{\mathrm{d}\Pi_n}{\mathrm{d}c} = V_L F\left(\dfrac{V_L}{V_H}c - w\right) + V_H\bar{F}(c-w) - a = 0$ 得 $c^* = 18\,125$，相应地，$\Pi_n(c^*) = 4.205\times10^7$。

因此，在情况②下有效供给量 $c^* = 181\,25$。

在均衡价格范围内，价格低至无策略型消费者转移的收益为

$$\Pi_m = \pi_m - ca = V_H\left[c - \int_{z_1}^{c-w} F(x)\mathrm{d}x\right] - \Delta wF(z_1) - ca$$

$$= 600c - 0.0128(c-9000)^2 - 86.4(c-9000) - 280c$$

$$= 464c - 0.0128c^2 - 259\,200$$

B.7.2 有效供给的行为影响（算例）

② $V_L = 360$。

若消费者没有策略行为意识，最大期望利润为

$$\Pi_H = V_H\left[c - \int_{z_1}^{c-w} F(x)\mathrm{d}x\right] - ca = 600\left[c - \int_{0.6(c-w)}^{c-w} F(x)\mathrm{d}x\right] - 280c$$

$$= 550.4c - 0.0128c^2 - 1\,036\,800$$

令 $\dfrac{\mathrm{d}\Pi_H}{\mathrm{d}c} = V_H\bar{F}(c-w) + V_L F\left[\dfrac{V_L}{V_H}(c-w)\right] - a = 0$ 得 $c^{**} = 21\,500$，相应地，$\Pi_H(c^{**}) = 4.88\times10^6$。

考虑消费者行为的有效供给减少量为

$$c^{**} - c^* = 21\,500 - 18\,125 = 3375, \quad \frac{c^{**} - c^*}{c^{**}}\times100\% \approx 15.70\%$$

忽视策略行为供给为 c^{**} 时，策略购买引致损失：

$$\Pi_H(c^{**}) - \Pi_n(c^{**}) = 4.88\times10^6 - 4.0592\times10^6 = 8.208\times10^5$$

$$\frac{\Pi_H(c^{**}) - \Pi_n(c^{**})}{\Pi_H(c^{**})}\times100\% \approx 16.82\%$$

考虑策略行为供给为 c^* 时，策略购买引致损失：

$$\Pi_H(c^*) - \Pi_n(c^*) = 4.7342\times10^6 - 4.205\times10^6 = 5.292\times10^5$$

$$\frac{\Pi_{\mathrm{H}}(c^{*})-\Pi_{n}(c^{*})}{\Pi_{\mathrm{H}}(c^{*})}\times 100\%\approx 11.18\%$$

与忽略策略行为相比，考虑购买行为可增加收益：

$$\Pi_{n}(c^{*})-\Pi_{n}(c^{**})=4.205\times 10^{6}-4.0592\times 10^{6}=1.458\times 10^{5}$$

$$\frac{\Pi_{n}(c^{*})-\Pi_{n}(c^{**})}{\Pi_{n}(c^{**})}\times 100\%\approx 3.59\%$$

B.7.3 有效供给的支付意愿影响（算例）

①$V_{\mathrm{L}}=450$。

假定$c<w\dfrac{V_{\mathrm{H}}}{V_{\mathrm{L}}}$（即$c<12\,000$），则有

$$\Pi_{n}=V_{\mathrm{H}}\left[c-\int_{0}^{c-w}F(x)\mathrm{d}x\right]-ca=600c-0.02(c-9000)^{2}-280c$$
$$=-1.62\times 10^{6}+680c-0.02c^{2}$$

令$\dfrac{\mathrm{d}\Pi_{n}}{\mathrm{d}c}=V_{\mathrm{H}}\bar{F}(c-w)-a=0$得$c^{*}=17\,000$（舍去）。

当$c=12\,000$时，有$\Pi_{n}=3.66\times 10^{6}$。

假定$c\geqslant w\dfrac{V_{\mathrm{H}}}{V_{\mathrm{L}}}$（即$c\geqslant 12\,000$），则：

$$\Pi_{n}=V_{\mathrm{H}}\left[c-\int_{\frac{V_{\mathrm{L}}}{V_{\mathrm{H}}}c-w}^{c-w}F(x)\mathrm{d}x\right]-ca=600c-0.02(c-9000)^{2}+0.02(0.75c-9000)^{2}-280c$$
$$=410c-0.008\,75c^{2}$$

令$\dfrac{\mathrm{d}\Pi_{n}}{\mathrm{d}c}=V_{\mathrm{L}}F\left(\dfrac{V_{\mathrm{L}}}{V_{\mathrm{H}}}c-w\right)+V_{\mathrm{H}}\bar{F}(c-w)-a=0$得$c^{*}\approx 23\,428.57$，相应$\Pi_{n}(c^{*})\approx 4.8\times 10^{6}$。

②$V_{\mathrm{L}}=360$（计算详见B.7.1），$c^{*}=18\,125$，相应$\Pi_{n}(c^{*})=4.205\times 10^{7}$。

③$V_{\mathrm{L}}=270$。

假定$c<w\dfrac{V_{\mathrm{H}}}{V_{\mathrm{L}}}$（即$c<20\,000$），则：

$$\Pi_{n}=V_{\mathrm{H}}\left[c-\int_{0}^{c-w}F(x)\mathrm{d}x\right]-ca=600c-0.02(c-9000)^{2}-280c$$
$$=-1.62\times 10^{6}+680c-0.02c^{2}$$

令$\dfrac{\mathrm{d}\Pi_{n}}{\mathrm{d}c}=V_{\mathrm{H}}\bar{F}(c-w)-a=0$得$c^{*}=17\,000$，相应$\Pi_{n}(c^{*})=4.16\times 10^{6}$。

假定$c \geqslant w\dfrac{V_{\mathrm{H}}}{V_{\mathrm{L}}}$（即$c \geqslant 20\,000$），则：

$$\varPi_n = V_{\mathrm{H}}\left[c - \int_{\frac{V_{\mathrm{L}}}{V_{\mathrm{H}}}c-w}^{c-w} F(x)\mathrm{d}x\right] - ca = 600c - 0.02(c-9000)^2 + 0.02(0.45c-9000)^2 - 280c$$

$$= 518c - 0.015\,95c^2$$

令$\dfrac{\mathrm{d}\varPi_n}{\mathrm{d}c} = V_{\mathrm{L}}F\left(\dfrac{V_{\mathrm{L}}}{V_{\mathrm{H}}}c - w\right) + V_{\mathrm{H}}\bar{F}(c-w) - a = 0$得$c^* \approx 16\,238.24$（舍去）。

当$c = 20\,000$时，有$\varPi_n = 3.98\times10^6$。

综上可知三种情况的有效供给和利润：情况①$c^* \approx 23\,428.57$，$\varPi_n(c^*) \approx 4.8\times10^6$；情况②$c^* = 18\,125$，$\varPi_n(c^*) = 4.205\times10^7$；情况③$c^* = 17\,000$，$\varPi_n(c^*) = 4.16\times10^6$。

B.7.4 容量扩展的风险（算例）

②$V_{\mathrm{L}} = 360$。

1）最大风险函数

当$c < w\dfrac{V_{\mathrm{H}}}{V_{\mathrm{L}}}$时，$\max w_2 = \dfrac{V_{\mathrm{L}}}{\varDelta}(c-w) = 1.5(c-w)$，$z_2 = 0$，$c_2 = \dfrac{V_{\mathrm{H}}}{\varDelta}(c-w) = 2.5(c-w)$。

$$\delta_{11} = \delta_1\big|_{z=0,w_2=\frac{V_{\mathrm{L}}}{\varDelta}(c-w)} = V_{\mathrm{H}}^2\int_0^{c-w}\left[x + \frac{V_{\mathrm{L}}}{\varDelta}(c-w)\right]^2\mathrm{d}F(x) + \left[\frac{V_{\mathrm{H}}}{\varDelta}(c-w)\right]^2 V_{\mathrm{H}}^2\bar{F}(c-w)$$

$$= 2\,250\,000(c-w)^2 - 52(c-w)^3$$

$$\delta_{21} = \delta_2\big|_{z=0,w_2=\frac{V_{\mathrm{L}}}{\varDelta}(c-w)} = V_{\mathrm{H}}^2\left[\frac{V_{\mathrm{H}}}{\varDelta}(c-w) - \int_0^{c-w}F(x)\mathrm{d}x\right]^2$$

$$= 2\,250\,000(c-w)^2 - 62(c-w)^3 + 0.000\,4(c-w)^4$$

$$\sigma_n = \sqrt{\delta_{11} - \delta_{21}} = (c-9000)\sqrt{(c-9000)(11.6 - 0.0004c)}$$

当$c \geqslant w\dfrac{V_{\mathrm{H}}}{V_{\mathrm{L}}}$时，$\max w_2 = \dfrac{V_{\mathrm{L}}}{\varDelta}(c-w) = 1.5(c-w)$，$z_2 = \dfrac{V_{\mathrm{L}}}{V_{\mathrm{H}}}c - w$。

$$\delta_{12} = \delta_1\big|_{z=\frac{V_{\mathrm{L}}}{V_{\mathrm{H}}}c-w,w_2=w} = c^2V_{\mathrm{L}}^2F\left(\frac{V_{\mathrm{L}}}{V_{\mathrm{H}}}c - w\right) + V_{\mathrm{H}}^2\int_{\frac{V_{\mathrm{L}}}{V_{\mathrm{H}}}c-w}^{c-w}(x+w)^2\mathrm{d}F(x) + c^2V_{\mathrm{H}}^2\bar{F}(c-w)$$

$$= c^2(498\,240 - 12.544c)$$

$$\delta_{22}=\delta_2\big|_{z=\frac{V_L}{V_H}c-w,w_2=w}=V_H^2\left[c-\int_{\frac{V_L}{V_H}c-w}^{c-w}F(x)\mathrm{d}x\right]^2$$
$$=c^2(744-0.0128c)^2$$
$$\sigma_n=\sqrt{\delta_{11}-\delta_{21}}=c\sqrt{6.5024c-(0.0128c)^2-55\,296}$$

于是可得容量扩展下的最大风险函数：

$$\sigma_n=\begin{cases}(c-9000)\sqrt{(c-9000)(11.6-0.0004c)}, & c<15\,000\\ c\sqrt{6.5024c-(0.0128c)^2-55\,296}, & c\geqslant 15\,000\end{cases}$$

2）最小风险函数

在最低价格均衡点 $w_2=0$，$z_2=\dfrac{V_L}{V_H}(c-w)$，$c_2=c-w$（注：$c\geqslant w$）

$$\delta_1\big|_{z=z_1}=(c-w)^2V_L^2F(z_1)+V_H^2\int_{z_1}^{c-w}x^2\mathrm{d}F(x)+(c-w)^2V_H^2\bar{F}(c-w)$$
$$=(c-w)^2V_H^2-\frac{1.568}{45\,000}V_H^2(c-w)^3$$
$$\delta_2\big|_{z=z_1}=\left[c_2V_LF(z_1)+V_H\int_{z_1}^{c-w}x\mathrm{d}F(x)+c_2V_H\bar{F}(c-w)\right]^2$$
$$=\left[(c-w)^2V_H-\frac{0.64}{30\,000}V_H(c-w)^2\right]^2$$

于是可得容量扩展下的最小风险函数：

$$\sigma_m=\sqrt{\delta_1\big|_{z=z_1}-\delta_2\big|_{z=z_1}}$$
$$=(c-9000)\sqrt{5.765\,12c-(0.0128c)^2-38\,615.04}$$

σ_m 与 σ_n 函数之间的区域即为风险域。由于有无策略行为的有效供给 c^* 和 c^{**} 一般不等，因此相应供给下的风险 $\sigma_n(c^*)$ 和 $\sigma_n(c^{**})$ 往往也不相同。

B.7.5 有效供给下的易逝品（资产）定价线（算例）

② $V_L=360$，有效供给 $c^*=18\,125$，$p_1=V_L+\Delta\bar{F}(z)=512.4+0.0064w_2$，$w_2=156.25p_1-80\,062.5$（消费者价格反应函数），由于 $18\,125=c^*>\dfrac{V_H}{V_L}w=15\,000$，因此 $\max w_2=9000$；$p_m=512.4$，$p_n=570$。

$$\Pi_{mn}=cV_LF(z)+V_H\int_z^{c-w}(x+w)\mathrm{d}F(x)+cV_H\bar{F}(c-w)-cv$$
$$=3.9458\times10^6+57.6w_2-0.0032w_2^2$$

或 $\Pi_{mn}=4.205\times10^6-78.125(570-p_1)^2$。

利润价格函数中利润为易逝资产市场价格，因此该函数曲线也称为易逝资产

表B9-1　价格曲面数值表

w_2	9 000	10 000	11 000	12 000	13 000	14 000	15 000	16 000	17 000	18 125	19 000	20 000	21 000	22 000	23 000	24 000
0	600.0	590.4	580.8	571.2	561.6	552.0	542.4	532.8	523.2	512.4	504.0	494.4	484.8	475.2	465.6	456.0
500		593.6	584.0	574.4	564.8	555.2	545.6	536.0	526.4	515.6	507.2	497.6	488.0	478.4	468.8	459.2
1 000		596.8	587.2	577.6	568.0	558.4	548.8	539.2	529.6	518.8	510.4	500.8	491.2	481.6	472.0	462.4
1 500		600.0	590.4	580.8	571.2	561.6	552.0	542.4	532.8	522.0	513.6	504.0	494.4	484.8	475.2	465.6
2 000			593.6	584.0	574.4	564.8	555.2	545.6	536.0	525.2	516.8	507.2	497.6	488.0	478.4	468.8
2 500			596.8	587.2	577.6	568.0	558.4	548.8	539.2	528.4	520.0	510.4	500.8	491.2	481.6	472.0
3 000			600.0	590.4	580.8	571.2	561.6	552.0	542.4	531.6	523.2	513.6	504.0	494.4	484.8	475.2
3 500				593.6	584.0	574.4	564.8	555.2	545.6	534.8	526.4	516.8	507.2	497.6	488.0	478.4
4 000				596.8	587.2	577.6	568.0	558.4	548.8	538.0	529.6	520.0	510.4	500.8	491.2	481.6
4 500				600.0	590.4	580.8	571.2	561.6	552.0	541.2	532.8	523.2	513.6	504.0	494.4	484.8
5 000					593.6	584.0	574.4	564.8	555.2	544.4	536.0	526.4	516.8	507.2	497.6	488.0
5 500					596.8	587.2	577.6	568.0	558.4	547.6	539.2	529.6	520.0	510.4	500.8	491.2
6 000					600.0	590.4	580.8	571.2	561.6	550.8	542.4	532.8	523.2	513.6	504.0	494.4
6 500						593.6	584.0	574.4	564.8	554.0	545.6	536.0	526.4	516.8	507.2	497.6
7 000						596.8	587.2	577.6	568.0	557.2	548.8	539.2	529.6	520.0	510.4	500.8
7 500						600.0	590.4	580.8	571.2	560.4	552.0	542.4	532.8	523.2	513.6	504.0
8 000							593.6	584.0	574.4	563.6	555.2	545.6	536.0	526.4	516.8	507.2
8 500							596.8	587.2	577.6	566.8	558.4	548.8	539.2	529.6	520.0	510.4
9 000							600.0	590.4	580.8	570.0	561.6	552.0	542.4	532.8	523.2	513.6

表 B9-2　利润曲面数值表

w_2	9 000	10 000	11 000	12 000	13 000	14 000	15 000	16 000	17 000	18 125	19 000	20 000	21 000	22 000	23 000	24 000
0	2 880 000	3 100 800	3 296 000	3 465 600	3 609 600	3 728 000	3 820 800	3 888 000	3 929 600	3 945 800	3 936 000	3 900 800	3 840 000	3 753 600	3 641 600	3 504 000
500		3 128 800	3 324 000	3 493 600	3 637 600	3 756 000	3 848 800	3 916 000	3 957 600	3 973 800	3 964 000	3 928 800	3 868 000	3 781 600	3 669 600	3 532 000
1 000		3 155 200	3 350 400	3 520 000	3 664 000	3 782 400	3 875 200	3 942 400	3 984 000	4 000 200	3 990 400	3 955 200	3 894 400	3 808 000	3 696 000	3 558 400
1 500		3 180 000	3 375 200	3 544 800	3 688 800	3 807 200	3 900 000	3 967 200	4 008 800	4 025 000	4 015 200	3 980 000	3 919 200	3 832 800	3 720 800	3 583 200
2 000			3 398 400	3 568 000	3 712 000	3 830 400	3 923 200	3 990 400	4 032 000	4 048 200	4 038 400	4 003 200	3 942 400	3 856 000	3 744 000	3 606 400
2 500			3 420 000	3 589 600	3 733 600	3 852 000	3 944 800	4 012 000	4 053 600	4 069 800	4 060 000	4 024 800	3 964 000	3 877 600	3 765 600	3 628 000
3 000			3 440 000	3 609 600	3 753 600	3 872 000	3 964 800	4 032 000	4 073 600	4 089 800	4 080 000	4 044 800	3 984 000	3 897 600	3 785 600	3 648 000
3 500				3 628 000	3 772 000	3 890 400	3 983 200	4 050 400	4 092 000	4 108 200	4 098 400	4 063 200	4 002 400	3 916 000	3 804 000	3 666 400
4 000				3 644 800	3 788 800	3 907 200	4 000 000	4 067 200	4 108 800	4 125 000	4 115 200	4 080 000	4 019 200	3 932 800	3 820 800	3 683 200
4 500				3 660 000	3 804 000	3 922 400	4 015 200	4 082 400	4 124 000	4 140 200	4 130 400	4 095 200	4 034 400	3 948 000	3 836 000	3 698 400
5 000					3 817 600	3 936 000	4 028 800	4 096 000	4 137 600	4 153 800	4 144 000	4 108 800	4 048 000	3 961 600	3 849 600	3 712 000
5 500					3 829 600	3 948 000	4 040 800	4 108 000	4 149 600	4 165 800	4 156 000	4 120 800	4 060 000	3 973 600	3 861 600	3 724 000
6 000					3 840 000	3 958 400	4 051 200	4 118 400	4 160 000	4 176 200	4 166 400	4 131 200	4 070 400	3 984 000	3 872 000	3 734 400
6 500						3 967 200	4 060 000	4 127 200	4 168 800	4 185 000	4 175 200	4 140 000	4 079 200	3 992 800	3 880 800	3 743 200
7 000						3 974 400	4 067 200	4 134 400	4 176 000	4 192 200	4 182 400	4 147 200	4 086 400	4 000 000	3 888 000	3 750 400
7 500						3 980 000	4 072 800	4 140 000	4 181 600	4 197 800	4 188 000	4 152 800	4 092 000	4 005 600	3 893 600	3 756 000
8 000							4 076 800	4 144 000	4 185 600	4 201 800	4 192 000	4 156 800	4 096 000	4 009 600	3 897 600	3 760 000
8 500							4 079 200	4 146 400	4 188 000	4 204 200	4 194 400	4 159 200	4 098 400	4 012 000	3 900 000	3 762 400
9 000							4 080 000	4 147 200	4 188 800	4 205 000	4 195 200	4 160 000	4 099 200	4 012 800	3 900 800	3 763 200

表 B9-3　风险曲面数值表

w_2	9 000	10 000	11 000	12 000	13 000	14 000	15 000	16 000	17 000	18 125	19 000	20 000	21 000	22 000	23 000	24 000
0	0	51 499	141 091	250 521	371 861	499 600	629 221	756 643	877 897	1 001 830	1 085 173	1 161 600	1 211 884	1 227 729	1 197 091	1 099 818
500		70 013	168 523	283 948	409 768	540 967	673 275	802 745	925 500	1 050 535	1 134 342	1 210 910	1 260 952	1 276 229	1 244 826	1 146 983
1 000		82 458	192 240	314 578	445 421	580 463	715 749	847 511	971 973	1 098 319	1 182 741	1 259 614	1 309 574	1 324 444	1 292 440	1 194 179
1 500		87 178	211 840	342 208	478 691	617 991	756 571	890 878	1 017 265	1 145 136	1 230 326	1 307 670	1 357 711	1 372 334	1 339 889	1 241 362
2 000			226 817	366 606	509 434	653 451	795 662	932 782	1 061 320	1 190 938	1 277 053	1 355 037	1 405 321	1 419 859	1 387 133	1 288 488
2 500			236 507	387 500	537 490	686 731	832 938	973 156	1 104 081	1 235 676	1 322 876	1 401 672	1 452 364	1 466 978	1 434 130	1 335 515
3 000			240 000	404 569	562 682	717 714	868 309	1 011 929	1 145 488	1 279 297	1 367 748	1 447 532	1 498 800	1 513 651	1 480 840	1 382 400
3 500				417 428	584 808	746 267	901 682	1 049 025	1 185 480	1 321 750	1 411 622	1 492 573	1 544 584	1 559 836	1 527 220	1 429 101
4 000				425 600	603 639	772 248	932 952	1 084 366	1 223 991	1 362 979	1 454 448	1 536 750	1 589 675	1 605 491	1 573 229	1 475 575
4 500				428 486	618 912	795 499	962 011	1 117 866	1 260 952	1 402 928	1 496 175	1 580 015	1 634 030	1 650 576	1 618 825	1 521 780
5 000					630 319	815 843	988 738	1 149 437	1 296 292	1 441 536	1 536 750	1 622 321	1 677 603	1 695 046	1 663 966	1 567 673
5 500					637 495	833 084	1 013 003	1 178 983	1 329 936	1 478 743	1 576 118	1 663 619	1 720 349	1 738 858	1 708 610	1 613 213
6 000					640 000	846 997	1 034 664	1 206 400	1 361 802	1 514 483	1 614 222	1 703 858	1 762 221	1 781 969	1 752 712	1 658 357
6 500						857 329	1 053 565	1 231 579	1 391 807	1 548 689	1 651 003	1 742 986	1 803 172	1 824 333	1 796 231	1 703 061
7 000						863 787	1 069 533	1 254 400	1 419 859	1 581 290	1 686 400	1 780 949	1 843 153	1 865 905	1 839 120	1 747 282
7 500						866 025	1 082 373	1 274 734	1 445 863	1 612 210	1 720 349	1 817 691	1 882 113	1 906 637	1 881 337	1 790 977
8 000							1 091 871	1 292 440	1 469 716	1 641 372	1 752 782	1 853 154	1 920 000	1 946 481	1 922 835	1 834 103
8 500							1 097 779	1 307 362	1 491 308	1 668 692	1 783 630	1 887 278	1 956 761	1 985 390	1 963 568	1 876 613
9 000							1 099 818	1 319 332	1 510 519	1 694 082	1 812 819	1 920 000	1 992 341	2 023 311	2 003 489	1 918 463